文庫

ウィトゲンシュタイン

『論理哲学論考』を読む

野矢茂樹

筑摩書房

ウィトゲンシュタイン『論理哲学論考』を読む【目次】

ウィトゲンシュタイン『論理哲学論考』を読む

はじめに

『『論理哲学論考』を読む』という本を読んでも、『論理哲学論考』を読んだことにはならない。当然のことである。他方、「『論理哲学論考』を読む」などというゼミに出たりすると、それは『『論理哲学論考』を読む』という本を読むのではなく、『論理哲学論考』を読むことになる。これもまた、当然のことである。しかし私としてはそこを曲げて訴えたい。本書を読むことは、『論理哲学論考』を読むという体験でもある。つまり、私が開講する「『論理哲学論考』を読む」というゼミに参加するような体験を、本書で味わっていただきたい。実際、私はそのようなゼミを東京大学大学院において行なった。そうしてこの薄い著作を検討するのに三年かかった。石の上でもがまんしていれば何かいいこともあると言い伝えられている年月である。そんなにかかったのかという感想もあるだろうが、よく三年で終わった（というか、そもそもよく終わった）という声も聞かれた。まことに、『論理哲学論考』というのはそういう著作なのである。そして私はその三年の成果を本書に凝縮した。

まったくの一般論であるが、哲学の解説書というのは読まない方がよい。哲学の魅力は哲学者の肉声の力にある。せめて翻訳でもよいから、原典に向かわねばならない。とくに、入門書というのが危険である。「はやわかりナントカ」という本となると、哲学を殺しにかかっているとしか思えない。と、言い放っておきながら何なのだが、では本書はどうかというと、『論理哲学論考』を理解したいと思うならば、この本を読むのが現時点では最短の道であると言いたい。さらに、ともあれ予備知識を前提にしていないので、きちんと読めばきちんと理解できるはずであり、入門にも好適であったりすると思う。しかし、それにもかかわらず、本書の志は『論理哲学論考』の入門たることにも早分りを提示することにもない。もし本書がそのような『論理哲学論考』の死体解剖のごときものになってしまっていたら、それは完全な失敗である。私としてはただひたすらそうはなっていないことを願いたい。『論理哲学論考』を生きているまま立ち上がらせ、その肉声を響かせることと。そうして、『論理哲学論考』をただ読んだのではなかなか聞こえてこないだろう声を示すこと。「ほら、これがウィトゲンシュタインの声なんだ」——ぜひ耳を澄ませて聞いてみてほしい。私についてきてみてほしい。本書はガイド・ブックではない。『論理哲学論考』という希有の魅力をたたえたこの著作を山にたとえるならば、私は現地の案内人だ。『『論理哲学論考』を読む』という本書は、まさに『論理哲学論考』を読む本なのである。

1　語りえぬものについては、沈黙せねばならない

1－1　『論理哲学論考』はまちがっているのか

『論理哲学論考』*Tractatus Logico-Philosophicus*——この著作をわれわれは以下たんに『論考』と呼ぶ。

その序文の終わり近く、ウィトゲンシュタインは次のように記している。

問題はその本質において最終的に解決された。

問題とは、哲学問題であり、哲学問題のすべてである。まともなひとであれば、こんな結論をもつというだけで、この本のどこかにまちがいがあるに違いないと判断するだろう。しかもこの直前にはこう述べてもいる。

本書に表された思想が真理であることは侵しがたく決定的であると思われる。

『論考』の出版は一九二二年であるが、序文には一九一八年とある。夏である。ウィトゲンシュタインは一八八九年の春に生まれているから、この序文を書いたときは二九歳だったということになる。

若きウィトゲンシュタインには失礼だが、侵しがたく決定的に真であり、かつ重要であるような思想が存在すると信じるほど私はもう若くない。他方、この著作は侵しがたく決定的に重要であると私は信じている。ということは、この著作はどこかまちがっているということだ。

実際、ウィトゲンシュタイン自身が後に『論考』を自己批判するに至っている。そこで、ウィトゲンシュタインの哲学は大きく分けて前期と後期の二つに区分される。あるいはもう少し細かく、その間に中期ないし移行期がはさまれて三つに区分される。いずれにせよ、『論考』は前期ウィトゲンシュタインの著作であり、それを批判し、乗り越えて後期ウィトゲンシュタインの思索が展開されることになる。

つまり、身も蓋もない言い方をするならば、この本はまちがいなのである。もうずいぶん昔の話になるが、授業でそんなふうなことを言いながら『論考』を説明したところ、授業の後に一人の留学生がやってきて、「まちがっているものを、どうして教えるのですか」

と尋ねてきたことがあった。中国からの学生によるそのあけすけな質問を私は楽しんだのだが、答えはというと、「まあ、哲学というものはそういうもので……」などとお茶をにごすしかなかった。

そんなできごとから何年経っただろう。いまなら違う答えを返しそうだ。『論考』はまちがっている。オーケー。そのとおりだ。それはもう教科書的な事実だ。しかし、全部なのか。全部まちがっているのか。そうではあるまい。では、どこがまちがっていて、どこがまちがっていないのか。いや、全部まちがっているという意見もある。実際、かつての授業では私自身そんなふうに言った。『論考』はきわめて緊密に構築された体系であるから、一点のほころびが、そのすべてをパンクさせたのだ、と。いまの私はそうは考えていない。それどころではない。哲学問題のすべてが解決されたというのはさすがに嘘だけれど、『論考』の構図は基本的に正しいのである。

それゆえ、私は、まちがっている著作をたんにその歴史的重要性のゆえに解説するというようなことをめざしてはいない。できるならば（できないのだが）、『論考』からその正しい部分を取り出し、議論を補完して、『私の論理哲学論考』（野矢茂樹著）を出したいぐらいなのだ。そのためにも、『論考』を冷静に、こと細かに、分析し読み解いていかなければいけない。

1-2　どうすれば哲学問題のすべてが一挙に解決できたりするのか

もう一度、序文のあの一言に戻ろう。「問題はその本質において最終的に解決された」。ウィトゲンシュタインはともあれそう信じ、そう書いた。いったい、何がどうなればこんなだいそれたことを書けるのだろう。この主張に続いて彼はこうも述べている。

本書の価値の第二の側面は、これらの問題の解決によって、いかにわずかなことしか為されなかったかを示している点にある。

これが序文のラストの文である。哲学の問題は解決したと言い、しかし、そこにおいて為されたことはほんのわずかでしかない、とも言う。これはけっして謙遜して言っているのではない。自慢しているのである。あれだけ哲学者たちがおしゃべりを費やしてきた哲学の全問題群が、『論考』というこの小さな書物のひと突きで解かれ、消えていく。「あ」、とつぶやいて迷いがたちどころに晴れていく。そんな、思わずわれわれとしては「解脱」とか「悟り」といった言葉を使いたくなるような地点に立ちえたことの、不敵な表明にほかならない。

「悟り」の仕掛けは、『論考』が思考の限界を画定しえたと信じたことのうちにある。

こう問うてみよう。

「われわれはどれだけのことを考えられるのか」

これから『論考』の錯綜した細部へと踏み込んでいくことになるが、覚えておいていただきたい。そうした細部の複雑さにもかかわらず、『論考』全体はきわめて単純な光に貫かれている。それがどのような光なのかはしだいに明らかにしていかねばならないが、ともあれ、それは「われわれはどれだけのことを考えられるのか」という問いに対する応答としてある。つまり、この問いは『論考』全体に関わるもっとも基本的な問いにほかならない。

途中経過ははしょって、ともあれこの問いにある仕方で答えることに成功したとしよう。さらに、そこにおいて、哲学の全問題がけっきょくのところ思考不可能なものでしかなかったことが明らかになったとしよう。そうなれば、実に、これこそ『論考』の言う「哲学問題の解決」となる。「解決」というよりも、むしろ「解消」と言うべきかもしれない。哲学問題は思考不可能であり、それゆえまともな問題ではなかったのだ。古今のすぐれた哲学者たちがよってたかってなお決め手となるような答えを与えられなかったのも、しょうがないことだったのだ。「定規とコンパスのみで角の三等分を行なえ」という問題が、いまやその不可能性によって答えられ、問題として成立していないと却下されたように、哲学問題もその解答不能性によって却下される。かくして、哲学問題は、その本質において、最終的に解決される。いや、解消されることになる。だいたいこれが、『論考』の筋書にほかならない。

1−3 思考の限界を思考することなどできるのか

思考の限界をどうやって画定するのか、その立ち入った話は順をおってゆっくりしていくことにしよう。しかし、それにしても、ここにはすでにして大きな問題が生じている。つまり、こうである。

「思考の限界を思考することなど、できるのだろうか」

哲学問題が思考の限界を越えていることを示す、とウィトゲンシュタインは言う。しかし、それ自体がまたまぎれもなく哲学の問題である。『論考』の立てた「思考の限界を示せ」という問題は、いったい思考可能な、応答可能な問いなのだろうか。
思考の限界を思考することなどできるのか。——あっさり答えてしまうが、できないのである。
たとえば国境について考えることは、こちら側の国と向こう側の国の両方について考えることを含んでいる。国境というのは領域を分断するものだから、分断されたあっちとこっちの二つの領域について考えることなしには、それを分断する境界線について考えることもできない。

ところが、思考の限界というのは、まさに思考可能な領域と思考不可能な領域を分ける境界であるから、それが分断する両方の領域について考えるというわけにはいかない。思考の限界のこちら側は思考可能な領域。しかし、向こう側は思考不可能な領域なのである。思考不可能な領域を考えることは、できない。

かくしてウィトゲンシュタインは序文において次のように論じる。

本書は思考に対して限界を引く。いや、むしろ、思考に対してではなく、思考されたことの表現に対してと言うべきだろう。というのも、思考に限界を引くにはわれわれはその限界の両側を思考できねばならない（それゆえ思考不可能なことを思考できるのでなければならない）からである。

したがって限界は言語においてのみ引かれうる。そして限界の向こう側は、ただナンセンスなのである。

ここで少し立ち止まろう。

思考不可能なことを考えることはできない。当たり前に思われる。しかし、もう少し検討してみよう。何ごとかについて、「これは思考不可能だ」と考えることはできるのではないか。たとえば、「丸い三角なんて思考不可能だ」と言うとき、われわれはそこにおいて何かを考えているのではないだろうか。

たしかに、丸い三角など考えることはできない。(かつて私の友人で、「丸い三角って、こういうんじゃないのか」と言って、おにぎりみたいな角のとれた三角形を描いてくれたひとがいたが、そういうのではない。)しかし、「丸い三角なんて考えられない」と、きわめて正しい意見を言うとき、ひとはそれで何ごとかを考えているのではないのか。

どうだろう。ここは実際、少し考えどころである。

たとえば、「あんこをのせた刺身なんて食べられない」と、たぶん正しいと思われる意見を言うとき、もちろんひとはそれでそれなりのことを考えている。だが、ここでだいじなことは、「刺身のあんこのせ」というキテレツな食品を、見たことも食べたこともないにしても、われわれはともあれ考えてはいる、ということである。

他方、「丸い三角」という観念はまさに思考不可能な空虚な観念でしかない。とすれば、空虚な観念を構成要素としてもつような思考もまた、空虚でしかないだろう。「丸い三角なんて考えられない」と主張するとき、実は、何について「考えられない」と言っているのか、言っている本人も分からないのである。

このことは、ウィトゲンシュタインの主張の後半、「限界は言語においてのみ引かれうる」ということと合わせてみると、よりはっきりする。次の二つの主張を比較してみよう。

丸い三角なんて考えられない。

「丸い三角」なんて無意味だ。

「『丸い三角』なんて無意味だ」という主張は、「丸い三角」という日本語の表現についての主張である。あるいは次のようなもっとでたらめな主張を考えてもよい。

「ウィトゲンシュタインは2で割りきれる」はナンセンスだ。

「上に机のこぼしちゃったお茶を」はナンセンスだ。

これらはすべて、日本語もどきであるような文字列に対して、それがまともな言語表現になりえていないことを主張したものにほかならない。こうした場合には、ナンセンスと断罪されるべき当の相手は、たしかにある。何でもよい、ともかく文字列を作ってみせれば、それが有意味なのかナンセンスなのか判断される。たとえば「あのほらけ」でもよい。なんのことやら分からないが、「あ-の-ほ-ら-け」という文字の並びはたしかに存在している。その上で、「『あのほらけ』なんてナンセンスだ」と主張できる。ところが、思考の場合には、「考えられない」と断罪されるべき当の相手が、まさに考えられないことによって思考の領域から完全に姿を消すことになる。それゆえ、何について「考えられない」と断罪しているのか、いったい何を裁いているのか、皆目分からないことになってしまうのである。

かくして、「限界は言語においてのみ引かれうる」と言われることになる。本当に引かれうるのか。「有意味とナンセンスの境界を言語において画定せよ」という問いもまた、応答不能な問いではないのか。そうした疑問はまだ残される。しかし、こちらの方ならば、「思考において思考の限界を引け」というあからさまに不可能な注文よりはなんとかなりそうな気がするだろう。そして、ウィトゲンシュタインはそれに成功したと主張する。いまは信用しておくことにしよう。

しかし、それにしてもまだ問題は終わっていない。

いま確認されたことは次の二点である。(1)思考可能性の限界を思考によって画定することはできない。他方、(2)言語の有意味性の限界ならば画定可能である。とすれば、さらにこう問わねばならない。

「では、言語の限界は思考の限界と一致するのか」

ウィトゲンシュタインは一致すると主張する。だが、それを論じるにはもう少し準備がいる。この問題もまた、ここでいったん棚上げにしておいた方がよいだろう。

1-4　語りえず、示されうるもの

ここまでのところを簡単に振り返っておこう。

『論考』は思考可能性の限界を画定しようとする。そしてそれによって哲学問題にケリをつけようとする。ただし、思考可能性の限界を思考することはできない。それゆえ、『論考』はもっぱら言語の限界を画定しようとする。

かくして、序文においてウィトゲンシュタインは次のように言う。

本書が全体としてもつ意義は、おおむね次のように要約されよう。およそ語られうることは明晰に語られうる。そして、論じえないことについては、ひとは沈黙せねばならない。

そしてまた、これは『論考』を結ぶ言葉ともなる。

七　語りえぬものについては、沈黙せねばならない。†1

これが、『論考』最後の言葉である。

本章においてわれわれは『論考』の序文を中心に見てきたが、本文へと進む前に、もう一点、述べておかねばならないことがある。

「沈黙せよ」とウィトゲンシュタインが言うとき、それはたんに哲学的おしゃべりに終止符を打つというだけのことではなかった。語りえぬがゆえに、それゆえ沈黙の内にこそ、受け入れねばならないものがある。それは、ひとつには、論理である。きちんとした議論はまた改めて行なうが、とりあえずかいつまんで気分だけでも伝えておくならば、こうだ。

われわれは何かを語るとき、論理に従う。論理は有意味に語るための条件である。それゆえ、論理それ自体について語ろうとすることには根本的におかしなところがある。つまり、論理は「語りえない」のである。論理は、われわれが論理に従いつつ他の何ごとかを語るとき、そこにおいて「示される」ものでしかない。

もうひとつ、論理と並ぶ、あるいは論理以上に重要視されるもの、それは倫理である。倫理もまた、語りえず示されるしかない。そして語りえぬとして却下されるのではなく、語りえぬがゆえに語りうるものよりもいっそう重要とされる。そうして、善、悪、幸福、価値、生の意義、こうした話題がそっくり語りえぬ沈黙の内に位置づけられる。ウィトゲンシュタインのその手つきは、あたかも「語る」ことによってそれらを卑しめてしまわないようにするかのごとくに見える。

『論考』とは、いったいどういう著作なのか。

語りえぬが示されうるものの語りえなさを明らかにし、それを示そうとしたもの。とりあえずはそう言えるだろう。

では、「語りえぬが示されうるもの」とは何なのか。

それは論理と倫理である。

しかし、こんな単純な物言いでは、まだ『論考』のすごさもおもしろさもぜんぜん伝わりはしない。豊かな、そして入り組んだディテイルに満ちた、その本文へと、とりかかることにしよう。

2　現実から可能性へ

2-1「世界」と「論理空間」

別にこれから『論考』の本文を一行ずつ読んでいこうというわけではないが、何はともあれ、やはり冒頭の一文から見ておこう。『論考』は次の文から始められる。

一　世界は成立していることがらの総体である。

「成立していることがら」というのは、たとえばウィトゲンシュタインはウィーン生まれであるとか、ウィトゲンシュタインは四人の兄と三人の姉をもつ末っ子であるといった、この現実世界の事実のことである。これに対して、「可能性としては成立することもありえたのに、現実には成立しなかったこと」というものもある。たとえば、ウィトゲンシュタインは結婚したことがあるとか、ウィトゲンシュタインは宇宙飛行士であったといった

ことである。どちらも、可能性としては考えられるが、現実には事実ではない。[†2]

そこで、「世界は成立していることがらの総体である」と言われる。ということは、ここにおいてウィトゲンシュタインは、「世界」という語をあくまでも「現実世界」を意味するようなものとして導入しているのである。この点をまず押さえておかねばならない。想像の世界、たんに思考されただけの世界は「世界」ではない。

そうすると気になるのは、思考された世界である。つまり、あくまでも現実的なものとしての「世界」は「成立していることがらの総体」であるが、それに対して、現実には成立しなかったことも合わせ、それら成立したこと・しなかったことをともにもつような「成立しうることがらの総体」、すなわち、世界をその一部として含み、世界よりも大きい何ものか。ウィトゲンシュタインは、それを「論理空間」と呼ぶ。「論理空間」なるものがいったいどのようなものなのかは、まだここで明確に論じることはできない。後でゆっくり主題的に検討することとして、いまのところは、現実性を受け持つものとしての「世界」と、それに対して可能性を受け持つものとしての「論理空間」とを、次のように漠然と対置させて捉えておくことにしよう。

世界……現実に成立していることの総体
論理空間……可能性として成立しうることの総体

「論理空間」は、『論考』において最上級の重要概念である。前章の話を思い出してほしい。『論考』のめざすところは思考の限界を画定することであった。われわれにはどれほどのことが考えられるのか。それが『論考』の根本問題である。他方、論理空間とは、可能性として成立しうることの総体、つまり、世界のあり方の可能性としてわれわれが考えられるかぎりのすべてである。とすれば、まさに論理空間のあり方を明らかにすることは、思考の限界を画定することに直接結びつくものとなるだろう。もっと単刀直入に言うならば（その分少しラフな言い方になるが）、論理空間の限界こそ、思考の限界にほかならない。

かくして、まずめざされるべきは「論理空間」のあり方を明確にすることである。つまり、可能性の総体はどのようにあるのか。そして、そこにたどりつくためにわれわれが立っている、その出発点のここ、それが現実のこの「世界」にほかならない。つまり、「成立していることがらの総体」としての現実世界。われわれはそこにいる。そして、そこから可能性へと歩み出ようとしている。

ここで、『論考』が、徹底的に現実に立ちつつ可能性を捉えようとしているという点は強調しておくべきだろう。ここには、われわれが可能性について哲学的に考察するときに不可欠の感受性がある。あたりまえの物言いになってしまうが、現実化していない可能性など、現実には何ひとつない。そしてわれわれはこの現実世界を生きるしかない。しかし、それでもわれわれは現実を取り巻く広大な可能性を了解している。こんなこともありえた、あんなこともありうる、そんな無数の可能性の中のひとつが、この現実なのである。しかし、可能性が現実を「取り巻く」とは、どういうことなのだろうか。もちろん「取り巻く」という言い方は比喩にほかならない。そして、日常的なこの何気ない比喩の実質を見定めるのは、哲学の仕事である。

不毛な論争を考えてみよう。猫は可能性を了解しているか。あるひとは「イエス」と言い、またあるひとは「ノー」と言う。どちらが正しいのか。いや、おそらくそんなことは誰にも分かりはしない。むしろ、「イエス」と答えているひと、あるいは「ノー」と答えているひとは、そう答えることにおいて何を考えているのか。それが問題となる。

私の偏見が正しければ、ミミズは可能性の了解をもっていない。他方、人間は可能性の了解をもつ。そして、猫はいささか微妙である。どういうことなのだろうか。ここで、撲滅しておかねばならない感覚がある。この現実世界を取り巻いて、可能的な世界が、実際に、どこかにある――自分でも何を言っているのだかよく分からないこの曖昧な気分である。あたかもこの宇宙の外に無数の他の宇宙があるような仕方で、可能性の世界があっちの方にあるのではないか。そんな意味不明の気分は捨てねばならない。われわれはこの現実世界しか生きていない。その点では人間もミミズも同じである。ミミズもわれわれも猫も、ひとつの世界に生き、このひとつの世界にしか生きていない。しかし、人間は可能性を了解している。

探求したいのは可能性である。その出発点は現実である。この限られた持ち駒を潔癖に捉えねばならない。「世界は成立していることの総体である」、この一言にその決意を読み取るのは、この時点ではまだ深読みということになるだろう。しかし、案内役としてはやはり言っておきたい。『論考』はその潔癖さの内に成立している。ほどなくわれわれは、この冒頭の一言の深さに立ち合うことになるだろう。（さらに言うならば、独我論との関係でわれわれはこの主張のさらなる側面に出会うことになる。しかし、それはウィトゲンシュタインすら考えていなかった側面であるかもしれない。いずれにせよ、気をもたせるだけで申し訳ないが、その話はまだだいぶ先のこととなる。）

2-2　世界はなぜ事実の総体であり、ものの総体ではないのか

ただ一言でさりげなく、しかし決然と出発点を確認すると、すぐさまウィトゲンシュタインは最初の一歩を踏み出し始める。

一・一　世界は事実の総体であり、ものの総体ではない。

これはまさしく現実から可能性へと向かう一歩にほかならないのだが、そのことを見てとるのはそれほど簡単ではない。少し、準備運動をしよう。

なんとなく眺め渡してみるならば、たしかに世界は物たちで満ちている。机、コップ、時計、部屋の外に出ればポスト、自動車、建物、あるいは物というには抵抗があるかもしれないが、樹木、猫、そして人々。これらの物たちの総体が、つまり、世界ではないのか。

そうではない。

なぜか。さしあたりきわめて簡単な理由がある。ここには、たとえば「赤い」がなく、「寝ている」もない。しかし、あのポストは赤く、この猫は腹を出して寝ている。それが世界のあり方である。だから、ただポストや猫をかき集めてきても、世界にはならない。

では、物だけでなく、「赤い」とか「寝ている」のような性質も集めてこよう。(少し不自然な用語であるが、種、状態、動作といったことを区別することに目下のポイントはないため、「猫である」とか「走っている」なども含め、ある物のあり方をおしなべてただ「性質」と呼ぶことにする。)そして、「物と性質の総体」を作ってみよう。

いや、性質だけではまだ足りない。もう一押ししよう。たとえば、机の上にコップがある。このとき、「……の上に……がある」というのは二つの物の関係である。あるいは、自動車があの建物に近づくという関係、あの猫はこの猫の親だという関係、等々。こうした「関係」も集めてこよう。

ここで用語を導入させていただきたい。猫や人々をも「物」と呼ぶのには抵抗があるということと、猫といっても猫一般ではなく、あの猫やこの猫といった個々の猫を問題にしているということをはっきりさせたいために、論理学や哲学ではわりとふつうに使われる「個体」という語をここでも使わせていただきたい。

さてそこで、一・一を次のようにバージョン・アップしてみる。

一・一改　世界は事実の総体であり、個体、性質、関係の総体ではない。

こちらの方がもとのバージョンよりもいっそう重要なものとなっている。個体も、性質も、関係も、ともかく項目的なものはすべてかき集めてくるのである。それでも、世界にならないか。

ならないのである。

単純なモデルで考えよう。机があり、それは茶色であり、その机の上に本がある。本は赤い色をしている。それだけ。それだけがすべての世界を考えよう。

個体、性質、関係をすべて集めてみる。

｛机、本、茶、赤、上｝

こんな感じだろうか。

これで世界を規定しえているかといえば、明らかに、そんなことはない。これでは、机が赤くて本が茶色かもしれない。あるいは、本の上に机があるのかもしれない。そこのところがまったく捉えられていない。（さらに無茶苦茶を言えば――そして実はこれは重要な無茶苦茶なのだが――、赤の上に机があったり、上が茶色だったりするかもしれない。個体と性質の寄せ集めを見ているだけでは、そうしたことさえ分からない。）

机が茶色いということ、その机の上に赤い本があるということ、こうしたことがら、つまり事実は、たんに個体、性質、関係の寄せ集めとしては規定できないのである。だからこそ、われわれはいきなり事実から始めねばならない。事実を構成している要素として、個体や性質や関係といった項を取り出し、そこから事実を組み立てていこうとしても、ただ個体や性質や関係がそこにかき集められているだけでは、どうにもならない。かたや本があり、かたや赤さがあったとしても、それだけでは赤い本があることは出てこないのである。

あらためて見回してみよう。われわれはただ物や性質に出会うのではない。性質をもった物たちに、つまり事実に出会っているのであり、そうでしかありえない。不思議の国であれば、チェシャ猫が消えたあとにニヤニヤ笑いだけが残るということもあるのかもしれない。しかし、凡庸なわれわれの世界では個体なしの性質それ自体に出会うことなどありえない。同様に、いっさいの性質をもたない個体それ自体に出会うことも、ありえない。性質なき個体も個体なき性質もナンセンスであり、個体と性質は必ずや組になって、それゆえひとつの事実としてのみ、現れる。

かくして、「世界は事実の総体であり、ものの総体ではない」。それは、個体、性質、関係といった項の総体ですらない。

2-3 なぜ事実は対象へと解体されねばならないのか

われわれは個体や性質や関係という項ではなく、事実から出発する。ところが他方、やはり事実はそうした項へと分解されねばならない。なぜか。われわれは事実という現実世界にとどまってはいられないからである。可能性へと進み出ねばならない。そのためにも、事実から出発し、事実を解体していかねばならない。

もし事実が個体、性質、関係へと分解されずに、その事実まるごとのままでしかなかったらどうなるだろうか。たとえば机の上に本がある。われわれはこの事実の内に、机である個体、本である個体、そしてそれらの間に成立している上下の関係を見てとる。つまりふだんのわれわれは、すでに事実をその構成要素に分解して見ている。そこでそれを忘れよう。その事実はいかなる細部ももたない。ただその事実としてある。のっぺらぼうの事実。いささか不自然な態度で目の前の光景を眺めてみていただきたい。具象画を抽象画として見るような感じだろうか。

そのとき、その同じ本が本棚にあったという事実と、いま机の上にあるという事実の間には、何の共通項もないということになる。両者はいかなる細部ももたないのっぺらぼうの事実として、異なる二つの事実であるから、「この本」という共通する部分など、もちろんあるはずもない。

とすると、いまこの机の上にこの本があるという現実から、またその本を本棚に戻しておくという、まだ実現していない可能性へと思考をジャンプさせることも、不可能となる。事実を個体、性質、関係へと分解せずに、ただひたすらのっぺりしたひとまとまりとして捉えるとき、机の上に本があるという個体と関係のその組み合わせが不可分なものとして融合してしまい、われわれはもはやその本をその机の上にあることから切り離せなくなってしまう。そうなれば、その机の上にないようなその本を思考することは不可能である。それゆえ、可能性へと進み出るためには、事実はその構成要素に解体され、その上で、それらを新たに再結合してみることができるのでなければならない。だからこそ、事実は個体、性質、関係へと解体されねばならないのである。

ここで、『論考』の次の主張が視野に入ってくる。

二・〇一　事態とは諸対象の結合である。

ただし、ここをきちんと読み解くためには、「事態」という語と「対象」という語に気をつけなければいけない。

まず、「事態」という語は可能的な事実を表す。すなわち、現実に成立しているかどうかはともかくとして、成立しうる可能なことであれば、それは「事態」と呼ばれる。現実の事実とは、成立している事態のことにほかならない。つまり、二・〇一においてウィトゲンシュタインは、現実の事実から事実の可能性へと話を進めているのである。

そこで、現実性から可能性へとジャンプするためには、事実を分解し、新たな再結合の可能性へと備えねばならない。そのとき分解された事実の構成要素が、「対象」と呼ばれる。

さて、ここでひとつ問題が生じる。ウィトゲンシュタインは何をもって「対象」と考えていたのか。

私の考えでは、ウィトゲンシュタインが「対象」と呼ぶものは事実の構成要素である個体、性質、関係にほかならない。つまり、たんに個体だけではなく、性質と関係もまた、「対象」と呼ばれる。これに対して、そうではないという意見もある。「対象」という語でウィトゲンシュタインが意味していたのは、あくまでも個体だけであり、性質や関係は含まないというのである。『論考』の訳者である奥雅博は『論考』の訳注において、「『性質』や『関係』をも対象に含ませようとした解釈がとりえないことは、今日では明らかである[†3]」と述べている。だが、どうも私にはそうは思えないのである。

しかし、この点に関していま議論するのは控えよう。決着は後でつけることにする。そこで、とりあえずは図々しいお願いだが、この対立は私が勝ったこととして、先を進めさせていただきたい。

ともあれ、「事態は諸対象の結合である」、ウィトゲンシュタインはそう言う。そしてその意味するところは、現実の事実を諸対象に分解し、その新たな結合の可能性として、可能的事実たる事態が構成される、ということである。

さて、そうだとすると、どうも奇妙なことになっているのに気がつかないだろうか。もう一度、見ていただきたい。

「事態は諸対象の結合である」

おかしくはないだろうか。

諸対象を結合する。よろしい。たとえば机という対象と本という対象を〈上にある〉という関係で結合しよう。そしてそれはどういうことか。それはつまり、ありていに言えば机の上に本を置くということではないのだろうか。そしてそうだとしたら、それはもはや現実の事実であり、たんなる可能性ではない。

対象は現実のものである。たとえば机であるこれや、本であるあれである。そして私の意見が正しいならば、茶色いという性質や赤いという性質、あるいは上下関係なども、対象となる。それらはけっして想像上のものではない。ウィトゲンシュタインの「対象」概念についてどういう解釈をとろうと、対象それ自体は可能的なものではありえず、ただひたすらわれわれの生きているこの現実世界のものでしかない。対象とは、なによりもまずこの現実世界の事実から切り出されてきたものであり、それゆえ、それは現実に存在する。

とすれば、現実の諸対象を現実に「結合」したら、それはつまり、現実に本を机の上に置いたり、逆によいしょとばかりに本の上に机を置いたりすることになるしかない。「事態」とは可能的な事実だと言った。そしてそれは「諸対象の結合である」と言われる。しかし、諸対象の結合は現実的なものでしかありえないのである。これは、やはり、どうもなんだか変ではないだろうか。

ひとつの抜け道はこうである。というか、こう考えるしか抜け道はない。ここで言われる「結合」とは現実的なものではなく、あくまでも可能的なものなのだ、と。それゆえ二・〇一はむしろ次のようになる。

二・〇一改　事態とは諸対象の可能的結合である。

しかし、「可能的結合」とはいったい何なのだろう。ミケという個体と〈寝ている〉という性質を可能的に結合する。しかし、現実に結合するわけではない。いったいどういうことなのか。困った。

この窮地を脱するには、言語に訴えるしかない。

2-4　言語がなければ可能性は開けない

たとえば部屋の模様替えをするとしよう。机、椅子、本棚、本、等々。いま本棚は机の左側にある。そこでこれを右側に配置替えしようかと考える。そのとき、配置替えの可能性を模索するのに現物の机と現物の本棚を現実に移動してみたのではバカである。それでは可能性ではなく、現実性である。建物をどこに建てるか検討するのに、「ちょっと建ててみましょう」「あまりうまくありませんな」「こんどはあっちに建ててみましょう」、これでは、可能性も何もあったものではない。どうしたらよいのだろうか。

答えは簡単である。図面を描けばよい。たとえば私は引越しのときにこういうことをする。主たる家具のサイズを測り、引越し先の部屋の図面に合わせた縮尺で、それらをひとつずつボール紙で切り抜く。そうして、「机」とか「書棚A」とか書かれたさまざまな長方形のボール紙ができる。それを部屋の図面上に並べ、配置の可能性を試みる。そんな作業が、けっこう好きだったりする。

現物を実際に動かしてみるというのでないならば、やれることは、私が引越しのさいにやっていること、ないしそれに類したことであるだろう。つまり、現物ではなく、現物の代替物を配置させる。そして、その、いわば世界の「箱庭」においてさまざまな可能性を試すのである。

ウィトゲンシュタインはこうした箱庭を「像」と呼ぶ。

もしわれわれがいかなる箱庭＝像も操れないのならば、現物を動かすしかない。そのとき、すべては現実のこととなり、いっさい可能性の領域は開けてこないことになるだろう。たとえばミミズはそうである。ミミズはただ現実にのみ生き、現実の代わりとなる箱庭を作るようなことはしない。それゆえ、ただ現実の状況に反応して現実の行動を起こすだけでしかない。つまり、ミミズには可能性はない。猫などでも、少なくとも我が家の猫なんかはそうなのではないかと私は常々疑っている。しかし、私は違う。いばるようなことではないが。

そこで、人間がもつに至った箱庭装置というのが、言語である。言語が像でもあることは、あるいは見てとりにくいことかもしれない。ここで言語を、「意味」という語に感じられるような抽象的な何ものかとしてではなく、「音声」とか「文字」という語に結びつけられるような具体的な、耳で聞き目で見ることのできるものとして捉えることが決定的に重要なこととなる。「書棚A」と書かれたボール紙が、実物の書棚とは別の、しかしそれ自体ひとつの物（紙片）であったように、文字に書かれた言語もまた、それ自体はインクの染みというひとつの物である。「富士山」というインクの染みが、現物の富士山の代わりをする。「赤い」というインクの染みは、それ自体は赤くなくてもかまわないが、しかし、現実の赤さの代わりをする。そして「富士山が赤い」と並べれば、そこに富士山と赤さという二つの対象の可能的な結合が出現するのである。あるいは、「ミケが寝ている」というインクの染みを並べれば、「ミケ」があの猫の代わりをし、「寝ている」という文字が現実の寝ている状態の代わりをして、それによって、いまは起きて「ウニャ」とか鳴いている現実に対して、可能的にミケが寝ているという事態を表すことができる。

「事態とは諸対象の結合である」とウィトゲンシュタインは言った。しかし、それは正確ではない。事態とは可能的な事実なのであるから、ここで「結合」と言われているものもあくまでも可能的なものでなければならない。だが、「可能的な結合」と言われうるような、何かエーテル状の目に見えない糸があるわけではない。その言わんとするところは、つまり、代理物を並べてみることにほかならない。ミケが寝ているという可能的な事態は、「ミケ」という文字列と「が寝ている」という文字列をしかるべき順番で実際に並べてみせ、「ミケが寝ている」という文を現実に作ってみせることによって、表現される。ここにおいて代理物は現実に結合されている。「結合」は可能的なものではありえず、現実的でしかありえない。ただ、そこで結合されるものが、現物ではなく、代理物なのである。

それゆえ正確には、「事態とは諸対象の代理物の結合によって表現されるものである」と言わねばならない。

事態とは可能的な事実であるから、その中には成立しているもの、すなわち事実と、成立していないものとがある。成立している事実の場合には、当たり前のことだが、その対象の結合は現実に存在している。成立していない事態の場合、それはただ代理物の配列によって表現されるにすぎない。しかし、可能的なものがどこかあっちの方に人目につかずに鎮座しているかのような気分は払拭していただきたい。成立していない事態というのは、現実の代理物によって像として表現される以外、生存場所をもちえないのである。

2-5 世界と論理空間のねじれた関係

ここで、理屈ではなく、感覚として、『論考』における「言語」がいささかも抽象的な何ものかではなく、まったく具体的な生々しいものであることを感じとってもらいたい。ふだん言葉を話しているとき、われわれはあまりにも言葉になじんでしまっているため、自分が空気を振動させ、しかるべき物理現象を引き起こしていることに気がつかない。しかし、われわれはたしかに、口を開け、空気を震わせて、そうして音を発生させ、それを相手にとどけることによって、何ごとかを意味しているのである。あるいは紙の上にしかるべき形にインクの染みをにじませ、それでもって何ごとかを意味している。ここにおいて、言語をまさに箱庭を作ってみるようなこととしてイメージした方がよい。箱庭のあるパーツは現実の庭におけるある対象の代わりをしている。そして箱庭の各パーツの配置は現実の庭のそれら対象の配置を表している。もっときちんと言うならば、箱庭の各パーツがある仕方で配置されているという事実が、可能な庭のあり方を表現するのである。

二・一四一　像はひとつの事実である。

言語もまた、世界の中で生じるひとつの事実なのである。

さてそうすると、ここに一見奇妙なことが生じる。ひとことで言えば、論理空間は世界を含むが、同時に世界は論理空間を含んでいると言いたくなる、そんなねじれた関係である。

われわれはまだ論理空間に対して漠然とした規定しか与えていないが、ともあれ、それは成立しうることの総体、可能な事態をすべてそこに含んだものにほかならない。他方、現実世界は成立していることの総体であり、成立していることの総体は成立しうることの総体に含まれるから、世界は論理空間の一部ということになる。

だがしかし、私はこの現実世界に生きている。見るもの聞くものはもちろん、私が何を想像し、思考しようとも、その想像や思考もまたこの現実世界の中で生じている。そうした想像や思考をかたどっているのが言語であるが、言語もまた現実世界の事実にほかならない。とすれば、言語は世界の一部ということになる。

かくして、現実世界の一部たる言語が、その現実世界を含み包摂するような論理空間を表現する。これはパラドクスだろうか。

いや、とくにパラドクスではないだろう。奇妙な感じは残るかもしれないが、そういうものだと認めるしかない。たとえば、私は部屋にいる。そしてその部屋を含めた、私の住む建物を取り囲む外の絵を描く。しかし、その絵は部屋の中、机の上の紙に描かれている。そんな感じだろうか。

2-6 かくして思考の限界と言語の限界は一致する

像において世界の可能性が試されるとき、その試みは「思考」と呼ばれてよい。それはどのような像でもかまわない。何かイメージのようなものを念頭におきながらそれをあれこれ組み合わせてみることもあるだろうし、引越しのときの私のように紙きれを使ってあれこれ試してみることもあるだろう。あるいはもちろん、音声言語や文字言語でもってさまざまな可能性を模索することもある。これらはすべて思考であり、そこで考えられている内容は、それらの像が表現している可能な事態である。↑4

『論考』の言葉で確認しておこう。

三・〇〇一　「ある事態が思考可能である」とは、われわれがその事態の像を作りうるということにほかならない。

それゆえ、思考可能性の限界と像の可能性の限界は厳格に一致する。

では、像と言語とはどういう関係にあると言うべきなのだろうか。ここには多少微妙な事情がある。しかし、いささか荒っぽくはあるが、像と言語とは同じものであると言ってしまっても、たいした危険はないように思われる。

像というのは、その構成要素がそれぞれ対象の代わりとなり、そしてそれら構成要素をしかるべく配列することによって可能な事態のあり方を表現する、というものにほかならない。そこで、われわれはこうした事情を「意味」という語で言い表すこともできるだろう。各構成要素はそれぞれある対象を「意味」している。そしてその配列を通して、像はある事態を「意味」している。この紙切れはこの机を意味し、この紙切れはあの本棚を意味する。そしてそれらの配列が、可能な部屋の家具の配置を意味している。あるいは、このミニチュアの車がある実物の車を意味し、この人形がある人物を意味する。そしてその配列があの日あの交差点で起きた事故の状況を意味する。

こうした像の使用をどうして「言語」と呼んでいけないことがあるだろう。言語を音声言語と文字言語にかぎる必要はない。何ものかが他の何ものかを「意味する」。このような関係がすなおに認められ、しかも、われわれがまさにその意味関係を意図してその像を使用するのであれば、それを「言語」と呼んでもよいと思われる。

そして、このように「言語」を多少広い意味で、音声言語や文字言語に限定されない、像一般と重なるような意味で捉えてはじめて、どれほどのことを考えることができるのかという思考の限界と、どれほどのことを語りうるのかという言語の限界とが、厳格に一致するのである。

簡単に振り返っておこう。本章においてわれわれは、現実性から可能性への道筋を、すなわち、成立していることの総体であるこの世界から出発し、成立しうることの総体である論理空間へと至る道筋を、おおまかにではあるが辿った。もっとも重要な点は、そこに現実の像たる言語が介在するということである。言語がなければ、われわれは現実性から可能性へとジャンプすることはできない。

3　対象に至る方法

現実から可能性へとジャンプする仕掛けは、「諸事実を対象に解体し、それら諸対象の新たな結合を像において表現する」ということであった。そこで、その大筋をさらに細かく見ていくにあたって、まず問題になるのが、諸事実を対象に解体するというのはどのようにして為されるのか、ということである。

これに関して、ウィトゲンシュタインは次のように言う。

二・〇一二三一　対象を捉えるために、たしかに私はその外的な性質を捉える必要はない。しかし、その内的な性質のすべてを捉えなければならない。

この主張をきちんと読み解くにはなかなか手間がかかる。「外的」「内的」という語が用いられているが、これは『論考』のみならずウィトゲンシュタインの哲学において一貫して鍵となる用語である。まずはこの対概念を理解しなければならない。

3-1　内的／外的

たとえば、あなたという一人の人物に関して言うならば、あなたにはいろいろな性質や関係（性別、身長、親子関係、等々）があるが、そうした性質や関係の中で、それが変化したとしてもあなたがなお同一人物であり続ける場合、その性質や関係はあなたという対象にとって「外的」であると言われる。それに対して、その性質や関係が失われたならば、もはやあなたはいままでと同一人物のあなたとはみなされえなくなる場合、その性質や関係は「内的」ということになる。人物の場合、何が「外的」性質ないし関係で、何が「内的」なのかは難しい問題であり、それ自体ひとつの哲学問題の領域を作っている。

そこでもっと見やすい事例で説明しよう。一個の熟したトマトを指差して、「これは赤い」と言ったとする。そのとき、その対象が赤い色をもっているということはその対象にとって内的ではない。そのことは、「もしこれが赤くなかったならば」と反事実的な想像が可能だという点に示されている。その対象が赤くないという反事実的な事態を想像し、なおその想像においてその対象はその対象であり続けているということは、赤いという性質はその対象にとって外的ということである。

もう一例。「ミケ」という名の猫について、「ミケはデブだ」と言ったとしよう。しかし、この猫にとってデブであることは本質的ではない。もっとスリムになったとしても、それでその猫がミケでなくなるわけではない。つまり、ミケにとって太っているという性質は外的ということになる。こうして見ると、われわれがある対象になんらかの性質を見てとるとき、その性質はたいてい外的なものになっている。ふつうに「性質」と呼ばれるものは、おおむね外的性質である。

それに対して、ある対象がその性質をもっていないと想像すると、その対象の同一性が損なわれ、それゆえその性質をもっていないと想像することができないようなとき、その性質はその対象にとって「内的」とされる。たとえば、物体は時間空間的位置をもつ。物体がある特定の時間空間的位置を占めていることは偶然的なことであり、外的であるが、そもそもなんらかの時間空間的位置をもつだろうことは物体にとって内的である。たとえばこのトマトがいまこのテーブルの上にあることは、このトマトにとってたまたまの外的性質であり、それゆえ「もしこのトマトが靴箱の中にあったなら」といった反事実的な想像をしても、その異なる時間空間的位置を通じてそれは同じトマトでありうる。しかし、そのトマトがそもそもなんらかの時間空間的位置をもつことについては、もはやそれに反した想像が不可能なこととなる。「もしこのトマトがまったく時間空間的位置をもたなかったとするならば」と言ってみたとして、そのようなものはもうこのトマトではない別の何ものかであるだろう。

あるいはそのトマトはなんらかの色と形をもち、またなんらかの硬さ、なんらかの味をもっている。それが実際にどのような色と形であり、どのような硬さ、味であるのかは外的な性質である。しかし、そもそもなんらかの色をもち、形をもち、硬さをもち、味をもつだろうということ、これらは内的な性質にほかならない。

このように事例を出して説明すると、内的性質なるものが、どうも「性質」という言葉にふさわしくないものに思われるのではないだろうか。たとえ「内的」であると言われるにせよ、「ともかくなんらかの時間空間的位置をもつ」とか「何か色と形をもつ」「何か硬さをもつ」「何か味がする」といったことが、そのトマトの「性質」であるというのは、やはりそぐわない感じがする。「これは赤い」というのはその対象の性質を記述したものであるが、「これは色をもつ」というのは、その対象のあり方を記述したものではない。むしろ、その対象に対してどのような記述が適切なのかを示したものと言うべきである。このトマトに対しては位置や色や硬さや味を記述することが意味をもつのであり、それに対して「このトマトは神経質だ」とか「このトマトは高音部が美しい」などと記述するのは適切ではない。つまり、ウィトゲンシュタインが「内的性質」と呼ぶものは、ふつうの意味で「性質」と呼ばれるものではなく、その対象に与えうる性質の範囲を示したものにほかならない。それは、ウィトゲンシュタイン自身のもうひとつ別の言葉を用いるならば、「形式」である。

「内的性質」も「形式」もウィトゲンシュタインのお気にいりの言葉であり、私の印象では、彼はどちらも同じくらいよく用いている。そして、いま問題にしている脈絡では、両者はまったく同じ意味である。だとすれば、私としてはむしろ「形式」という用語を用いた方がよいのではないかと思う。ここで問題になっているのは、対象がもちうると考えられる性質や関係の範囲という意味で、もはやいささかも「性質」ではなく、まさにその対象の「形式」と呼ぶにふさわしいものだからである。

あるいは、たんに「形式」というと、一般的すぎて何か他のニュアンスが入りこんでしまうかもしれない。そうであるならば、ウィトゲンシュタイン自身が用いている、より一般的でない言葉をここで用いてもよい。「論理形式」である。「対象の内的性質」、「対象の形式」、あるいは「対象の論理形式」、これらはすべて同じものである。それゆえ、先の二・〇一二三一は次のように言い換えられる。

二・〇一二三一改　対象を捉えるために、たしかに私はその対象の性質を捉える必要はない。しかし、その対象のもつ論理形式のすべてを捉えなければならない。

3-2 「対象を捉える」ということ

二・〇一二三一を読み解くために、次に理解しなければならないのは、ここで言われている「対象を捉える」ということである。ちなみに、ここで「捉える」と訳したのはもとのドイツ語では'kennen'である。従来の邦訳では「知る」と訳されている。[†5]しかし、おそらくここでウィトゲンシュタインはふつうに知識をもつことを意味する'wissen'と区別してこの語を選んだに違いない。もしふつうの知識の意味で言われるのであれば、「ある対象を知るために、その対象の性質を知る必要はない」というのはあからさまにおかしな主張ということになるだろう。たとえば、そこにあるトマトについて知識をもつということは、それが真っ赤なのか、まだ青いのか、甘いのか、冷えているのかいないのか、といったことを知るということにほかならない。つまり、ある対象についての知識をもつということは、その対象の外的な性質を知るということなのである。ということは、ここでウィトゲンシュタインが'kennen'と言っているのは、ふつうの意味で「知識をもつ」ことではない。

そうしたさまざまな知識をもつ前提として、それがどの対象についての知識なのかという了解が必要となる。それが、ここで言われる「対象を捉える」ということにほかならない。「冷たいのか冷たくないのか」と問われているのはどれなのか。冷たいのか冷たくないのかを調べる前に、まずその調べるべき対象を把握することが問題となる。その対象がいかなる性質をもつかは、目で見るとか、触ってみるとか、食べてみるとかして調べて分かることである。そこでそうした探求の前提として、それが何についての探求なのかという了解が要求される。その意味で、対象を捉えることは性質について知ることよりも「以前に」ある。

それに対して、対象の内的性質、論理形式とは、そうした探求の範囲を示すものである。そのトマトは、位置について、色について、形について、硬さについて、味について、いかなる性質をもっているのかを探求することができる。いわば、対象の論理形式とは、その対象に対して適切に問うことのできる質問のレパートリーにほかならない。その質問の答えを知っている必要はない。しかし、どういう質問をすることができるのかは理解していなければならない。たとえば、それがどこにあるのかは知らなくても、「それはどこにあるのか」と尋ねることができる、そのことは分かっていなければならない。その対象の論理形式を捉えていないのであれば、そもそも何を調べてよいか分からない。そして対象を捉えるとは、「さて、これからこいつについて、どんな性質をもっているのか調べてやるぞ」と探求の出発点に立つことを意味している。それゆえ、対象を捉えるためには、その対象の論理形式を把握していなければならない。

3-3 いかにして対象に到達するか

では逆に、その論理形式のすべてを把握したならば、それで対象は捉えられるのだろうか。

できないと思われる。

このトマトの論理形式は、少なくともあのトマトの論理形式と同じである。両者の違いはただ現実に占める位置、それらがもつ各々の色と形、それぞれの硬さ、そして味の違いであり、それらが「位置をもつ」ことと、「色と形をもつ」こと、「硬さをもつ」こと、「味をもつ」ことといった、その形式に関してはまったく何の違いもない。つまり、このトマトに対して適切な質問は、すべてあのトマトに対しても適切な質問となる。とすれば、ただ論理形式を把握するだけでは、このトマトとあのトマトを対象として区別することもできない。さらに言えば、このトマトとあのスイカもまた、その論理形式は同じであろう。ナスだってキュウリだって、論理形式は同じであると思われる。

明らかに、論理形式だけでは対象を個別化するのに不足である。だが、それができないのであれば、われわれはどうやって対象に到達するのだろうか。

このトマトとあのトマトの違いは、論理形式の違い、つまりもちうる性質の可能性における違いではなく、両者が現実にもっている性質の違いである。このトマトは真っ赤だが、あのトマトはまだ少し青い。このトマトはここにあるが、あのトマトはあそこにある、等々。では、このトマトをあのトマトと区別して一個の対象として切り出してくるのに、その現実の位置や色・形、あるいは味といった諸性質、ウィトゲンシュタインが「外的」と呼んだ性質に訴えねばならないのだろうか。

いや、それもできない。

たとえばこのトマトをあのトマトではなくこのトマトとして把握させるポイントとして、その位置の違いに訴えたとしよう。そこで、「テーブルの上にあるトマトを太郎とし、冷蔵庫の中にあるトマトを花子とする」と決めたとする。しかし、そんなふうに決めてしまったならば困ったことになる。太郎と花子はただその位置において区別されているだけであるから、もし太郎を冷蔵庫の中に入れたならば、それはもはや太郎ではなく、花子になってしまうだろう。なにしろ、「冷蔵庫の中にあるトマトを花子とする」と決めたのであるから。逆に、花子をテーブルの上に出したならば、それは花子ではなく、太郎となる。それゆえわれわれは「太郎を冷蔵庫にしまおう」とか、「花子を冷蔵庫から出してやろう」と言うことができなくなってしまう。

あるいは、「より赤い方を太郎、より青い方を花子とする」と決めたとする。そのとき、「もし花子がもっと赤かったなら」と事実に反した想像をすることはできなくなってしまう。花子がもっと赤かったなら、それは定義上、太郎になってしまうからである。

というわけで、論理形式だけでは対象を切り出してくることはできないのだが、しかしだからといって外的な性質に訴えるわけにもいかない。

どうすればよいのだろう。

この問題に対しては、『論考』の叙述はまったく決め手を欠いている。そこで、『論考』

をきちんと読み解くというよりは、『論考』になるべく整合するよう心がけながら、むしろ私自身の考えを述べることにしたい。

論理形式のすべてを把握していることはその対象を捉えていることの必要条件である。しかし、それだけでは十分ではない。さらに必要とされるのは、私の考えでは、「これ」という指差しである。ふつうは「このトマト」という形で指示される。あるものを指差しながら「このトマト」と言い、また別のものを指差しながら「あのトマト」と言う。それで、別の個体が指示されている。ここにおいて、「トマト」という語はその対象の論理形式を示唆するものにほかならない。その対象はトマトに対して為されうる記述を与えることができるようなものなのだということを、「このトマト」における「トマト」の部分が担っている。つまり、「これ」と指示されるそのものはなんらかの位置をもち、色・形をもち、硬さをもち、味をもち、等々。

「この――」の後に何が続けられるべきかは、そのものの論理形式を示唆するのに何が適当かという、そのものに即した個別の考察を必要とする。トマトの場合、おそらく、たんに「この物」と言うのでは紛れが生じるだろう。トマトの方を指差して、「この物」と言うとき、もしかしたらただトマトのヘタを指示しているのかもしれない。たとえば列車の先頭車両を指差して「この物」と言うとき、それはただ先頭車両を差しているのかそれとも列車全体を差しているのか、あるいは前面部に付属している部品のどれかを差しているのか、分からない。「この物」という言い方はあまり分解能の高い言い方ではない。
さらに補足して言うならば、たんに「これ」と指示するのでは、その対象の論理形式はまったく明らかにならず、何が指示されているのか分からない結果となる。トマトの方を指差して「これ」と言うとき、そこで指示されている対象は物ですらなく、その色であったり、その重さであったりするかもしれない。あるいはそのトマトに宿っていると信じられているトマトの精のようなものかもしれない。指示は「この――」という形でその対象の論理形式を示しつつ為されなければならない。
そうして、「この――」という指差しに論理形式を適切に示唆する語を組み合わせることによって、われわれはその対象を取り出すことができる。私は、私のこの主張は、『論考』の次のような主張と十分整合的であると信じる。あるいは、もしかしたらこれらの箇所でウィトゲンシュタインもまた私と同じことを考えていたのではないかとさえ、感じられる。

二・〇二三三　同じ論理形式をもつ二つの対象は、それらの外的性質を除けば、ただそれらが別物であるということによってのみ、互いに区別される。

二・〇二五　実体は形式と内容からなる。

すなわち、「このトマト」で指示される対象は、「トマト」で示唆される論理形式（探求の可能性）と、「この」で特定される内容からなる。このトマトもあのトマトも論理形式はまったく同じなのだが、その論理形式が結びつけられている実質（このもの）において異なっているのである。

さて、これでわれわれは対象に辿りつけただろうか。いや、まだである。対象に到達するためには、論理形式を捉えなければならない。では、論理形式はどうやって捉えられるのだろうか。

そこで、言語が必要となる。

3-4 対象の論理形式は名の論理形式に等しい

事実をいくら見つめても、論理形式は出てこない。当然である。論理形式とは可能性に関わるのだから。可能性は言語においてはじめて、開かれる。

説明を続ける前に、「命題」と「名」という二つの用語を導入しておこう。とくに「名」は重要である。

まず、像として用いられているような文を「命題」と呼ぶ。

少し横道になるが、ここでひとつ注意をしておきたい。『論考』に対して、言語を像として捉える見方は一面的であると非難されることもあるが、それは当っていない。ウィトゲンシュタインは『論考』において言語論を展開しているわけではない。あくまでも哲学問題を終息させるために思考の限界を画定しようとする。それゆえ、『論考』における言語の扱い方は当然一面的であり、それでよいのである。実際、「おはよう」などというあいさつは何の像でもない。また、「窓を開けてくれないか」という依頼なども、像として用いられているわけではない。しかし、問題は思考の限界、世界の可能性にある。だとすれば、言語の諸機能の内、とくに像としての使用に焦点を当てるのは、けっして不当なことではない。そこで、「おはよう」や「窓を開けてくれないか」といった言語使用ではなく、とくに記述として用いられ、それゆえ真偽の問えるような文を問題にし、それらを「命題」と呼ぶ。記述文に限定しているという了解がはっきりしている場合には、たんに「文」と言ってもかまわない。[†6]

次に、こちらは『論考』独特の語法になるが、命題の構成要素を「名」と呼ぶ。ここのところは本当に厳格に考えておいていただきたい。命題の構成要素はすべて一律に「名」と呼ばれるのであり、命題には名以外の構成要素はいっさい含まれない。命題はただ名だけから成る。「なんだそりゃ」と思われるかもしれない。ふつう文には名前以外の語がたくさん用いられている。しかし、にもかかわらず、すべてを「名」として押さえてしまうのである。

命題の構成要素をすべて「名」と呼ぶという、過度に単純とも見える『論考』のやり方には、『論考』の構造の核心に関わる理由がある。しかし、いまはその深い理由は措いておこう。さしあたり表面的な理由は、命題が事実の像であるということにある。事実は対象から成り立っている。そこで、対象の代わりをするものが「名」にほかならない。そのとき、事実が対象から成り立っていたのに対して、命題は名から、そして名のみから成り立つことになる。

さて、「命題」と「名」という用語を導入したところで、問題に戻ろう。どうやって事実から対象に至ればよいのか。これがもともとの問題であり、そのために対象の論理形式を捉えなければならないということが確認された。そこで、対象の論理形式はどうやって捉えられるのか。これがいまの問題である。

もう少し復習を続けよう。たとえばこのトマトのような対象の論理形式とは、それが位置をもつこと、色・形をもつこと、硬さをもつこと、味をもつこと、等々であった。つまり、その対象がどのような性質や関係をもちうるのか、その可能性の範囲を示したもの、それが論理形式にほかならない。ところが、いま目の前にあるトマトは、なるほど一定の位置を占め、ある色・形をし、特定の硬さをもち、それなりの味がする。しかし、それらは現実の性質であり、いくら現実をためつすがめつ眺めても可能性は出てこない。可能性はただ言語においてのみ表される。

そこで、名の出番となる。

名が対象の代わりとなる。それゆえ、対象の論理形式とは、名の論理形式に等しいのである。このトマトという対象がもっている論理形式とは、それがどのような性質や関係をもちうるか、その可能性の範囲であるから、それはすなわち、この対象に関してどのような記述が有意味かということにほかならない。このトマトに関して、「かくかくの位置にある」と述べることは有意味である。あるいは、「赤い」「青い」と述べることは有意味であり、また、「甘い」「すっぱい」と述べることは有意味である。しかし、「神経質である」とか「高音部が美しい」などと述べるのはナンセンスである、等々。こうした命題における可能性こそが、何よりもまず論理形式なのであり、それを世界の側に投影したものが、対象の論理形式となる。

だとすれば、問うべきは名の論理形式である。われわれはどうやって名の論理形式を把握するのか。

しかし、その議論を続ける前に、前章で棚上げにしておいたひとつの問題をかたづけておこう。

3-5 性質や関係も対象なのだろうか

性質や関係を対象とはみなさず、ただ個体だけを対象とみなすのであれば、それに対応して、名もただ個体の名、いわゆる固有名に限定されることになる。たとえば、「ルートヴィヒ・ウィトゲンシュタイン」や「ポチ」がそうであり、あるいは「富士山」や「エッフェル塔」も固有名である。そして「犬」や「トマト」といった一般名は名から排除される。「赤い」のような性質語や「……は……の上にある」や「……は……の親である」のような関係語も、名ではないものとなる。とすると、命題は厳格に名だけでできているのであるから、名を固有名に限定するならば、命題はただ「ウィトゲンシュタイン」とか「ポチ」といった固有名だけで成り立っていることになる。そんなことが可能なのだろうか。

先に紹介したように、奥雅博は、可能だとするのが現在の解釈であり、性質や関係まで対象に含め、それゆえ性質語や関係語を名に含める解釈はいまではとりえないと明言する。あるいは、石黒ひでは次のように述べる。

甲という人間が乙という人間を愛しているということを表現するには、その人達を指す少なくとも二つの名前なり、記号を必要としますが、愛しているという関係を表す別の表現は必ずしも必要ではなく、二つの名前の配置で表すことが出来ます。[†7]

もしそのようなことができるのであれば、それはそれでかまわない。それによって私がこれまで為してきた議論およびこれから為そうとしている議論が本質的に成り立たなくなるということはない。しかし、私にはどうもウィトゲンシュタインがポチを愛しているという事態を「ウィトゲンシュタイン」と「ポチ」という固有名だけで表現するというのは、どのようにすればよいのかよく分からないのである。名Aと名Bが遠く離されて置かれてあれば二人はあまり仲がよくはなく、近くに置かれてあれば仲がよい、といった具合に表現されるのだろうか。しかし、どうもその不自然さに耐えかねる。そしてまた、花子は背が高いとか太郎は色が白いといった事態を、ただ「花子」や「太郎」という名だけでどうやって表現するのだろう。

命題の構成要素を固有名だけにかぎることにはかなり不自然さが伴うが、事実の構成要素を個体だけに限定することには、さほど不自然さが感じられず、あるいはきわめて自然なことに思われるかもしれない。というのも、見渡せば、そこにあるものたちはすべて個体だからである。ウィトゲンシュタインという人間がいる。ポチという犬がいる。それに加えて愛しているという関係を探してみても、それは見ることも触ることもできない。そこで、対象はあくまでもウィトゲンシュタインやポチといった個体であり、愛しているというのは対象ではないと言いたくもなる。そうだとすれば、名もまた、固有名に限定されることになる。

また、赤さのような性質や愛しているといった関係まで対象に含めるのは、あまり好もしい存在論ではないと言われるかもしれない。しかし、『論考』冒頭の主張を思い出してほしい。「世界は事実の総体であり、ものの総体ではない」、ウィトゲンシュタインはそう述べていた。つまり、存在するのは何よりも事実なのである。対象に何を含ませようと、事実の存在論を基本に置くかぎり、存在論的に不健全と非難されるいわれはない。対象は、現実の事実から可能的な事態へと展開するために、いわば便宜的に切り出されてくるものにすぎない。すなわち、対象とは、世界の構成要素であるよりも、思考を展開するための手駒なのである。だとすれば、〈愛している〉のような見ることも触ることもできない抽象的なものが対象とみなされていたとしても、別にかまわないのではないだろうか。

性質や関係を対象に含めない解釈には、もうひとつ理由がある。『論考』の次の箇所がそうした解釈を正当化するように思われるのである。

> 三・一四三二　「複合記号「aRb」が、aがbに対して関係Rにあることを語っている。」否。そうではなく、「a」が「b」に対してしかじかの関係にあるという事実が、aRbという事実を語っているのである。

これはあたかも、固有名「a」と「b」だけで、「愛している」という関係語などは不要であると述べているかのように見える。

だが、この主張は、「命題において名の配列はそれ自体ひとつの事実である」ということを論じている脈絡に置かれたものにほかならない。そこにおいて何が名であるのかは論じられていない。とすれば、三・一四三二の言いたいことはたとえばこういうことだと考えられる。「……は白い」もまた名であるとして、「ポチ」という名と「……は白い」という名を考えよう。そして「ポチは白い」という名の配列を作る。ここで「ポチ」という名と「……は白い」という名がこのように配列されているという事実が、ポチは白いという事態を表現している。ここにおいて、「名『ポチ』は名『……は白い』の上にある」といったように名の配列を表す関係を語りだす必要はない。かりにそのような名と名の配置関係に対しても名「R」を与えたとして、そのときは名「ポチ」、名「R」、および名「……は白い」の三つの名の配置もまた、語りださなければならないことになる。これでは、きりがない。

三・一四三二に即してくりかえし説明しよう。名「a」と名「b」がかくかくに配置されているという事実が、ある事態を表現する。しかし名「a」と名「b」のそのような配置を「aRb」のように表現する必要はない。もしそのように表現したとすれば、こんどは名「a」、名「R」、名「b」という三つの名の配置を、新たな関係、たとえばSを導入して、「SaRb」(「a、R、bは関係Sにある」)のように書かなければならなくなる。そして同じことがさらに「SaRb」に対しても言われることとなり、この四つの名の配置に対して新たな関係、例えばTが導入されねばならない。かくして、無限後退に陥る。

これが三・一四三二の議論であり、それは性質語や関係語を名に含めるかどうかということとは無関係と言うべきだろう。†8

逆に、私としては『論考』の草稿においてウィトゲンシュタインが書きつけている一言を取り上げたい。そこではっきりとこう述べられている。

> 関係や性質などもまた対象である。（『草稿』一九一五年六月一六日）

もちろん、この後ウィトゲンシュタインは考えを変えたのかもしれない。しかし、そうだとすれば、草稿にその痕跡が残っていてもよさそうなものだが、私にはそのような変化の跡は見出せない。

というわけで、以下私は、対象には個体のみならず性質や関係も含め、それに応じて、名にはたんに固有名だけでなく、性質語や関係語も含めることにする。

3-6　対象に到達するには言語全体が必要となる

本線に戻ろう。対象を捉えるには対象の論理形式を把握しなければならない。そして対象の論理形式は名の論理形式として把握されるしかない。では、名の論理形式はどうやって把握されるのか。

名の論理形式とは、その名が他の名とどのように結びつきうるかという、名から命題を作るさいの可能性を示すものである。たとえば、「ポチは白い」とは言えるが、「ポチは親子である」とか「重いは白い」とは言えない。これは「ポチ」「親子である」「白い」「重い」といった名の論理形式の一部である。

ここで、名の論理形式に二つのタイプを区別しておいた方がよいだろう。

ひとつは、その名が個体を表す固有名なのか、性質を表す性質語なのか、あるいは関係を表す関係語なのか、という分類に関わる論理形式である。「品詞カテゴリー」と呼んでおくことにする。固有名「ポチ」に性質語「白い」を結合した「ポチは白い」はそれぞれの論理形式にかなった有意味な命題だが、関係語「親子である」にただひとつの固有名を結合しただけの「ポチは親子である」とか、性質語「白い」に性質語「重い」を結びつけた「白いは重い」といった命題は、品詞カテゴリーを無視しているためにナンセンスなものとなる。

もうひとつは、たとえばあるトマトに「トマちゃん」という名を付けたとして、「トマちゃんは神経質だ」といった結合をナンセンスなものとして排除するタイプの論理形式である。これは品詞カテゴリーとしては適切であるが、意味上許されない結合となっている。あるいは、「この机はあのベッドの親である」や「ウィトゲンシュタインは2で割り切れる」等々もそうである。これに対してはぴったりした呼び方が見つからないが、「意味カテゴリー」という呼称を提案しておきたい。†9

では、こうした名の論理形式はどのように把握されるのだろうか。

たとえば「ミケ」という名の論理形式を考えよう。名「ミケ」の論理形式はどのように把握されるのか。答えは一見単純である。「ミケは猫だ」という命題が真であることが分かれば、それで「ミケ」という名の論理形式も分かるだろう。つまり、ミケは猫なのであるから、しかじかの位置をもち、色・形をもち、重さをもつだろう。さらに、誕生と成長と死がある。そして、鳴いたり走ったり、嚙みついたり障子を破ったり、さまざまなふるまいをする。

だが、そう簡単にはいかない。「ミケは猫だ」が真であることによって「ミケ」の論理形式が明らかになるのも、われわれがすでに「猫」の論理形式を知っているからである。そもそも猫の論理形式を知らない人には「ミケは猫だ」と言っても、何も伝わりはしない。つまり、問題は先送りされたにすぎない。こんどは「猫」の論理形式はどのように把握されるのかと問われねばならない。

しかし、同じような仕方で「猫」の論理形式を明らかにしようとしても、やはり問題は別の名の論理形式に皺寄せされるだけでしかない。たとえば「猫は動物の一種だ」と言っても、「動物」の論理形式が分からなければどうしようもない。さりとて、指差しによって「ミケはこいつだ」とか「猫っていうのはこれだ」のように説明しても、現実はいささかも可能性を明らかにしてくれない。可能性を開くのはただ言語だけである。どうなっているのか。いや、どうなっているのかも何もない。つまり、そうなっているのである。

ここでは「単語帳方式」はまったく役に立たない。名のひとつひとつに関して、その論理形式をひとつずつ別個に明らかにしていくわけにはいかない。すべては絡みあっている。「ミケ」の論理形式を明らかにすることは「猫」の論理形式を明らかにすることを含み、「猫」の論理形式を明らかにすることは「動物」の論理形式を明らかにすることを含む。さらに、「白い」の論理形式や「走る」の論理形式、あるいは「親子である」の論理形式、等々も明らかにされねばならない。説明されるべき論理形式は全体に広がり、巡り巡って循環する。それゆえ、論理形式をひとつずつ説明することはできないのである。為しうることはただ、この言語全体の循環の中に巻き込まれるだけでしかない。

それゆえウィトゲンシュタインは、論理形式を明らかにする作業に対して、「説明」とは言わず、「解明」という語を用いる。

三・二六三　原始記号の意味は解明によって明らかにされうる。解明とは、その原始記号を命題において用いることである。それゆえそれらの記号の意味がすでに知られているときにのみ、解明は理解されうる。†10

ウィトゲンシュタインはこのあからさまな循環の構造を積極的に認めている。ここで「原始記号」と呼ばれているのは名にほかならない。名の意味の解明は、その名を用いてさまざまな命題を作ってみせることによって為される。それゆえ、それらの命題の意味を理解できるひとだけが、その解明を理解できる。そして、問題となっている名を解明する命題には、当然のごとく他の名が含まれている。だから、ある名の解明を遂行するには、同時に他の名の解明も進行させねばならないことになる。かくして、名の論理形式を把握するには言語全体の循環の中に入っていかなければならない。それしかない。

ここで、三・二六三の「それらの記号の意味がすでに知られているときにのみ」という箇所において、「知られている」の原語が 'bekannt' であることは注意しておいてもよいかもしれない。ここでもまたふつうの「知識」である 'wissen' とは異なる語が用いられている。'bekannt' はここでは「知識をもつ」ではなく、むしろ「なじんでいる」といったニュアンスで、'fremd'(なじみのない)に対比した意味だと考えられる。もう日本語に十分なじんでいる人、その人だけがある表現の論理形式を捉えている。そして、日本語をふつうに使うには不自由しないのだが、その言語としての構造をうまく見通せていない人に対してのみ、論理形式の解明はうまくいく。論理形式の明確化は、ただ「仲間(Bekannte)」に対してだけ為されうるのであり、言語を共有しない「他者(Fremde)」に対しては不可能なのである。

実際、われわれが母国語を習得してきたプロセスは、いきなり仲間にさせられるというものであったろう。ひとつひとつ語の論理形式が説明され、それを順番にきちんと把握しながら習得してきたわけではない。それはまさに言語全体の循環の中に参加していくプロセスだった。よく訳の分からない状態で言語使用のただ中に放りこまれる。そしてつながりあった論理形式の網の目を調整し、拡大しながら、いまに至っている。その結果、まがりなりにも、「猫」の論理形式ぐらいは胸をはって知っていると言えるようになっているのである。

こうして子どもが言葉を学んでいく過程は、同時に、世界から対象を切り分けていく過程でもある。赤ん坊は最初から物たちの世界に生きているわけではない。周りで使用される未分節の命題が名に切り分けられ、その論理形式が網の目全体としてしだいに明確になってくるにつれ、対象もその姿を明確にし始める。これが、われわれが対象に到達する方法にほかならない。

目の前の光景の内に、たとえば一匹の猫、ミケを認める。だが、そのことはすなわち、ミケが他の場所に動いていったり、ミケがもっとスリムだったり、いまは寝ているミケが起きて走りまわっていたり、さまざまな可能性を通じてミケがひとつの個体であるという了解を背後にもっていなければ成り立たないことである。すなわち、眼前の事実から対象を切り出すには、その対象がどのような可能な事態の内に現れうるかを了解していなければならない。他方、可能性は言語によってのみ開かれる。ミケという対象の可能性は、「ミケ」という名がどのような命題に現れうるかという可能性、すなわち「ミケ」という名の論理形式としてのみ、捉えられるのである。しかも、ある名の論理形式はその名だけ単独で与えられるものではなく、他の名とともに、言語全体の網の目として張られるしかない。かくして、対象に到達するにも、言語の全体が要求されるのである。

4　これでラッセルのパラドクスは解決する

『論考』がフレーゲやラッセルとの格闘から生まれてきたものであることは疑いがない。きわめて不正確な言い方になるが、印象を戯画化して言えば、こうなる。ウィトゲンシュタインはフレーゲから多くのものを受け継ぎ、それをさらに推し進めた。しかし、彼の先生であったラッセルにはどうもフレーゲを捉え切れていないところがある。それは、ひとことで言えば、いわゆる現代哲学を特徴づける言葉としてしばしば言われる「言語論的転回」であった。認識論を軸として考察が為されていた哲学から、言語論を軸としての考察へと転換する。扉を開いたのはフレーゲだった。そしてその扉から歩み出てきたのは、ウィトゲンシュタインだった。この流れにおいてラッセルは（フレーゲ、ウィトゲンシュタインと並ぶ巨人であったことはたしかだとしても）、基本的に旧世代の哲学者としてそこにいた。そうして、ウィトゲンシュタインはラッセルと根本的に対峙することになる。

ウィトゲンシュタインがラッセルに切りつけた刃は『論考』の随所に見られる。しかし、それがもっとも鮮明に現れるのは、ラッセルのパラドクスを論じ、そのパラドクスに対するラッセル自身の解決であるタイプ理論を批判する箇所（三・三三一―三・三三三）である。そのあまりにも簡潔な議論はむしろ居合抜きを思わせる。しかし、その一閃は『論考』の中でもっともドラマティックな場面であると言えるだろう。その瞬間を読み解くため、われわれは少し場面をさかのぼって見てみなければならない。まずは、簡単に時代背景を確認しておこう。

4-1 ウィトゲンシュタインは論理学革命の時代にいた

一九一一年、二二歳のウィトゲンシュタインはイェーナのフレーゲのところに赴いている。そしてその会見においてラッセルのもとで研究することを薦められ、その年の秋、ケンブリッジへと行き、ラッセルに会う。これが、ウィトゲンシュタインの哲学研究のスタートであり、『論考』の出発であった。注目すべきことに、この一九一一年というのは、ラッセルが現代論理学の金字塔たる『プリンキピア・マテマティカ』の第一巻をホワイトヘッドとの共著で出版した翌年なのである。『プリンキピア』の翌年にウィトゲンシュタインがラッセルのところに行った。これはなかなかすごいことである。

つまり、物語のあらすじはこうだ。まずフレーゲが論理学革命を行ない、アリストテレス以来の伝統的論理学を刷新した。そしてそれが、『プリンキピア』において最初の頂点を迎える。しかし、その間にはひとつの大事件があった。ラッセルのパラドクスである。そしてラッセル自身、そのパラドクスの解決を模索し、その結果タイプ理論に行き着き、それを組み込んだ形で『プリンキピア』を書いた。ところが、その翌年に闖入してきた若者が、『論理哲学論考』という本を書き、そこにおいてタイプ理論はまちがっていると批判し、さらにパラドクスに対する自らの解決を示したのである。

しかも、それは、われわれが前章で見た議論から派生してくるという。つまり、名の意味の解明という観点からラッセルのパラドクスは解決され、その観点から見てタイプ理論は誤っているというのである。しかし、ウィトゲンシュタインのその議論を見る前に、ラッセルのパラドクスの発生地点を検証してみなければならない。なるべく要領よくまとめるよう心がけるが、少しの間おつきあい願いたい。

理解してもらわなければならないのが、「命題関数」という概念である。それはどのようなもので、どこがエラくて、どこがヤバかったのか。

フレーゲ以前の伝統的論理学は、単純に言って次のような推論（三段論法）を扱うものだった。

すべての猫はヘソをもつ
ある動物はヘソをもたない

それゆえ、ある動物は猫ではない

ここにおいて、ひとつの文は主語概念と述語概念の結合から成り立っている。たとえば、「すべての猫はヘソをもつ」は主語概念「猫」と述語概念「ヘソをもつ」を結びつけている。

さらに、こうした主語と述語の結合が、肯定的である場合（肯定文）と否定的である場合（否定文）に区別される。また、その述語概念が主語概念のすべてにあてはまるのか（全称文）、あるいはその一部にあてはまるだけなのか（特称文）も区別される。かくして、「主語＋述語」の基本形に「肯定‐否定」と「全称‐特称」の二つの区別が重ねられ、合計四つの基本文型が捉えられる。たとえば先の三段論法の第一段は全称肯定文であり、第二段と第三段は特称否定文である。

そして、三段論法の各段の主張にこれら四つの文型をあてはめ、そうしてできあがる可能な三段論法のすべての正誤を、体系的に調べていく。おおざっぱに言って、これがアリストテレスによって敷かれた大枠であり、それ以後の伝統的論理学が保持した骨格であった。

これはこれでかなり包括的な完成された体系を作っており、それゆえ、二〇〇〇年以上にわたってほぼ安定した形で受け継がれてきたのである。しかし、詳述は控えるが、伝統的論理学の扱える範囲はいかにも限られていた。そこでフレーゲが、伝統的論理学を含み、さらに新たな展開も可能にするようなもっとはるかに包括的な新しい体系を開いたのである。

ポイントは関数論的視点にあった。フレーゲは関数論的視点から新しい論理学体系を打ち立て、伝統的論理学も関数論的視点から読み替えたのである。かくして、伝統的論理学における概念は関数として捉えかえされる。

たとえば「犬」という概念を考えてみよう。これはフレーゲによれば関数なのである。そこでむしろ「xは犬である」のように関数の表現がとられる。xは数学で言えば「変数」であるが、数が入るわけではないので「変項」と呼ぶ。変項xには対象が入力される。たとえばxに一匹の犬、ポチを入力してみよう。そのとき、「ポチは犬である」は真となる。あるいは変項xにウィトゲンシュタインを入力してみよう。そのとき、「ウィトゲンシュタインは犬である」は偽となる。こうして、「xは犬である」という関数は、対象から真偽への関数とみなされる。これが、現在「命題関数」と呼ばれるものにほかならない。[†11]

さて問題が発生するのは、ここからである。パラドクスの発生地点を鮮明にするため、フレーゲの慎重な物言いには失礼して、いささかラフな言い方をしよう。いま命題関数の入力の事例として示したのは、「ポチ」も「ウィトゲンシュタイン」も個体であった。だが、われわれはときに「犬」や「人間」といった概念も対象化する。そして、対象化された概念について、何ごとかを述べる。すなわち、対象化された命題関数をさらになんらかの命題関数の入力項とするのである。いわば、「関数の関数」(対象化された概念から真偽への関数)を作る。

関数を入力とする関数などというと、あまりイメージがわかないかもしれないが、たとえば次のような関数がそうである。

「xという性質の持ち主は人に嫌われる」

この変項xのところには「わがままである」とか「嘘つきである」といった性質が入力される。そして、「わがままである」という性質は「xはわがままである」という命題関数にほかならないから、「xという性質の持ち主は人に嫌われる」という命題関数は命題関数を入力とする、関数の関数にほかならない。

あるいは、「xという関係が太郎と花子の間に成立している」なども、関数の関数である。変項xには「親子」や「愛している」といった関係(二変項の命題関数)が入り、それに応じて真偽が出力される。一般に、命題関数について何ごとかを述べようとするならば、そこでは命題関数を入力とする命題関数が必要とされる。関数の関数というのも、けっしてよけいな道具立てではなく、より豊かな表現力を求めて為される十分理の通った拡張なのである。
しかし、ラッセルが爆弾を置くことになるのも、まさにこの位置であった。

4−2 ラッセルのパラドクスが炸裂する

おそらく、古今東西の出版物の中で、『算術の基本法則』第2巻のあとがきにおけるフレーゲの次の言葉ほど悲痛なものはないだろう。「学問的著作に携わる者にとって」、とフレーゲは述べる。「自らの仕事を完遂した後に、それが土台から揺るがされる事態に逢着することほど望ましからぬことはない。／この巻の印刷が終わろうとしていたそのときに、バートランド・ラッセル氏から送られてきた手紙によって私が立たされることになったのが、まさにそうした状況であった」。

問題のその手紙が送られたのが一九〇二年。これがパラドクス炸裂の年である。ちなみにウィトゲンシュタインはこのとき一三歳。ウィーンの裕福な家庭に育ち、その頃はまだ天才の資質を現してはいなかったらしい。

さて、ラッセルの手紙の問題の箇所は驚くほど簡潔である。説明は後にまわすことにして、まずは読んでみていただきたい。

wを「自分自身に述語づけられない述語である」という述語とします。そのとき、wは自分自身に述語づけられるでしょうか。いずれの答からもその反対が帰結します。それゆえ、wは述語ではないと結論せざるをえません。

ここでは省略するが、手紙ではこの後、これとまったく同型のパラドクスとして集合に関するヴァージョンが続いている。実は、フレーゲの論理学を基礎とした計画は、数学におけるゲオルグ・カントールの無限集合論の仕事と同じ方向を向いたものだったのである。カントールはその無限集合論において従来の無限論を大きく越えた新たな無限の領域を開いた。そのさい用いた道具立てが、集合をひとつの対象とみなしてそれをさらに集めて集合を作る、すなわち「集合の集合」というものだった。そしてこれは、先に述べた「関数の関数」と基本的に同じものだったのである。ラッセルのパラドクスはそれゆえ、フレーゲの計画を頓挫させただけでなく、カントールの無限集合論をも頓挫させることになった。これは、論理学のみならず、数学をも巻き込んだ大事件であった。

『論考』も無限の問題に深く関わっている。思考可能性の全体、あるいはむしろ有意味な言語表現の全体、その無限性をどう捉えるか、これは『論考』の思索の核心をなす問題にほかならない。それゆえ、後にわれわれもまた無限という話題に向き合わなければならなくなる。しかし、いまはフレーゲの論理学に話題を集中させよう。問題はラッセルの述語wである。

ひとつ注意をしておく。「述語」という言い方が為されているが、これはいまの議論の脈絡では命題関数と同じと考えてよい。「赤い」と言えば述語であるが、「xは赤い」と言えば命題関数である。ただ書き方が違うにすぎない。

さて、まずはウォーミング・アップとして、「自分自身に述語づけられない」という性質について少し気分をつかんでおこう。たとえば、「曖昧」という概念は曖昧さの基準が明確ではないため、それ自身曖昧な概念であると考えられる。だとすれば、「『曖昧』という概念は曖昧である」と言える。すなわち、自分自身に述語づけられる事例となっている。他方、「厳密」という概念もその厳密さの基準が明確ではないとすれば、「『厳密』という概念は厳密ではない」と言え、これは自分自身に述語づけられない事例となる。そのように見れば、圧倒的に多数の肯定形の述語が自分自身に述語づけられない述語である。たとえば「猫である」。「猫である」という概念それ自身は猫ではない。あたりまえである。おそらく、あたりまえすぎて何を言っているんだか分からないという人がいるかもしれない。私は、私が言ったとおりのことを言っているのである。「猫である」というのは概念であり、抽象的な何ものかで、生きものではないですから、猫ではないですよね。そういうこと。

では、パラドクスを示そう。述語wを関数の形で w(x) と書くことにする。すなわち、w(x) は「xは自分自身に述語づけられない述語である」という命題関数である。「xは自分自身に述語づけられない」というのは「x(x) ではない」ということにほかならない。それゆえ、こうなる。

「w(x)」は「x(x) ではない」に等しい。

ここで、ラッセルの指示に従って変項 x に w を入れる。すると、こうなる。

「w(w)」は「w(w) ではない」に等しい。

かくして肯定と否定が等しくなってしまう。これは矛盾となる。

これが、ラッセルのパラドクスである。なんだかあまりにあっけなく矛盾が生じてしまったが、この単純さが、このパラドクスの力強さでもあった。はじめて見るというひとはもう一度じっくり見直してみていただきたい。たしかに、矛盾である。つまり、ここに至る道で、われわれはどこかまちがえてしまったのである。だが、どこでまちがえたのか。

命題関数とは、世界に存在する対象を入力し、真偽を出力する関数である。そして、関数それ自身もまた世界に存在するものとして対象化しうるとすれば、関数の関数が考えられる。だから、関数 f に関数 f 自身を入力することも可能である。と、こうなったら、オワリである。

いったい、どう立てなおせばよいのか。

4-3 タイプという考え方でどうにかならないか

ラッセルのパラドクスは、フレーゲと同じ方向をめざしていたラッセル自身の問題でもあった。そこで、ラッセルがパラドクス解決のために提出したのが、タイプ理論である。ただし、ラッセルの理論は他の種類のパラドクスも混在させ、それらを同時に解決しようとするため、きわめて複雑なものになってしまっている。ここではラッセルのパラドクスに関係するかぎりで、そのタイプ理論のアイデアを述べておくことにしよう。

ラッセルのパラドクスで誰もがきな臭いと感じるのは、「自分自身に述語づける」という言い方だろう。一般に、こうした表現は「自己言及」と呼ばれる。そこで、パラドクスを回避するには、自己言及を禁止する規則を設けてしまえばよい。そのために導入されるのが、「タイプ」である。

次のようにタイプが区別される。


個体をタイプ0とする。

タイプ0の個体に対する述語をタイプ1とする。

タイプ1の述語に対する述語をタイプ2とする。

……

「ウィトゲンシュタイン」のような固有名はタイプ0の個体を表現しており、「わがままである」という述語はタイプ0の個体について「ウィトゲンシュタインはわがままである」のような命題を作るから、タイプ1の表現である。そして「人に嫌われる性格である」という述語はタイプ1の表現とともに「わがままというのは人に嫌われる性格である」のような命題を作るから、タイプ2の表現になっている。

一般に、タイプnの述語に対する述語はタイプ(n+1)となる。

そこで、このようにタイプ分けをした上で、次のような規制を設ける。

ある述語は、自分よりタイプの低い述語のみを述語づけできる。

逆に言えば、自分とタイプの同じ、あるいはよりタイプが上の表現を述語づけることは許されないとされる。

こうすれば、ラッセルのパラドクスは発生しなくなる。w(w)のような自己言及表現は、自分自身への述語づけであるから、タイプが同じものへの述語づけとなり、それゆえ許されない表現として排除されるのである。

ラッセルはパラドクス発見の翌年、一九〇三年の著作ですでにこうしたタイプのアイデアを出している。そして、それを何年もかけて念入りなものにし、自らの論理学体系に組み込み、仕上げた結果が、『プリンキピア・マテマティカ』であった。その第一巻を出版し、ちょっと一息ついたそのときに、ウィトゲンシュタインが現れたのである。

4-4 論理形式の解明はどのようにするか

『論考』に戻ろう。

前章で論じた名の論理形式の解明について、さらに詳しく見ていかねばならない。『論考』においては、前章までに見てきたように、事実は対象の配列であり、命題は名の配列にほかならない。そして名は対象の代わりとなる。ここにおいて、すべては一律に「名」として捉えられている。思わせぶりな言い方をして申し訳ないが、なぜウィトゲンシュタインは、固有名や述語といった区別を表立たせることを避け、すべてをただ「名」として捉えようとしたのか、その真の意義を理解するには、われわれはまだ多くのことを論じなければならない。しばし、待たれよ。

ともあれ、名はさらに固有名や性質語、関係語に区別される。また、そうした品詞カテゴリーとは別に、ある名には、意味上それに特有の結合可能な名の範囲がある。そこでたとえば、「ポチは白い」は有意味な命題であるが、「白いは重い」とか「ウィトゲンシュタインは2で割り切れる」といった命題はナンセンスとされる。では、こうした論理形式はどのようにして明確化されるのだろうか。それがここで見ておかねばならない問題であり、後でタイプ理論批判とパラドクスの解決につながる部分にほかならない。

ここで、議論を見やすくするために、きわめて単純な言語を考えよう。名は、「ポチ」「ミケ」「富士山」「白い」「走る」「噴火する」だけとする。助詞は省略し、「ポチ－白い」のように名を配列させてポチは白いという事態を表現する。

解明は、この言語において有意味な命題を使用してみせることによって為される。ただし、われわれが日常言語においてそうしているように何気なくただ使っているだけでは解明にはならない。何気なく使いこなすことは十分にできるということを背景として、とくにその論理形式に照明を当てるよう工夫しなければならない。そこでウィトゲンシュタインが行なう方法は、有意味な命題において、論理形式を問題にしたい名を残し、他を空欄にするというやり方である。

「ポチ」を例にとろう。「ポチ－白い」という命題は有意味であるから、ポチを残してこのように空欄つきの表現を作る。

ポチ－x

これは関数表現である（「ポチ関数」と呼ぼう）。変項xには名が入る。このxに入力可能な名は「白い」と「走る」である。これが、ポチ関数の定義域となる。そして、それらを入力したときに出力されるのは、「ポチ－白い」「ポチ－走る」という命題である。これが、ポチ関数の値域となる。

ポチ関数「ポチ－x」——定義域……｛「白い」、「走る」｝
　　　　　　　　　　　値域……｛「ポチ－白い」、「ポチ－走る」｝

同様に、ミケ関数「ミケ－x」も同じ定義域をもち、ポチの場合と同型の命題を値域とする。このことは、名「ポチ」と名「ミケ」が同じ論理形式をもっていることを示している。

他方、富士山関数「富士山－x」の場合には、「富士山－白い」はよいが、「富士山－走る」はナンセンスとなる。そこで、定義域は｛「白い」、「噴火する」｝であり、値域は｛「富士山－白い」、「富士山－噴火する」｝である。

このことは、名「富士山」の論理形式が「ポチ」や「ミケ」とは異なることを示しているが、同時に、「ポチ」も「ミケ」も「富士山」も「a－x」という形の関数であり、品詞としては固有名であることを示している。

もうひとつ、「白い」も見ておこう。この場合には、「ポチ－白い」のような有意味な命題において「白い」を残して他を空欄にし、「x－白い」とする。この関数の定義域は｛「ポチ」、「ミケ」、「富士山」｝である。そして、関数が「x－a」という形をしていることは、「白い」という名が性質語であることを示している。

いささか単純化されすぎてはいるが、基本的に、これが解明の具体的手順であると考えられる。

ここで、これがフレーゲ的な関数とはまったく異なるという点が決定的に重要となる。フレーゲの関数は、たとえば「xは白い」の場合、そこに入力されるものは「ポチ」という名が指示する対象であり、出力されるものは真偽であった。つまり、フレーゲにおいて、関数が働く場所は言語の外、そこにいるポチやミケという対象なのである。あるいは、それはラッセル的な命題関数とも異なる。ラッセルの場合には、入力はフレーゲと同様に対象であるが、出力は真偽ではなく、命題である。しかも、ラッセルの言う「命題」とはウィトゲンシュタインの「命題」があくまでも言語表現であったのに対し、むしろその言語表現の意味である。それゆえラッセルの場合にも、命題関数とは言語表現そのものにおいてではなく、その意味する対象や命題内容において働くものとなっている。

他方ウィトゲンシュタインの場合はそうではない。ウィトゲンシュタインの関数は論理形式の解明のために工夫された手段であり、あくまでも言語の中でのみ働く。定義域はポチやミケという対象ではなく、「ポチ」や「ミケ」、つまり名である。そして値域は真偽ではなく、「ポチ－白い」といった命題とされる。それはラッセル的な言語表現の意味内容ではなく、「ポチ－白い」という言語表現そのものにほかならない。

別の言い方をするならば、フレーゲにとって関数とは世界の対象とともに働く実質をもった道具立てであり、だからこそ、関数それ自身も対象として再び関数の入力項になりえたのである。しかし、『論考』の場合は関数はただ言語のあり方を整理するための便法にすぎない。それはそれ自身対象となりうるような実質をもたない。ただの入力項たる名と出力項たる命題の対照表にすぎない。いわば、ウィトゲンシュタインは関数を徹底的にノミナルに捉えるのである。

私の解釈が正しいならば、ウィトゲンシュタインは固有名さえも、「a－x」のように関数化してその論理形式を解明しようとするのだが、これなどもまったく命題関数の考え方にはそぐわないものである。フレーゲによれば、関数表現は空欄をもち、それゆえ補完される必要があるが、固有名は関数表現を補完するものではあっても、それ自身は他の何かによって補完される必要のない飽和した表現にほかならない。それに対してウィトゲンシュタインの場合には、述語が固有名によって補完されねばならないように、固有名もまた述語によって補完されねばならない。固有名と述語とは、相補的な、ともに不飽和な表現なのである。

さあ、これで準備は整った。ラッセルのパラドクスに向かうことにしよう。

4-5 パラドクスの解決

タイプ理論が主張するようなタイプの階層性が名に認められるのかどうか、この点については『論考』の考えははっきりしない。しかし、かりにタイプの階層性が名に存することが認められるにせよ、ラッセルがそのために示した道はまったく転倒しているというのが、ウィトゲンシュタインの最初の論点である。

ラッセルの階層性のアイデアは、まず個体をタイプ0とするところから始まっていた。そしてそれに依拠して、個体に対する述語をタイプ1とし、以下同様に進むのである。するとわれわれは述語のタイプ分けを捉えるのに、まず個体という対象のレベルを把握しなければならない。だが、これは前章で示した『論考』の道の正反対である。前章の議論を思い出していただきたい。対象に到達するのにわれわれは言語全体に熟達しなければならなかったのである。対象は分析の結果であり、出発点ではありえない。素朴には、われわれは対象を、とくに個体を把握するところからすべてを出発させるようにも思われる。だが、『論考』冒頭の主張がここに響き渡る。「世界は事実の総体であり、ものの総体ではない。」われわれはものから出発することはできないのである。

三・三三一　ラッセルの誤りは、記号の規則を立てるのに記号の指示対象を論じなければならなかった点に示されている。

ラッセルはウィトゲンシュタインのこの批判を理解できなかったのではないだろうか。同じ土俵の上で技をかけあっているというよりは、根本的に土俵が違っているという感じである。

名にタイプの階層性があるとして、それはつまり名の論理形式に属することにほかならない。それゆえそれは名の解明によって明らかにされねばならない。具体的には、前節で述べたような関数による分析を遂行することによる。ここで、先にウィトゲンシュタインが提案していた関数（ポチ関数等々）が、命題関数とは決定的に異なる点を思い出してほしい。命題関数の入力項は個体である。しかし、ウィトゲンシュタインが解明に用いる関数はそのような言語外の対象をいっさい要請しない。あくまでも言語の中にとどまり、われわれの言語使用のあり方を整理する道具立てにほかならない。すなわち、「ポチ－x」等の穴あき命題は、名を定義域とし命題を値域とする、言語内的な関数なのである。かくして、名にタイプの階層性が認められるとしても、それは個体などというものに訴えるのではなく、われわれの言語使用のあり方を分析することによるのでなければならない。

名にタイプがあることが認められるならば、それは次のように解明されうるだろう。ただし、議論を簡単にするために、関係語は考慮からはずすことにする。

まず、名「a」がタイプ0、すなわち固有名であることは、「a－x」という関数のみがその論理形式を特徴づけることに示される。たとえば「ポチ」は、「ポチ－x」という関数として、その定義域と値域で論理形式が示される。そのとき、定義域には「白い」や「走る」のようなタイプ1の名、すなわち性質語が含まれ、タイプ0の名は含まれることはない。つまり、「ポチ－走る」は有意味であるが、「ポチ－ミケ」はナンセンスである。

次に、名がタイプ1であることは、定義域がタイプ0の名のみで成り立っていることに示される。タイプ1の名はもっともタイプの低い性質語であり、それゆえ固有名（タイプ0）を主語にとることになる。

以下同様に、名がタイプ2であることは、定義域がタイプ1より低い名だけで成り立っていることに示される。一般に、タイプ1以上の名に関して、名がタイプnであることは、定義域がタイプnより低いタイプの名のみで成り立っていることに示されている。

もしすべての名がタイプをもつのであれば、いまの規定から、すべての名はタイプの階層性を自動的にもつことになる。しかし、いま述べたことは名がタイプnであることの定義であるから、まだすべての名にタイプが与えられるかどうかは分からない。たとえば名aの定義域に名bが登場しているとしよう。そのとき、もし名aがタイプnであるならば、名bはそれより低いタイプmでなければならない。ところが、ここで名bの定義域に名aが登場するというようなことが起こっていたとする。そのとき、こんどは逆に、名aは名bよりも低いタイプでなければならなくなる。もしそういう入れ子状況が起こっているならば、そのときは、名aにも名bにもタイプを与えることができない。つまり、aをbで述語づけることも、逆にbをaで述語づけることもできるとしたならば、その場合にはaとbの間にタイプの階層性を与えることはできず、それゆえaとbはタイプをもたない名ということになる。

あるいは、もっとダイレクトには、名aの定義域に名a自身が含まれている場合である。つまり、aをa自身で述語づけるという自己言及が発生している場合であるが、この場合にも、名aにはタイプを与えることができない。しかし、それはそれ自体としてはとくに困ったことというわけでもないだろう。たとえば、「曖昧である」という名を考えるならば、その定義域に自分自身が含まれているというのは、おおいにありそうなことである。自己言及文のすべてが悪さをするわけではない。無害な自己言及文もある。[†12]

とすれば、ラッセルのパラドクスはどうなってしまうのだろう。

だって、よろしいか。ある名の定義域に自分自身が含まれている場合に自己言及が生じるわけだが、定義域に含まれているということは、その結果として出力される自己言及文が有意味な命題として値域に含まれていることを意味している。つまり、その自己言及文はなんらパラドクスを引き起こすものではないはずである。逆に、その自己言及文がナンセンスであるならば、それは値域に含まれていないということであり、それゆえ定義域にも自分自身は含まれていないのである。とすれば、その場合にはパラドクスを引き起こす文を作ることはできないことになる。いずれの場合でも、パラドクスの生じる余地はもはや残されていない。

なんだか、「あれ？」という感じである。ウィトゲンシュタインの観点からすれば、パラドクスは自然消滅しているのである。どこに結び目があったのだろうといぶかしく感じられるほど、パラドクスがはらりとほどけている。

もう一度、くりかえそう。自分自身が定義域に含まれているときには、その結果生じる自己言及文が有意味であることは保証されている。もしその自己言及文がナンセンスならば、定義域から自分自身を排除すればよい。解明とはそういうことである。しかし、定義域に自分自身が含まれていないならば、自己言及文を作ることはできない。かくして、ラッセルのパラドクスは生じない。

パラドクスの発生地点と根本的に異なるところに立っているため、その根っこの違いを認めてしまえば、あとはあっけないのである。では、その根っこの違いとは何だったのか。このあっけなさの仕掛けを捉えよう。

ウィトゲンシュタインは関数を完全にノミナルに捉えようとする。それは入出力の対照表にすぎない。定義域が異なれば、それはもはや同じ関数とはみなされないのである。ここに、ことがらの核心がある。

このことの気分をつかむために、命題関数ではないが、「xの母親」という関数を考えてみよう。そしてその定義域は人間とする。そこでたとえばxにルートヴィヒを入力すると、その母親であるレオポルディーネが出力される。他方、「xの母親」という表現は同じであるが、その定義域を霊長類とする関数を考えよう。その場合もxにルートヴィヒを入力するとレオポルディーネが出力されるが、こんどはxにチンパンジーのアユムを入力すると母親のアイが出力される。さて、両者の場合に「xの母親」は同じ関数なのだろうか。ひとつの答えは「同じ関数が異なる定義域をもつ」というものである。そしてもうひとつの答えは、ウィトゲンシュタインの答えであり、「両者は関数として異なっている」というものである。

命題関数「xは神経質である」で考えてみよう。日常言語においてわれわれは、暗黙の内に、その定義域を人間ないしはある程度人間と生活の仕方が似ていると感じられる動物に限定しているだろう。そこでそれが暗黙の内であることに乗じて、あるトマト（トマちゃん）について、「トマちゃんは神経質だ」と言ったとする。ウィトゲンシュタインならば、それはナンセンスだと言うだろう。他方、命題関数が定義域と独立に定まっていると考えるならば（あるいはすべての個体に関して定義されていると考えるならば）、「トマちゃんは神経質だ」はナンセンスではなく、偽であるということになる。そのとき、「トマちゃんは神経質ではない」は真となる。それに対して、ウィトゲンシュタインならば、「トマちゃんは神経質ではない」もまたナンセンスとなる。

どちらにも分があるように思われる。人間であろうとチンパンジーであろうと「母親」という概念は同じであるように思われるため、関数としても同一であるような気もする。「トマちゃんは神経質だ」はナンセンスな気もするが、「トマちゃんは神経質ではない」は真であると言いたくもなる。さらに言えば、そんなことはどっちでも大差ないように思われもするのではないだろうか。しかし、大違いなのである。この違いこそが、パラドクスに落ちるかどうかの分かれめとなる。

関数を定義域と独立に捉える考え方は、自己言及を無制限に考えてしまうことにつながる。すなわち、なんであれ、定義域Dをもつ関数Fにおいて、その関数それ自体をその定義域Dに繰り込む。その結果、定義域は変化するが、定義域のその変化を通じて関数Fは同一であるとみなされる。そのとき、自己言及文 F(F) が得られることになる。他方、ウィトゲンシュタインの言い分は、定義域が変化したのだからもはやその関数は同一ではない、というものである。それゆえ、一見自己言及文に見えるものは、実は F'(F) であり、けっして自己言及文ではない。[†13]

三・三三三　二つの関数に共通なものは文字「F」にすぎない。だが文字はそれ自体では何も表さない。

文字が名として意味をもつのは、それが像として用いられ、像としての論理形式をもつからでしかない。いま問題にしているのは述語の論理形式である。そして述語を関数として捉えるとき、その定義域と値域はまさにその述語の論理形式を示すものとなる。それゆえ、ここにおいて定義域は関数の意味に本質的に関わっているのである。それにもかかわらず異なる定義域を通じて同一の関数を想定しようとする態度は、根本的な錯誤として排されねばならない。

ラッセルの述語「w(x)（xは自分自身に述語づけられない述語である）」は与えられた定義域の上で健全に働きうる。しかし、w自身をその定義域に繰り込むとき、その定義域は変化し、それはもはや同一の命題関数wではなく、別の命題関数w'となる。それゆえ、「w(w) かつ（w(w) ではない）」という矛盾も生じない。それはただ、「w'(w) かつ（w(w) ではない）」にすぎないのである。

三・三三三　かくして、ラッセルのパラドクスは片づく。

5 論理が姿を現す

実は、われわれはまだ「論理」が姿を現す地点まで到着していない。たとえば、「クジラは哺乳類だ」という命題と「哺乳類にはヘソがある」という命題から、「クジラにはヘソがある」という命題が導かれる。こうした命題間の推論関係が論理にほかならない。しかし、ここまでの議論からはこうした命題間の推論関係は捉えられないのである。議論を次の段階に進めねばならない。そこにおいてはじめて、論理が登場する。そしてそうなってようやく、いままで曖昧なままにしてきていた論理空間のあり方を明確にすることができる。あるいはまた、命題の「意味」とは何かという問題にも答えることができるだろう。

5-1 否定詞は名ではない

これまで、命題はただ固有名、性質語、関係語という名の配列として分析された。そしてたとえば固有名「ポチ」と性質語「……は白い」の配列として「ポチは白い」のような命題が得られる。しかし、これではわれわれが日常用いている言語の範囲をまったくカバーしていない。たとえば、「ポチは白くない」という否定命題を作ることさえできない。

ここで単純な拡張は、名の種類を増やすことだろう。固有名、性質語、関係語に加えて、否定詞もまた名に加える。だが、それはうまくいかないのである。否定詞は名ではありえない。そのことは、二重否定について考えてみれば分かる。

二重否定は肯定に等しい。たとえば、「ポチは白くない」という否定形の発言に対してさらにそれを否定して「そんなことはない」と言ったとする。この「ポチが白くないなどということはない」という二重否定は、すなわち、「ポチは白い」という主張にほかならない。つまり否定は繰り返されることによってキャンセルできるのである。これは、名では考えられない特徴ではないだろうか。

もし否定詞が名であるとするならば、それは何か「否定」と呼ばれるにふさわしい対象を表していることになる。すると、二重否定の場合には否定という対象が二個も配列されているのである。他方、肯定命題が表す事態には否定などという対象は現れてこない。

名から成り立っている像において、名は対象の代わりとなり、名の配列が対象の配列を表現する。このことを本当に厳格に、文字通りに捉えよう。そのとき、もし否定詞が名だとすれば、二重否定は否定という対象が二個配列されていることを表現している。それは明らかに肯定命題が表す対象の配列とは異なっている。そして、対象の配列として異なっているならば、それはすなわち、異なる事態にほかならない。つまり、もし否定詞が名であるとすれば、二重否定は肯定に等しくはならないはずである。

しかし、二重否定は肯定に等しい。したがって、否定詞は名ではない。

否定がなぜ生じるのかを考えてみよう。

「虚心坦懐」という言葉もいいかげんな言葉だが、まあ虚心坦懐に現実を眺めたとする。そのとき、否定ということが消失してしまうのである。机の上に本がある。外を人が歩いている。どこかでセミが鳴いている。すべては肯定的事実でしかない。どうして否定ということが生じるのか。単純に言って、われわれが何かをそこに期待するからである。テーブルの上にパンダがいるという事実の可能性を把握し、「テーブルの上にパンダがいるかもしれない」と思う人だけが、「テーブルの上にパンダはいない」という記述を与えるだろう。ということは、言語をもち、世界の像を作り、そうして、可能性へと扉が開かれている人だけが、否定を捉えうるのである。ただひたすら現実を見るだけでは、否定に対応するいかなる要素も見出されはしない。すなわち、否定とは現実に存在する対象ではない。

あるいは、否定形の像というのを考えようとしてみてもよい。「テーブルの上にパンダはいない」という絵を描こうとしてみていただきたい。どういう絵を描くだろう。パンダのいないテーブルの絵を描くだろうか。しかしそれはただのテーブルの絵でしかない。よろしい。それを「テーブルの上にパンダはいない」の絵だと言い張るのであれば、それはまた「テーブルの上にアオウミガメはいない」の絵だと言ってもよい。フンボルトペンギンがいないでも、カボチャがないでも、金塊がないでもよい。それゆえ、あえて描くならば、テーブルの上にパンダがいる絵を描き、それにバツ印を書き加えるといったことだろう。そのとき、バツ印は絵の一部だろうか。テーブルが絵の一部であるように、バツ印も絵の一部なのだろうか。少なくとも写実的な像の一部ではない。バツ印は、描かれた絵に対してその絵を否定するという、絵全体に対するある態度を表している。こうしたことも、否定詞が名ではないことを直感的に支持してくれるだろう。

5-2 「論理空間」とはどのようなものか

名ではない語彙としての否定詞が視野に入ってくると、「論理空間」とはどのようなものなのかという問いに答えることができるようになる。

論理空間とは、現実世界に対して世界の可能性を示すものであった。そこで、論理空間に対するもっとも素朴なイメージは、「事態の集合」というものになるだろう。現実に生じていることが事実であり、生じうる可能なことが事態であるから、事態の集合はたしかにある可能性の全体を示している。では、可能な事態の総体こそが論理空間なのだろうか。

そうではない。そうではない理由が、否定について考えてみると分かる。

名の配列としての命題だけを考えているときには、その意味としてただそれが像として表現している事態を考えれば、それでよかった。「ポチは白い」という命題は、ポチは白いという事態の像である。終わり。だが、否定命題のことも考えるならば、それではうまくいかない。ポチは白いという事態はあるが、ポチは白くないという、いわば否定的事態などありはしない。これは当然とも言える論点であるが、きちんと押さえおいてほしい。事態とは対象の配列の可能性にほかならない。しかし、否定は対象ではない。それゆえ、事態はそのすみずみまで肯定的なものでしかありえない。否定命題の意味は事態の像という観点からだけでは捉えきれないのである。

否定的事態などないということに関して、もう少し述べておこう。ウィトゲンシュタインは何箇所かで「否定的事実」という言い方をしている。たとえば、「われわれはまた、ある事態が成立していることを「肯定的事実」と呼び、成立していないことを「否定的事実」とも呼ぶ（二・〇六）」、のように。私の考えではこれはきわめてミスリーディングな発言であり、「否定的事実」などという言い方は避けた方が無難だと思うのだが、それはまあよいとしよう。しかし、ウィトゲンシュタインに従って「肯定的事実／否定的事実」という言い方を採用したとしても、「肯定的事態／否定的事態」という言い方は断じて採用できない。そしてまたウィトゲンシュタインもそんな言い方はしない。当然である。「否定的事態」が何を意味しうるかを考えてみよう。事態とは可能的な事実のことであった。それゆえ、ある事態が現実に成立していないことが「否定的事実」と呼ばれるのであれば、それに対応して、「否定的事態」とは「ある事態が成り立っていない可能性」を意味することになるだろう。だとすれば、どうにもばかげた質問なのだが、こう問われることになる。――ここで不成立の可能性を言われている「ある事態」とは、肯定的事態なのか、それとも否定的事態なのか。肯定的事態であるとしよう。そのとき、いま「否定的事態」と言われたものは正確には「否定的肯定的事態」と言われねばならない。そしてそれはどういう意味かと言えば、「ある事態が成り立っている可能性が成り立っていない可能性」ということになる。何を言っているんだかよく分からないが、それでも再び問うことができる。――その事態というのは肯定的なのか否定的なのか。否定的だとしよう。ならば正確には「否定的肯定的否定的事態」と言わねばなるまい。そしてそれはどういう意味かと言えば……、もう、やめよう。以下延々と続き、無限後退となる。事態の成立／不成立の可能性はもはや事態ではありえないのである。肯定的事態も否定的事態もありえない。あえて言えば、事態とは肯定的でしかありえない。

それゆえ、否定命題が否定的事態の像であるということもない。

では、否定を捉えるために、論理空間はどのようなものでなければならないのだろうか。きわめて単純な言語と世界を考えてみよう。対象は、二つの灯りaとb、およびその状態として、点灯しているという状態、この三つだけを考える。そのとき、可能な事態は

〈a - 点灯している〉と〈b - 点灯している〉である。[14] そこで、現実はaとbの二つとも点灯しているかもしれないし、片方だけかもしれない。あるいはどちらも点灯していないかもしれない。二つの事態の成立・不成立の組合せは計四通りあることになる。それらをそれぞれw_1、w_2、w_3、w_4としよう。つまり、こうである。

w_1……a - 点灯していない、b - 点灯していない
w_2……a - 点灯している、b - 点灯していない
w_3……a - 点灯していない、b - 点灯している
w_4……a - 点灯している、b - 点灯している

これらはすべて可能性であるから、この中のどれが現実に成立しているのかは分からない。[15] w_2が現実世界であるとすれば、命題「a - 点灯している」は真であり、「b - 点灯している」は偽となる。そこで、たとえば「b - 点灯していない」と主張している人は、現実世界がw_1かw_2のいずれかであると主張しているということになる。

では、この四つの可能性の組が、論理空間だろうか。

ときにこのようなものが『論考』の論理空間の例であるように説明されていることもあるが、これは論理空間ではない。

たとえばw_1において「a - 点灯していない」とか「b - 点灯していない」と書かれているが、これは否定が入っているため、事態ではありえない。論理空間を構成する要素は対象だけであらねばならず、「否定」のような要因が現れるのは、論理空間が構成され、言語とのからみでそこに論理が見てとられるようになってからでしかない。論理空間それ自体には否定を直接示すようなものは何ひとつない。

それゆえ、w_1には否定的事態のようなものが属すのではなく、むしろいかなる事態も属さないとしなければならない。とすれば、こうなる。

w_1……

書かないのである。

書かないのも何か納まりが悪いので、事態が何もないということを意味するものとして空集合を表すギリシア文字ファイ「ϕ」を流用しよう。そうすると四通りの事態の成立・不成立の組合せは次のように表現されることになる。

w_1……ϕ

w_2……a - 点灯している

w_3……b－点灯している
w_4……a－点灯している、b－点灯している

私の解釈が正しいならば、これが、この単純な世界の論理空間にほかならない。以後、説明においてしばしばこの論理空間を引き合いに出すことになるので、この論理空間に対して「点灯論理空間」と名前をつけておくことにしよう。

それほど明確ではないが、おそらく、ここでw_1、w_2、w_3、w_4として示したものは『論考』で「状況（Sachlage）」と呼ばれるものであると考えてよいだろう。[†16] すなわち、状況とは、いくつかの事態の集合（あるいは空集合）にほかならない。そして、論理空間とは、可能な状況の集合である。

さて、論理空間が張られたならば、われわれは否定命題の意味を明らかにすることへと進むことができる。

たとえば点灯論理空間において、命題「b－点灯している」は｛w_3、w_4｝という領域を指定するものとなる。そしてその否定命題「b－点灯していない」はその残りの部分｛w_1、w_2｝を指定する。

『論考』の次のようなコメントはまさにこうしたことを述べている。

三・四　命題は論理空間の中にひとつの領域を規定する。

四・〇六四一　否定命題は、自らの論理的領域を、否定される命題の論理的領域の外側にあるものと記述する。

命題が規定するこの領域は、そこに含まれる状況が現実のものであるならば、そのときその命題が真になるだろう、そういう領域である。たとえば「b‐点灯している」という命題は、それが規定する｛w_3、w_4｝という領域において、状況w_3＝｛b‐点灯している｝が現実であっても、状況w_4＝｛a‐点灯している、b‐点灯している｝が現実であっても、いずれでも真となる。

こうした領域に対して、ウィトゲンシュタインはとくに呼び名を用意していない。命題pに対して、それを真にするような個々の状況のことは命題pの「真理根拠」と呼んでいる。つまり、w_3は「b‐点灯している」のひとつの真理根拠であり、w_4は同じ命題に対するもうひとつ別の真理根拠とされる。しかし、いま問題にしているのは命題pの真理根拠全体の領域であり、それについてはとくに用語がない。そこで、ウィトゲンシュタイン自身の用語ではないが、命題pに対してそれを真にするような状況をすべて集めた領域を、命題pの「真理領域」と呼ぶことにしたい。「真理領域」という語を用いるならば、三・

四は次のように言い換えられる。

三・四改　命題は論理空間の中に自らの真理領域を規定する。

私としては、この真理領域こそ、『論考』において命題の「意味」と呼ばれるにふさわしいものだと思うのだが、実はウィトゲンシュタインはそう は言わない。その問題はもう少ししてから論じることにしよう。

5-3　像概念を拡張する

ところで、マイナーな、どちらかと言えば用語上の問題にすぎないが、否定命題も「像」と呼ばれるべきなのだろうか。ウィトゲンシュタインの用語法ははっきりしないし、どちらでもよいとも言える。いずれにせよ、すぐれて「像」と呼ばれるべきものは名の配列が対象の配列を表しているものであり、それゆえ否定命題はそのような意味では像ではない。しかし、像ではないと言ってしまうことにも問題が残る。『論考』四・〇六において「命題は現実の像であることによってのみ、真か偽でありうる」と断言しているからである。この箇所はすぐ次に否定が論じられる箇所でもあり、ここで「命題」と呼んでいるものに否定命題も含まれていることは疑いがない。とすれば、ここまできっぱり言われてしまってはしょうがない、否定命題のように名の配列だけではないものもまた、像なのである。

だが、そうだとすれば、否定命題は何の像なのだろうか。どうも『論考』を読んでいるとこういうところが次々と気になってくるのである。私自身、これに関してはかなりあれこれ考えたのだが、結論だけ述べておこう。「pではない」という否定命題は、事態pの像なのである。「へ?」と思われるかもしれないが、どうもそうとしか考えようがない。「それじゃあ、肯定命題『p』も否定命題『pではない』も、同じ事態pの像になってしまうが、それでよいのか?」と尋ねられるかもしれないが、それでよいのである。事態の側に否定に対応する対象を認めない以上、そう結論するしかない。ならば、肯定も否定も像として同じものなのかと言えば、それはそうではない。両者はたしかに同一の事態を写している。しかし、肯定命題と否定命題はそれぞれ異なった仕方で、それを写しとっているのである。つまり、肯定命題は事態を肯定的に写し、否定命題はそれを否定的に写す。「事態pを否定的に写す」ということがどういうことかと言えば、つまり、その真理領域の中にpを含ませないような仕方でpを写すということにほかならない。「肯定的に写す」とは、真理領域にpを含ませる仕方でpを写すということである。像関係とは、それがどの事態の像なのかということに加えて、その事態をどのように写しとっているのかという写像の仕方をも含めて捉えられねばならない。それゆえ、像関係とは、たんにひとつの像とひとつの事態との間の対応関係を意味するものではない。あくまでも論理空間全体を背景にもちつつ、事態との間に対応関係をもつのでなければならない。そのようにしてはじめて、否定を像という観点のもとで捉えることができる。

ひとつ注意したい。「肯定的に写す／否定的に写す」という言い方をすると、いかにも両者は対等であり、へたをすると否定詞のみならず「肯定詞」のようなものを考えたくなってしまうかもしれない。つまり、pに対して、「ではない」という否定詞をつけると「pではない」という否定命題になるように、「である」という肯定詞をつけると「pである」という肯定命題になる、と。しかしこれはまったくまずい。こういうことをすると、肯定でも否定でもない「p」の身分がなんだか分からないものになってしまう。そうではなく、あくまでも肯定命題pが基本になる。というのも、肯定命題pの真理領域にこそ、事態pが含まれているからである。否定命題「pではない」の真理領域の内には事態pは含まれていない。それでもそれが事態pを否定的に写せるのは、否定命題が肯定命題に寄生した表現だからにほかならない。肯定を理解しない人は否定を理解できない。まず肯定命題pを像として理解して、その後、その写像の仕方をもとに、新たな写像の仕方を理解する。その意味で、否定とは、写像の仕方の変換記号なのである。「命題pの真理領域を反転させるような仕方で事態pを写せ」、これが否定命題「pではない」の言わんとするところにほかならない。

そのとき二重否定は、「命題pの真理領域を二度反転させるような仕方で事態pを写せ」というものとなる。二度反転させると元に戻る。それゆえこれは「pの真理領域のもとで事態pを写せ」に等しいものとなる。つまり、肯定命題pに等しい。これが、二重否定が肯定に等しくなるということに対するわれわれの説明である。否定は名ではなく、真理領域を反転させる操作にほかならない。だからこそ、反復によってキャンセルされうるのである。

5-4 論理語は否定以外にもある

否定以外にも、二つの命題pとqの真理領域を用いて新たな真理領域を作る操作がある。さらに進んで、こうした操作をより一般的に見ていくことにしよう。

基本は「合併」と「共通部分の取り出し」である。先に示した点灯論理空間を用いて説明する。

対象は、二つの灯りaとb、およびその状態として、点灯しているという状態、この三つ。そのとき、論理空間は次のように四つの状況w_1、w_2、w_3、w_4の総体として示される。

w_1……ϕ
w_2……a - 点灯している

w_3……b－点灯している
w_4……a－点灯している、b－点灯している

そして、命題pと命題qを次のようなものとする。

p＝aは点灯している
q＝bは点灯している

命題pの真理領域は｛w_2、w_4｝であり、命題qの真理領域は｛w_3、w_4｝である。そこで、両者の真理領域を「合併」するとは、その領域を単純に合わせることであり、結果として｛w_2、w_3、w_4｝という真理領域が得られる。また、両者の真理領域の「共通部分の取り出し」とは、文字通り、共通する状況を取り出すことであり、いまはw_4が取り出される。そして新たな真理領域として｛w_4｝が得られる。

否定という操作に対して「ではない」という語が当てられたように、合併という操作には「または」という語が代表的な語として与えられ、共通部分の取り出しという操作には「かつ」という語が代表的な語として与えられる。「a－点灯している、または、b－点灯

している」が真になるような状況はと言われたら、{w_2、w_3、w_4}と答えられ、「a‐点灯している、かつ、b‐点灯している」が真になるような状況はと言われたら、{w_4}と答えられるだろう。

真理領域に対する操作は、命題のレベルで考えるならば、否定詞や接続詞といった、命題全体に働きかける語彙で表される。先に否定詞は名ではないことを示したが、いま見たような真理領域を操作する働きをもつものとしての接続詞もまた、名ではないことが示せる。たとえば、「(pまたはq)かつp」の真理領域を考えてみよう。「pまたはq」の真理領域は{w_2、w_3、w_4}であり、pの真理領域は{w_2、w_4}であるから、その共通部分を取り出すと、{w_2、w_4}となる。つまり、これは命題pの真理領域に等しい。ということは、「(pまたはq)かつp」は命題pに等しいのである。もし「または」や「かつ」が名であるとするならば、「(pまたはq)かつp」は明らかに命題pとは異なる名の配列から成り立っている。それゆえそれは異なる像であるはずである。しかし、実のところは両者は等しい。ということは、「または」や「かつ」といった接続詞もまた、名ではない。

それゆえ、「pまたはq」も「pかつq」も、対象の配列という意味では同じものに対する像と考えるしかない。すなわち、ともに事態pとqの組(p, q)に対する像である。ただ、それをそれぞれ異なる真理領域(一方は合併された真理領域、他方は共通部分が取り出された真理領域）のもとで写しているということになる。
真理領域を操作するこれら名ではない語彙を「論理語」と呼ぶことにしよう。[†17] いよいよ、「論理」の姿が見えてきた。

5-5 推論関係は真理領域の包含関係で捉えられる

命題の推論関係を考えよう。命題pが命題qから帰結するとする。たとえば、つまらない例だが、p「ポチは白い」がq「ポチは白い犬だ」から帰結する。前提qが真ならば結論pも必ず真であり、このような必然的な帰結関係を「演繹」と呼ぶ。いま「推論」とか「帰結」ということで問題にするのは、演繹にほかならない。
こうした必然的な帰結関係に対して、一般的に次が成立する。

五・一二　命題「q」の真理根拠のすべてが命題「p」の真理根拠である場合、「p」が真であることは「q」が真であることから帰結する。

先に述べたように、「真理根拠」とはその命題を真にするような状況のことであるから、ここで述べられていることは、「真理領域」という私の用語を用いるならば次のように言い換えることができる。

五・一二改　命題「q」の真理領域が命題「p」の真理領域に含まれる場合、「p」が真であることは「q」が真であることから帰結する。

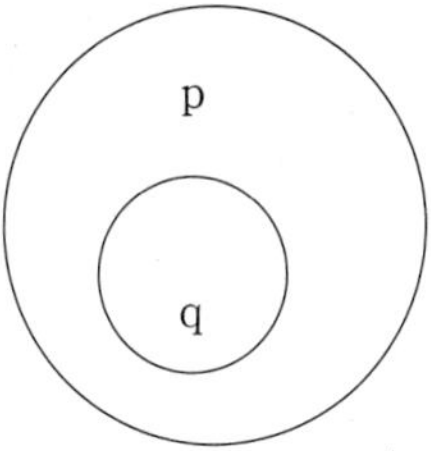

$q \longrightarrow p$

具体的に見るために、また点灯論理空間を呼び出そう。

w_1……ϕ
w_2……a－点灯している
w_3……b－点灯している
w_4……a－点灯している、b－点灯しているそして、命題pと命題qを次のようなものとする。

p＝aは点灯している……真理領域＝｛w_2、w_4｝

q＝bは点灯している……真理領域＝｛w_3、w_4｝

そのとき、「pかつq」の真理領域は命題pの真理領域と命題qの真理領域の共通部分であるから、｛w_4｝である。これは命題pの真理領域に含まれている。ということは、命題「pかつq」が真であり、それゆえその真理根拠w_4が真であるときには、w_4はまた命題pの真理根拠でもあるため、命題pも必ず真になっているわけである。

ある命題が他の命題から帰結するという演繹の関係は、このようにして、それらの命題の真理領域の包含関係として捉えることができる。命題pが命題qから演繹的に帰結するということと、命題qの真理領域が命題pの真理領域に含まれるということは、まったく同じことなのである。

5-6　命題の「意味」とは何か

ここで、棚上げにしておいた命題の「意味」について検討しよう。

先に私は、真理領域こそ、命題の「意味」と呼ばれるのにふさわしいと思うと述べておいた。しかし、これに対してウィトゲンシュタインは次のように述べる。

五・一二二　pがqから帰結するならば、「p」の意味は「q」の意味に含まれている。

前節で確認したことを思い出していただきたい。pがqから帰結するならば、qの真理領域がpの真理領域に含まれているのでなければならない。これは、五・一二二で言われている「pの意味がqの意味に含まれている」という関係と逆である。どうなっているのだろうか。

ここで「真理条件」という用語にも加わってもらうことにする。真理条件とは、おおまかに述べて「真理領域を画定するための条件」にほかならない。そうだとすると、qの真理領域がpの真理領域に含まれているとき、qの真理条件は逆にpの真理条件を含むことになる。もう少し、説明しよう。

分かりやすさのため、少し異なる事例で説明してみたい。「白い犬」という条件を満たすものを集めてみる。そしてまた、たんに「犬」という条件を満たすものを集める。そのとき、白い犬の集合は犬の集合に含まれる。他方、「白い犬」という条件は「犬」という条件を含んでいる。このように、Aという条件がBという条件を含むならば、AはBよりもきつい条件ということになり、よりきつい条件Aを満たすものが、よりゆるい条件Bを満たすものたちの中に含まれることになる。伝統的な言い方をするならば、概念の外延（集合）の包含関係と内包（規定条件）の包含関係は逆というわけである。

　これと同じことが真理条件と真理領域の間にも起こっている。命題pの真理条件が命題qの真理条件を含むならば、命題pの方がよりきつい条件を提示していることになり、それゆえ命題pの真理領域の方が命題qの真理領域よりも狭く、そこに含まれる形になる。すなわち、真理領域の包含関係と真理条件の包含関係は逆向きになる。

　こうした事情を考えるならば、ウィトゲンシュタインが命題の「意味」とみなすものはその真理領域のことではなく、真理領域を規定する真理条件のことであると結論できるだろう。五・一二二において「pがqから帰結するならば、「p」の意味は「q」の意味に含まれている」と言われたのも、それゆえにほかならない。†18

5－7　ナンセンスではないのだが無意味な命題

　ここで、導入しておきたい重要な概念がある。「トートロジー」である。耳慣れない言葉かもしれないが、あえて訳さずに（訳すならば「同語反復」と訳される）、このままいくことにしたい。定義は次のようになる。

　　トートロジー＝その真理領域が論理空間全体にわたるような命題

論理空間全体が真理領域とはどういうことか。そのような命題は、どの状況が実現しても真になる、ということである。たとえば、「(pかつq) ならばp」という命題を考えてみよう。先に説明したように、「pかつq」の真理領域はpの真理領域に含まれている。それゆえ、「pかつq」からpが帰結する。このような帰結関係があるとき、それをひとつの命題にまとめて表すことができる。それが、「(pかつq) ならばp」にほかならない。したがって、「(pかつq) ならばp」は現実に事態の成立・不成立がどのようなものであろうとも、そんなことにはおかまいなしに、必然的に真となる。つまり、トートロジーである。

トートロジーの対になるのが「矛盾」である。矛盾は論理空間上に真理領域をもたない。つまり、現実がどうあろうとも必ず偽になる命題である。

ふつうの命題はこの中間に位置する。ウィトゲンシュタインはそれらふつうの命題に対してとくに呼び名を与えていないが、「経験命題」と呼ぶことが許されるだろう。それはつまり、どの状況が実現するかによって真になったり偽になったりする命題である。たとえば「ポチは白い」という命題は、ポチは白いという事態が実現しているか否かに応じて、真とも偽ともなる。そして、この現実世界がその事態を成立させている世界なのかどうかは、考えたり分析したりするだけでは分からず、経験的探求を必要とする。つまり、経験命題にほかならない。

命題はその両極端としてその一方の端にトートロジー、他方の端に矛盾が位置する。そしてその中間を、経験命題が埋めているのである。

ウィトゲンシュタインは、トートロジーは無意味な命題であると言う。そしてそれはわれわれとしてもいまや十分理解できる発言だろう。トートロジーの真理領域は論理空間全体を覆う。それゆえその真理条件はゼロである。何ひとつ条件を課さないがゆえに、その真理領域は野放図に論理空間全体に及ぶのである。そして、真理条件が何もないということは、トートロジーは無意味ということである。

ここで、「無意味」と呼びたくなる二つのタイプを区別しておきたい。ひとつのタイプは「あのほらけ」「白いは重い」「ウィトゲンシュタインは2で割り切れる」といったそもそも命題の体をなしていないものたち。「あのほらけ」はそもそも名から成り立っておらず、「白いは重い」は品詞カテゴリーという論理形式を逸脱し、「ウィトゲンシュタインは2で割り切れる」は意味カテゴリーを逸脱している。これらは適格な命題ではなく、いかなる意味でも命題と呼ぶべきではない。『論考』はこうした命題もどきを‘unsinnig’と形容する。私としては「ナンセンス」と訳すことにしたい。

そしてもうひとつのタイプがいま見てきたトートロジーである。トートロジーは名と論理語より成り立ち、しかも論理形式を逸脱してもいない。それゆえ、それは適格に形成されていると言える。しかし、その真理条件はゼロになっている。ウィトゲンシュタインはこうした場合に'sinnlos'という言い方をする。私はこちらを「無意味」と訳すことにしたい。トートロジーは、ナンセンスではないが、無意味だということになる。

さて、矛盾はどうだろうか。矛盾もまた、ナンセンスではない。つまり、一応命題の格好はしている。では、無意味だろうか。もちろんそうだと言いたくなる。そして実際、ウィトゲンシュタインもそう言う。

四・四六一　トートロジーと矛盾は無意味である。

矛盾は無意味だというのが『論考』の見解であることはまちがいない。また、矛盾をトートロジーと同様に無意味なものとみなすことは自然でもある。しかし、ここにはちょっと問題がある。矛盾は真理領域が空である。そして真理条件と真理領域が反比例するのであれば、トートロジーが真理条件ゼロのゆえに論理空間全体を真理領域としたのと逆に、矛盾の場合には真理条件が全命題中もっとも厳しいがゆえに、真理領域が空になっていると考えられる。つまり、こういう言い方ができるとすれば、矛盾はトートロジーとは逆に、もっとも意味豊かな命題ということになる。これは『論考』の成立を揺るがすような問題ではないが、理論構成の形に関わる問題ではある。実際、『草稿』を見ると、ウィトゲンシュタインが一時期この問題にけっこう頭を悩ましていた様子がうかがわれる。一九一五年六月三日の記載から、一言だけ引用しておこう。叫んでいる。

だがなんてことだ! それなら矛盾こそもっとも多く語る命題ではないのか。

すでに確認したように、pの真理領域がqの真理領域を含むとき、pがqから帰結する。とすれば、矛盾の真理領域は空であるから、任意の命題の真理領域は矛盾の真理領域を含み、それゆえ任意の命題が矛盾から帰結することになる。

実際、これは現代論理学の標準的体系がとっている道でもある。ある体系に矛盾が含まれていることがなぜ許されないのかの理由がここにある。矛盾からは何でも導けるため、もし体系に矛盾が含まれていたならば、どんな定理でもたちどころに証明できてしまう。しかしもちろんそんな証明は無効でしかない。つまり、矛盾の存在によってその体系はまったく無効化されてしまうのである。

『論考』は、「pからqが導かれるときpの意味はqを含んでいる」という方向で考えようとしている。とすれば、もし矛盾から何でも導かれるのであれば、たしかに矛盾こそもっとも意味豊かな命題ということになる。しかし、やはり矛盾は無意味な命題であるとしたい。どうすればよいのか。

トートロジーを否定すると矛盾になる。そしてトートロジーとは、真理条件ゼロの無意味な命題であった。そこで、「何も語らない命題」を否定すると「もっとも多く語る命題」ができるようにも思われる。だが、ここはストップのかけどころである。何も語っていないものを否定して、どうして何か語らせることができるのか。無意味なものを否定しても無意味であることは明らかではないか。ウィトゲンシュタインがそんなふうに考えたかどうかは定かではない。しかし、ここで彼が「語る」ということのあり方と、命題の意味内容について、いままでの考えをもう一歩進めねばならなかったのは確かである。

名と論理語を配列したものが何ごとかを「語る」とはどういうことか。それは、言うまでもないが、世界がどうあるかを語るということにほかならない。そしてそれはつまり、その命題が真であったならば、その命題は「世界はかくかくである」と語るだろう、ということである。ここに、語られる内容は「世界はかくかくである」というものであるが、語ることが成立する前提として、「その命題が真であったなら」ということが暗黙の内に置かれている。そして矛盾はまさにこの前提を踏みはずしている。もし矛盾が真であるならば、それはきっとどんな命題よりも多くのことを語るだろう。だが、矛盾は真ではありえない。トートロジーは無意味ではあってもそれでも一応真である。それゆえいわば、トートロジーが「語ろうとして無意味になっている」のに対して、矛盾は「そもそも語ろうとさえしていない」と言えるだろう。

私はいま、私自身が納得するように考えてみたのだが、おそらくウィトゲンシュタインもこんな方向で考えたに違いない。そして、その結果として、実は先に引用した五・一二はさりげなく周到な言い方をされていたのである。もう一度引こう。

五・一二　命題「q」の真理根拠のすべてが命題「p」の真理根拠である場合、「p」が真であることは「q」が真であることから帰結する。

「pがqから帰結する」とは言っていない。「『p』が真であることは『q』が真であることから帰結する」、そう言っている。これはすなわち、矛盾からは何も帰結させない、とその裏側で言っているのである。命題pが真であることからは何かが帰結する。しかし矛盾は真でありえない。それゆえ矛盾からは何も帰結しない。

しばしば『論考』の論理体系は現代の標準的な「命題論理」と呼ばれる体系に等しいか、あるいはそれを含むものとして捉えられるが、少なくともいま述べた点において、それはまちがっていると言わねばならない。『論考』は「矛盾からは任意の命題が帰結する」という論理法則を採用しない体系なのである。[†19]

さて、少し横道的な考察が交じってしまったが、けっきょく命題の「意味」とは何だと言えばよいのだろうか。それは真理領域ではない。しかし、真理条件だと言い切ってしまうのも少し都合が悪い。そこで私の提案は、「論理空間を真理領域と虚偽領域に分割する仕方として命題の意味を捉える」というものである。ある命題を主張するということは、論理空間をその命題を真にするような領域と偽にするような領域に分割することにほかならない。そしてその命題の意味とはその分割の仕方である。ふつうの場合、それは真理条件と同一視されてよい。しかし、トートロジーと矛盾の場合、それらはそもそも論理空間を分割しない。それゆえ、無意味とされる。[†20]

6　単純と複合

これまでわれわれは『論考』の基本的な骨格を確認するために、ほぼ『論考』の論述の順にしたがって議論を見てきた。節番号で言うならば、五番台まで進んでいる。しかし、ここで少し戻ることにしよう。問題にしたいのは、次である。

二・〇二　対象は単純である。

これは『論考』の基礎に関わる主張にほかならない。しかし、これに対してウィトゲンシュタインは悩んでいた。たとえば、『草稿』一九一五年六月二一日の記載は次のようにして始まる。

われわれはくりかえし単純な対象について語り、しかも、どのような例を挙げればよいのか、何ひとつ分からなかった。これが、われわれの困難であった。

対象が単純であるとはどういうことなのか。また、なぜ対象は単純でなければならないのか。そして、どうしてウィトゲンシュタインは単純なものの例を挙げられなかったのか。あるいは、本当に単純なものの例を挙げることはできないのか。こうした問題を扱うには、しかし、論理が姿を現すところまで待たねばならなかったのである。それゆえ、いまようやく、われわれは二・〇二にアプローチすることができる。

では、ウィトゲンシュタインが直面していた困難を、われわれもまた検討することにしよう。

6-1　対象は単純であらねばならない

対象の単純性と複合性は、命題の単純性と複合性に密接に結びついている。

命題は名と論理語から成り立っている。そこでウィトゲンシュタインは、名だけから成り立っている命題を「要素命題」と呼ぶ。これに対して、要素命題に論理語を加えて作られる命題を、こちらはウィトゲンシュタイン自身の言葉ではないが、「複合命題」と呼ぶことにしよう。否定命題「pではない」は複数の要素命題を複合したものではないが、論理語を用いているので複合命題に含める。

こうして、命題は要素命題と複合命題に分類される。そこでまず確認されなければならないのは、複合的なものについて語る命題はどうしたって複合命題になるということである。最初に引用した「対象は単純である」という主張に続けて、ウィトゲンシュタインは次のように述べる。

二・〇二〇一　複合的なものについての言明はいずれも、その構成要素についての言明と、その複合されたものを完全に記述する命題とに、分解されうる。

ある夫婦を例にとって説明してみよう。N夫妻は、花子と太郎の二人から成る複合体であるとする。そこで、複合的なものについての言明として、「N夫妻は動物園に行く」という命題を考える。これはまず、構成要素についての言明として、「花子は動物園に行く」と「太郎は動物園に行く」を含んでいる。さらに、「N夫妻」という複合体を記述する命題として「花子と太郎は夫婦である」がこれに加わる。こうして、「N夫妻は動物園に行く」という命題は、おおざっぱに言って、「花子は動物園に行く、かつ、太郎は動物園に行く、かつ、花子と太郎は夫婦である」のように分析されることになる。（正確には、同時に行き、かつ、ある程度は連れ立って歩くといったことも言われなければならないだろうが、まあそれは省略する。）

複合的なものについての命題は必ずこのように複合命題として分析される。逆に言えば、要素命題を構成する名は複合的なものを表したものではありえないということである。すなわち、単純な対象がなければならないという要請は、要素命題がなければならないという要請と結びついたものにほかならない。

6-2 なぜ単純なものの事例をひとつも挙げられなかったのか

ウィトゲンシュタインは単純なものとして具体的にどのような事例を挙げればよいのか分からなかった。どうしてだろう。いま確認したように、単純なものの例を挙げるには、要素命題の例を挙げればよい。そして要素命題は論理語をもたず名だけから成り立っている命題である。そこで、論理語を含まない命題を取り出し、それを品詞分解すれば名が得られるのではないか。そしてそれは、単純な対象を表しているだろう。これでは、だめなのだろうか。

だめなのである。そもそも要素命題にどうやって辿りつけばよいのか、途方に暮れざるをえない。

ある命題が要素命題なのか複合命題なのか、どうすれば分かるのかを考えてみよう。もちろん、論理語を含んでいるかどうかがその最終的な基準にほかならない。しかし、日常言語において、論理語はつねにあらわになっているとはかぎらない。たとえば、「ポチは老犬だ」という文を考えてみよう。ここには論理語は現れていない。しかし、これが「ポチは犬であり、かつ、ポチは年寄りだ」という複合文であることは明らかだろう。問題は、このように隠されている論理語を見出すということにある。そしてそれが実は絶望的に困難なのである。

でも、ちょっとトライしてみよう。

ひとつの、それ自体はまことに健全であると思われるアイデアは、われわれの日常の推論実践をつぶさに調べれば、自ずと何が要素命題かは示されてくるのではないか、というものだろう。そこで単純に考えれば、命題pから命題qが導かれるとき、命題pの意味は命題qの意味を含んでいるのだから、命題pはなんらかの形で「qかつ……」のように命題qを含んでいると結論したくなる。ちょうど、「ポチは老犬だ」が「ポチは犬だ、かつ、ポチは年寄りだ」と分析されたように。だとすれば、命題pから何か他の命題qが導かれるとき、そのことから、命題pは要素命題ではないと結論できることになる。

しかし、これはいかにも甘い。すぐに反例が出せる。たとえば、要素命題pからは複合命題「pまたはq」が導かれる。それゆえ、命題pから命題qが帰結したとして、だからといって命題pが要素命題でないということになるわけではない。

たとえば、「カオルは少年だ」という命題を考えよう。この命題から「カオルは子どもだ」という命題が帰結する。さて、いったい、どっちが要素命題なのだろうか。「カオルは子どもだ」が要素命題である方に一票。なぜなら、「少年」とは「男の子ども」という複合概念だからである。それゆえ、「カオルは少年だ」は「カオルは男だ、かつ、カオルは子どもだ」という複合命題にほかならない。

いやいや、「カオルは少年だ」が要素命題である方に一票。なぜなら、「子ども」とは「少年または少女」という複合概念だからである。それゆえ、「カオルは子どもだ」は「カオルは少年だ、または、カオルは少女だ」という複合命題にほかならない。

さて、あなたはどちらに投票するか。

もちろん、どちらも複合命題であるかもしれない。

日常言語で用いられている概念は「子ども」と「少年」のように相互に連関しあっており、それを複雑さの順に整列し、もっとも単純な概念を決定することなど、とてもできないことのように思われる。ウィトゲンシュタインが次のように諦めを表明するとき、その念頭にあったのはこうした事情ではなかっただろうか。

四・〇〇二　日常言語から言語の論理を直接に読みとることは人間には不可能である。

しかし、だからといってウィトゲンシュタインは日常言語から離れていこうとしたわけではない。その点に関しては、かつてラムジーが早々と指摘していたように[†21]、『論考』に付されたラッセルの解説は決定的に誤っている。ラッセルは、『論考』が、より論理的に完全な理想言語が満たすべき条件を考察したものであり、その点でウィトゲンシュタインは日常言語を不正確で不完全な言語とみなしている、と解説する。しかし、まったくそうではない。ウィトゲンシュタインはあくまでも日常言語と格闘していたのである。私は、いま私が用いているこの言語を以てこの現実を生きるしかない。この言語とこの現実は私の思考可能性のすべてにとって所与である。そこを離れようとすることに意味はないし、また、そんなことができようはずもない。ラッセルの解説に反して、『論考』は次のように述べている。

五・五五六三　われわれの日常言語のすべての命題は、実際、そのあるがままで、論理的に完全に秩序づけられている。

また、『草稿』一九一五年六月二二日の次の箇所はいろいろな意味から興味深い。

私はただ日常の命題の曖昧さを正当化しようとしているだけなのだ。

「曖昧さを正当化する」ということで何を言いたいのかは少し後に論じることとして、いまはウィトゲンシュタインがけっして日常言語を離れていこうとはしていない点を押さえておいていただきたい。

理想言語を構築するのであれば、要素命題と複合命題を区別することも簡単である。そこにはもう隠された論理語などありはしないだろう。それゆえ、命題はその形だけを見れば要素命題かどうかが分かる。しかし、『論考』はそのような試みに関わっていたわけではなかった。ただひたすら、自分が引き受けているこの現実とこの言語から出発して、可能性へと展開していくその道筋を追おうとする。日常言語の論理を見通すことに絶望しつつも、そこから離れていくわけにはいかないのである。

6-3 それでも単純なものを要請しなければならない

何ひとつ具体例を出せないとしても、それでも要素命題の存在を、それゆえ単純な対象の存在を、要請しなければならない。なぜか。

その点に関連して、まず、単純な対象について語った命題と複合的なものについて語った命題との違いについてひとつ重要なことを確認しておこう。

花子と太郎が連れ立って動物園に行き、そのことを「N夫妻は動物園に行く」と記述したとする。ここで問題にしたいことはこうである。もし、花子と太郎が結婚していなかったとしたならば、それゆえ「N夫妻」という語には当てはまるものがなかったとしたならば、この記述は偽なのか。それとも、ナンセンスなのだろうか。

答えは、「偽」である。

「N夫妻は動物園に行く」という命題は「花子は動物園に行く、かつ、太郎は動物園に行く、かつ、花子と太郎は夫婦である」のように分析される。それゆえ、もし花子と太郎が結婚していなかったならば、「N夫妻は動物園に行く」という命題は偽となる。「花子と太郎は夫婦である」の部分が偽だからである。

何の話だと思われるかもしれないが、これがなかなか含蓄のある話なのである。「N夫妻」という語が指示する複合体は、もし花子と太郎が結婚していないとすれば、存在しないものとなる。そしてそのとき、「N夫妻は動物園に行く」という命題は偽となる。ここまで、よろしいだろうか。

他方、要素命題として「aはf」という命題を考えよう。要素命題であるから「a」も「…はf」も名であり、その指示対象は単純である。ところが、ここで「a」が指示すべき対象が実は存在しなかったとしよう。たとえば「サンタクロースがプレゼントをくれる」という命題において、「サンタクロース」が指示対象をもたないと分かったときのように。そのとき、要素命題「aはf」は偽とされるだろうか。それとも、ナンセンスになるのだろうか。

こんどの答えは、「ナンセンス」である。というのも、「aはf」は要素命題であるから、その名がいかなる対象をも表さないということになれば、それは端的に像として成立していないものとなり、像ではないものに対しては、真と言えないのはもちろん、もはや偽と言うこともできないのである。

ここに、単純なものと複合的なものの決定的な違いが現れる。名は対象を表す。だからもしその指示が空振りし、名指されるべき対象が存在しないということになったならば、それはもう名ではないものとなる。それゆえ、それを含んだ表現は、偽ではなく、ナンセンスとなる。他方、複合的なものを表す表現は名ではなく、その構成要素に関する記述にほかならない。それゆえ、そこで記述された複合物が存在しないとしても、それはただその記述が偽であったものとして捉えられるのである。

三・二四　複合的なものは記述によってのみ与えられうる。そして記述は正しいか正しくないかのいずれかとなる。複合的なものについて述べた命題は、その複合的なものが存在しない場合、ナンセンスではなく、ただ偽となる。†22

存在すると思われていた対象が存在しないと分かったとき、それは論理空間の変化を伴わずにはおれない。対象がひとつ減るのであるから、事態もそれに応じて減少する。そしてそれに対応して、有意味とされていた命題のいくつかがナンセンスなものになる。

それに対して、存在すると思われていた複合物が存在しないと分かったとしても、それは、真だと思われていた記述が実は偽であったと分かるだけのことであるから、論理空間はいささかも変化しない。花子と太郎が結婚していたことなどいまだかつてありはせず、N夫妻などというものは存在しなかったと分かったとしても、論理空間はまったく影響を受けない。ひとつの論理空間の中で、花子と太郎は夫婦であったりなかったりできるのである。

複合的なものの存在－非存在は命題の真偽に関わり、意味には関わらない。他方、対象の存在－非存在は命題の意味に関わる。つまり、論理空間を規定する力をもっているのは、複合的なものではなく、単純な対象なのである。単純な対象こそが、論理空間の基礎となる。この基礎的存在者としてのあり方を捉えて、ウィトゲンシュタインは次のように述べる。

二・〇二一　対象が世界の実体を形づくる。

夫婦は、実体ではないのである。

単純なものだけが実体なのである。存在する対象の範囲が定まっていれば、その可能な配列としての事態も定まる。そうすれば、あとは機械的に可能な状況が定まり、論理空間が確定する。そしてまた、それに平行して、名が定まり、要素命題が定まる。これらはすべて同時である。

とすれば、私の思考可能性の全体がこのひとつであるかぎり、すなわち、論理空間がただひとつであるかぎり、対象も、名も、事態も、要素命題も、すべてひとつに確定しているはずなのである。ウィトゲンシュタインが次のように言うのは、まさにそれゆえであると考えられる。

> 三・二五　命題の完全な分析がひとつ、そしてただひとつ存在する。

これは論理空間がひとつであることを言い換えたものにほかならない。それゆえそれはまたこう言い換えてもよい。

> 三・二三　単純記号［名］へと分析可能であるという要請は、すなわち、命題の意味が確定していることの要請にほかならない。

ここで、先に引用して十分に読み解かぬままにおいた『草稿』のコメントを検討しよう。

ウィトゲンシュタインはこう述べていた。

私はただ日常の命題の曖昧さを正当化しようとしているだけなのだ。

これは単純な対象を巡る一連の考察の脈絡にあり、ここにおける「日常の命題の曖昧さ」とは、それがどのように分析されるのかがはっきりしないという曖昧さのことであると思われる。名のように見えるそれは実は複合的なものを表したものなのか、それとも本当に単純な対象を表した名なのか。それゆえそれは要素命題なのか、それとも複合命題なのか。複合命題であるとすれば、それはどのような複合命題なのか。こうしたことは日常言語においてはぼんやりとしか捉えられていない。

だが、それでもウィトゲンシュタインはそれを「正当化」しようとする。単純な対象は論理空間が確定しているための条件として要請されるものにほかならない。そして、事実、論理空間は確定しているのである。正確に言えば、ウィトゲンシュタインはそう信じていたのである。それは言い換えれば、思考の明晰さへの信頼にほかならなかった。論理空間が唯一に確定しているのであれば、思考もまた、その論理空間のある領域をその思考の真理領域として確定することにより、明確な意味をもちうる。もちろん、眠かったり疲れていたりして朦朧とした思考しかできないときもあるだろう。しかし、それは原理的に明晰な思考を排除するようなものではない。人智の及ばぬところに明晰な思考があるのではない。「思考」ということが私にとって意味をもつのであれば、明晰な思考はこの私の手のとどくところにあるのでなければならない。

四・一一六　およそ考えられうることはすべて明晰に考えられうる。

これは、単純な対象を具体的に明瞭に把握しえた結果のコメントではもちろんない。逆である。この信頼があるからこそ、単純な対象の存在が権利上要請されるのである。あるいはこれは『論考』のドグマであったと言うべきだろう。明晰な思考は可能である。しかも、われわれはそれを日常言語で行なうしかない。それゆえ、「日常言語のすべての命題は、実際、そのあるがままで、論理的に完全に秩序づけられている(五・五五六三)」。だからこそ、単純な対象は存在しなければならない。

あまりうまい比喩ではないかもしれないが、単純な対象が何であるかを知らずに日常言語を使いこなしているわれわれは、そのメカニズムを知らないままにさまざまな機器を使っているようなものだとも言えるだろう。明晰に思考するということがいかなることかを知らなくとも、われわれは明晰に思考しうるのである。それゆえ、分析が十分為されていないことは、日常言語における明晰さを妨げるものではない。これが、「日常の命題の曖味さを正当化」するとウィトゲンシュタインが言ったことの意味ではなかっただろうか。

6-4　単純なものなど、ごくふつうにあるのではないか

しかし、たしかに「日常言語から言語の論理を直接に読みとること」は難しい作業ではあろうが、「人間には不可能」などと断言できるのだろうか。たんに私がウィトゲンシュタインほどこの問題を考えていないというにすぎないのだろうが、「私には不可能」とは思えても、「人間には不可能」とまではあまり思えないのである。実際、ウィトゲンシュタインが諦めてしまった単純なものの探求も、絶望するほど難しい問題ではないように、私には思えてならない。

ある語が、単純な対象を表した名であるか複合的なものを表した語であるかは、その語に対応するものが存在しなかったときに、その語を含む表現がナンセンスになるか偽になるかで区別されうる。だとすれば、ウィトゲンシュタインに反していささかノー天気に言い放ってしまうならば、少なくとも日常言語における固有名は基本的に単純な対象を表した名なのではないだろうか。「ルートヴィヒ・ウィトゲンシュタイン」という名はルートヴィヒ・ウィトゲンシュタインという対象を表す。そして、もしかりにルートヴィヒ・ウィトゲンシュタインという対象が、かつて生きていたこともなかったという意味でこの世界に存在しないものであるならば、たとえば「ルートヴィヒ・ウィトゲンシュタインは小

学校の教師をしていたことがある」と述べたとしても、何を言っているのだか分からないものになるだろう。「いったい誰について語っているんだ」と聞き返すしかない。それは偽なのではなく、ナンセンスなのである。[†23]

しかし、「単純と複合」という言い方に惑わされるかもしれない。ある言い方からすれば、ウィトゲンシュタインという人間は複合的であるだろう。つまり、手足があり、頭部と胴体をもっている。頭にしたって、目が二つ、鼻が一つ、耳が二つ、等々。人間はさまざまなパーツからできている。それゆえ当然、ウィトゲンシュタインが二階に上がれば、ウィトゲンシュタインの鼻も二階に上がるのである。それでも、ルートヴィヒ・ウィトゲンシュタインは単純な対象だと言えるのだろうか。

言えるのである。対象の単純性は名がもっている意味上の単純性の反映にほかならない。それは物理的な「単純‐複合」とは異なっている。語「ウィトゲンシュタイン」が意味的に「ウィトゲンシュタインの鼻」をその構成要素として含んでいるのであれば、「ウィトゲンシュタインは二階に上がった」から「ウィトゲンシュタインの鼻は二階に上がった」が帰結することになるだろう。しかし、それは常識的に成り立つことではあっても論理的に成り立つことではない。なんらかの事情でウィトゲンシュタインは鼻を失っているかもしれない。鼻がなくなったぐらいでウィトゲンシュタインがウィトゲンシュタインでなくなるわけではない。「ウィトゲンシュタインには鼻がある」は経験命題なのである。そしてこの経験命題とコミになってはじめて、「ウィトゲンシュタインは二階に上がった」から「ウィトゲンシュタインの鼻は二階に上がった」が帰結する。それゆえ、「ウィトゲンシュタイン」は意味的に「ウィトゲンシュタインの鼻」を構成要素としてもっているわけではない。ルートヴィヒ・ウィトゲンシュタインという対象は、なるほど物理的にはさまざまなパーツから構成されているとしても、意味的には単純なのである。

たとえば「ビートルズ」のようなグループ名でも、そうである。現実にはジョン・レノンはビートルズの構成メンバーであり、「ビートルズが来日した」は「ジョン・レノンが来日した」ことを事実上伴っている。しかし、論理的には必ずしもそうではない。リンゴ・スターがいなかったときからビートルズはビートルズだったのであり、論理的には、ジョン・レノンがやめてもビートルズはビートルズであり続けることが可能なのである。それゆえ、「ビートルズ」もまた単純な対象を表す名にほかならない。[†24]

性質語の場合はどうだろうか。固有名の場合とは異なり、性質の場合には、単純な性質もあれば複合的性質もある。たとえば、「蒸し暑い」というのは少なくとも「湿度が高い」と「暑い」の複合であると考えられる。それゆえ、「この部屋は蒸し暑い」と言えば、それは論理的に「この部屋は湿度が高い」と「この部屋は暑い」を帰結する。あるいは、「淡水魚」という概念は「魚」という概念を部分的に含む複合的概念であると言ってまちがいないだろう。

他方、「明るい」「青い」「柔らかい」「冷たい」「甘い」などは単純であると思われる。しかし、これらジョン・ロックならば単純観念と呼んだであろうものだけが単純なのではない。私の考えでは、「走る」や「調理する」などもまた、単純な述語である。いったい、それらをより単純な述語の複合に還元することができるだろうか。不可能であると思われる。

ただし、『論考』はこれらの語彙を名に含めることができない構造になっている。というのも、たとえば、「ポチは白い」は「ポチは黒くない」を論理的に帰結する。ところが、『論考』ではある要素命題から他の要素命題が導かれること、あるいはある要素命題が他の要素命題と矛盾しあうということが説明できない。むしろ積極的に、要素命題はお互いにそのような論理的な関係に立たないことを主張する。『論考』のこの主張を「要素命題の相互独立性」と呼ぼう。そして要素命題が相互独立であるとすれば、「ポチは白い」と「ポチは黒い」のように排除しあう命題をともに要素命題であるとするわけにはいかない。

しかし、この要素命題の相互独立性の主張は、後にウィトゲンシュタイン自身が認めることとなった『論考』の誤りなのである。そこで、その誤りを『論考』以後のウィトゲンシュタインとともに、われわれはすでにこの時点で認めてしまおう。要素命題が相互に独立だというのは、『論考』にはそう書いてあるが、まちがいだったのである。そうだとすれば、対象の単純性を要素命題の相互独立性と切り離して要請することができるようになる。実際、対象の単純性は要素命題の相互独立性とは独立に規定されていた。対象の単純性とは、すなわち名の単純性であり、それは、その名が表すものが存在しないとしたらその名を含んだ命題が偽ではなくナンセンスになるものとして規定される。他方、複合的なものに対する表現は、それが表すものが存在しないときにはそれを含んだ命題は偽になる。この規定は、要素命題が相互に論理的な帰結関係をもちうるとしても、なお生き残るものである。

別の、もっと率直で簡単な言い方をしよう。「蒸し暑い」のように意味的に合成された表現の場合には、「どういう意味だ」と聞かれて「湿気が多く、暑いことだ」のように言葉で言い換えて説明することができる。だが、意味的に単純な語、すなわち名の場合には、意味的に単純であるから他の言葉で言い換えて説明することができない。「ポチ」はこの犬であり、「赤い」はこの色である。それは直接に世界と結びついていなければならない。言葉で言葉を説明することには限界がある。それゆえ、言語はどこかで世界と直接に結びついていなければならない。単純者の要請とは、すなわち、言語と世界のこの紐帯の保証を求めるものにほかならない。

意味的に単純であることと、論理的に相互に独立であることとは切り離せるのである。そして、この切断はウィトゲンシュタイン自身が辿った道でもあった。『ウィトゲンシュタインとウィーン学団』には一九三〇年一月二日にウィトゲンシュタインがモーリッツ・シユリックに語った以下のようなコメントが記録されている。

私は以前要素命題に関して二つの考えを抱いていた。ひとつは正しいと思われるが、もうひとつは完全にまちがっていた。第一の仮定はこうだ。われわれは命題の分析によって、最終的には、対象の直接的結合を表す命題に到達しなければならない。そこでは論理定項は役に立たない。というのも、「ではない」「かつ」「または」「もし……ならば」は対象を結合するものではないからである。この第一の仮定はいまでも揺らいでいない。第二に、要素命題は相互に独立でなければならないという考えを私は抱いていた。(中略)ここにおいて私は誤っていた。

それゆえ、『論考』のウィトゲンシュタインには許せないことではあっただろうが、要素命題ないしその否定が相互に論理的な関係に立ちうることを認めた上で、なお単純なものを要請することができる。かくして私は、「ポチは白い」は要素命題であり、ポチは単純な対象であり、白いもまた単純な対象だと言いたい。さらに、単純なものなどごくふつうにあるのだ、とも。

それにしても、いま浮上してきた要素命題の相互独立性の問題が気になるかもしれない。なにしろ、そのまちがいのゆえにウィトゲンシュタインは『論考』から中期および後期へと転回していったのである。『論考』の議論をもっともらしく紹介し、最後になって「いままでのは全部まちがいでした」では読者もたまったものではない。このあたりで、要素命題の相互独立性の問題というのがどういう問題であったのか、そしてそれが誤りであると認められると『論考』はどれほどの影響を受けるのかを論じておくことにしよう。根本的に破壊されるのか。それほどでもないのか。それほどでもない、というのが私の意見である。章を改めて検討する。

7　要素命題の相互独立性

7－1　なぜ相互独立でなければならないのか

問題の箇所は次である。

四・二一一　要素命題の特徴は、いかなる要素命題もそれと両立不可能[†25]ではないことにある。

五・一三四　ある要素命題から他の要素命題が導出されることはない。

ある要素命題pからは他の要素命題qもその否定「qではない」も導かれない。つまり、ある要素命題の真偽は他の要素命題の真偽に対して論理的に何の影響も与えない。これが、要素命題の相互独立性である。では、『論考』のどういう点が要素命題の相互独立性の要請につながるのか。その点を検討しよう。

一般に、命題Aから命題Bが帰結するとき、命題Aの真理領域は命題Bの真理領域に含まれている。また、命題Aと命題Bが両立不可能なとき、命題Aの真理領域と命題Bの真理領域は共通部分をもたない。それゆえ、二つの命題AとBが相互独立であることは、両者の真理領域が共通に重なる部分と重ならない部分とをともにもつこととして捉えられる。

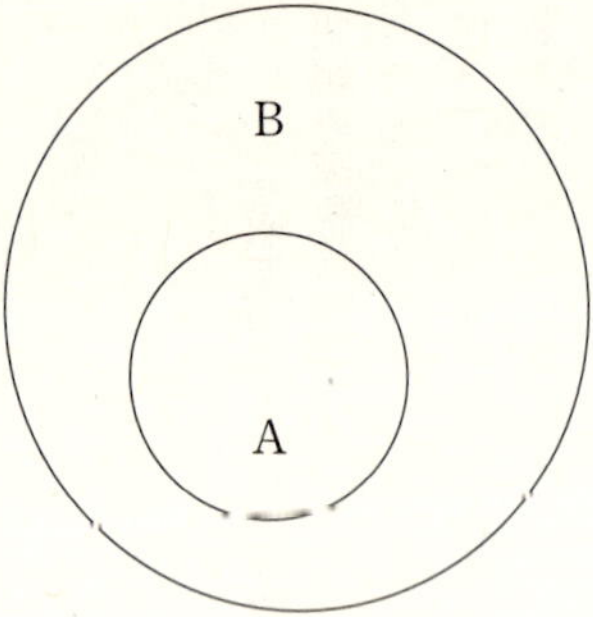

AからBが帰結する

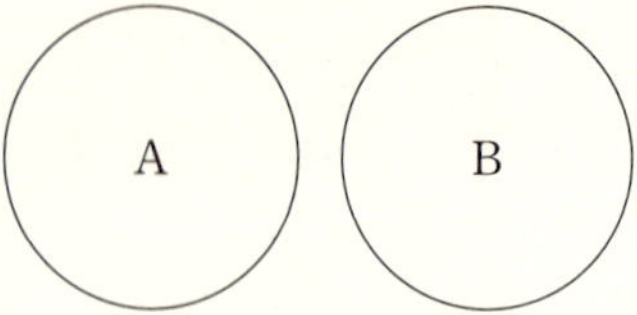

AとBは両立不可能

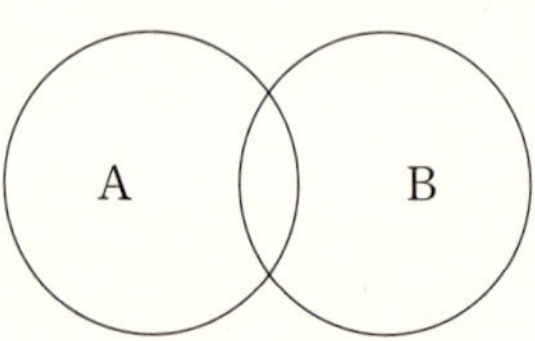

AとBは相互独立

そこでいま、命題pと命題qをそれぞれ異なる要素命題としよう。そして、命題pは事態pの像であり、命題qは事態qの像であるとする。そのとき、状況は次の四つのタイプに分類される。

状況タイプ1……事態pも事態qも含む
状況タイプ2……事態pを含み、事態qは含まない
状況タイプ3……事態pは含まず、事態qを含む
状況タイプ4……事態pも事態qも含まない

命題pの真理領域はタイプ1と2の状況の集合となり、命題qの真理領域はタイプ1と3の状況の集合となる。そうであれば、命題pの真理領域が命題qの真理領域を含むことはない。つまり、命題pが命題qを帰結することはない。また、命題pの真理領域と命題qの真理領域は必ずタイプ1の真理領域を共通部分としてもつため、共通部分ゼロということにはならない。それゆえ、命題pと命題qが両立不可能ということもない。

つまり、要素命題は相互独立である。

とはいえ、これは説明力としてはゼロに等しいと言わねばならない。というのも、この説明は事態pと事態qの相互独立性に完全に依拠したものになっているからである。もし事態pと事態qが両立不可能であるならば、タイプ1の状況は生じえず、それゆえ命題pと命題qも両立不可能なものとなる。では事態pと事態qの相互独立性は何に由来するの

かと言えば、けっきょくのところ要素命題の相互独立性を引き合いに出して説明するしかないだろう。これでは、「なぜ要素命題は相互独立でなければならないのか」という問いにまったく答えていない。

あるいはこのように考えられるかもしれない。一般に命題Aが命題Bを帰結するとき、命題Aの意味は命題Bの意味を含んでいるのでなければならない。それゆえ、命題Aと命題Bの間に帰結関係があるならば、両者ともに意味的に単純な要素命題であることは不可能であろう。

これは、要素命題の単純性と相互独立性をリンクさせる考え方である。しかし、すでに指摘したように、このリンクは見せかけにすぎない。というのも、この説明において、「命題Aと命題Bの間に帰結関係があるならば両者ともに意味的に単純な要素命題であることは不可能」ということが独断的だからである。どうして意味的に単純な命題同士は帰結関係に立てないのか。この独断をさらに説明しようとするならば、再びただ「要素命題は相互独立だからだ」と繰り返すしかない。それゆえこれもまた、「なぜ要素命題は相互独立でなければならないのか」という問いに答えていない。

あるいはまた、なおもこう言われるかもしれない。命題相互の論理的関係は論理語の働きによるものであり、論理語をもたない要素命題が論理的関係に立つことはありえない。これに対しても、なぜそうなるのか、と尋ねかえそう。なぜ論理的関係はただ論理語の働きのみによるのか。やはり、「だって、要素命題は相互独立だからだ」と繰り返すしかないだろう。

「なぜ要素命題は相互独立でなければならないのか」、『論考』にはこれに対する答えは見出されない。要素命題の相互独立性は『論考』における他のより基本的な前提から派生する主張ではなく、それ自体基本的なドグマなのである。

7-2 色の両立不可能性問題

『論考』のこのドグマこそ、哲学を再開したウィトゲンシュタインの最初のターゲットだった。ウィトゲンシュタインは『論考』執筆後、ほぼ十年間にわたり、本当に哲学的に「沈黙」し、小学校の教師等をしていた。ケンブリッジにおいて再び哲学を開始したのは一九二九年のことであった。そして、ほどなくして、要素命題の相互独立性の要請を捨てることになる。

問題そのものは『論考』においてすでに提起されていた。

六・三七五一　たとえば二つの色が同時に視野の同じ場所を占めることは不可能であるが、それは実際、色の論理的構造によって排除されており、それゆえ論理的に不可能である。

色の両立不可能性というこの事実自体は、平凡な、誰もが認める事実である。だが、それをどう説明するかという問題になると、『論考』はきわめて不自然な見解を表明せざるをえなくなる。もし「これは赤い」と「これは青い」という命題が要素命題であるとしたならば、それらが両立不可能になることは『論考』では説明できないものとなる。それゆえ、『論考』においてウィトゲンシュタインはそれを複合命題とみなすのである。[26]

しかし、「これは赤い」がどのような複合命題として分析されるというのだろうか。『論考』はそれに対してあまり魅力的とは思えないコメントしか残していない。六・三七五一の後半を引用しよう。

六・三七五一　この両立不可能性が物理学でどう表現されるかを考えてみよう。一つの粒子は同時に二つの速度をもつことはできない。すなわち、一つの粒子は同時に二つの位置にはありえない。すなわち、一つの時点に異なる位置にある粒子は同一ではありえない。おおむねこのような形で捉えられよう。

このコメントにおいてウィトゲンシュタインが正確に何を考えていたかは分からないが、ともかく色を物理的な波長のような性質によって定義することにより、「これは赤い」という命題を複合命題として分析する方向を示唆していることは確かだろう。しかし、そのように物理学的な表現に移行したとしても、たとえばいまの引用の最後に言われている「二つの時点に異なる位置にある粒子は同一ではありえない」という、いかにも当然のことが、やはりあいかわらず『論考』の構図からは説明できないのである。[†27]

ウィトゲンシュタインは、こうした両立不可能性の問題を数量の両立不可能性の問題へと煮詰めていったように思われる。たとえば、「これは3メートルだ」という命題について。私の想像が正しければ、まさにこの命題について考えることで、われわれはウィトゲンシュタインの転回点に立ち合うことになる。

「これは3メートルだ」という命題は、同じものについて為される「これは5メートルだ」等々の主張と両立不可能である。それゆえ、『論考』に従えば、「これは3メートルだ」という命題は複合命題として分析されねばならない。

では、どう分析されるのか。

後の章でまた主題的に論じることになるが、『論考』のウィトゲンシュタインにとって数とは単位の反復にほかならなかった。たとえば、「太鼓の音が3回鳴った」という命題を考えてみよう。これはどのように複合命題として分析されうるのだろうか。あきらかにまちがっている分析はこうである。「太鼓の音が鳴った、かつ、太鼓の音が鳴った、かつ、太鼓の音が鳴った。」これはつまり、ただ「太鼓の音が鳴った」ということにすぎない。

「pかつp」はpに等しい。

では、「太鼓の音が鳴った、かつ、それに続けて太鼓の音がまた鳴った、かつ、それに続けて太鼓の音がまたまた鳴った」ならばどうか。しかしこれでは分析はまだ完了していない。「それに続けて太鼓の音がまた鳴った」は要素命題ではありえないからである。「また鳴った」は「その前にも鳴った」ことを含意している。

そこで、『論考』のやり方を貫徹するならば、われわれは三つの太鼓の音に異なる名をつけて区別しなければならないだろう。たとえばそれぞれの音に「ブー」「フー」「ウー」という名を与える。そして、「ブーが鳴った、かつ、フーが鳴った、かつ、ウーが鳴った」と記述する。さらに、「ブーは太鼓の音であり、フーも太鼓の音であり、ウーも太鼓の音である」と記述が加えられ、ここにわれわれは太鼓の音が3回鳴ったということを見てとる。

これが、『論考』における数の扱い方であった。たとえば「テーブルの上にリンゴが3個ある」なども、リンゴのそれぞれに固有名をつけ、「テーブルの上に太郎がある、かつ、テーブルの上に次郎がある、かつ、テーブルの上に三郎がある、かつ、太郎はリンゴであり、かつ、次郎はリンゴであり、かつ、三郎はリンゴである」と記述される。そしてわれわれはこの記述の内にリンゴが3個あることを見てとるのである。

数に対してこのような扱いをする理由については後の章で詳しく検討することとして、

いまはただ、数に関する命題も相互独立ではありえないため、『論考』ではこうした分析が要求されることになるという点を押さえておいていただきたい。

そしてウィトゲンシュタインは、「これは3メートルである」といった命題も同じように分析できると考えていたに違いない。つまり、こうである。単位となる対象をaとする。たとえばそれはメートル原器であると考えてもよい。そこで、対象aをしかるべき形で反復させれば2単位の長さが得られる。また別の形で反復させれば3単位の長さとなる。

ところが、太鼓の音やリンゴの場合と長さの場合では重大な違いがある。太鼓の音の場合、「太鼓の音が3回鳴った」が「太鼓の音が2回鳴った」を含意するということにそれほど無理はない。あるいは、「テーブルの上にリンゴが3個ある」は「テーブルの上にリンゴが2個ある」を含意するということも、論理的には成立していると言えるだろう。他方、「これは3メートルである」は「これは2メートルである」を含意するというのは無理ではないだろうか。一本の同じ竹ザオが3メートルであり、かつ、2メートルでもあるというのは、矛盾である。もちろん、3メートルの竹ザオを切って2メートルの竹ザオを作ることはできる。しかし、それは「3メートルの竹ザオは2メートルの竹ザオでもある」ということではない。同様に、「90ホンの騒音は10ホンの静けさを含んでいる」や「摂氏30度の暑い部屋は摂氏10度の寒い部屋を含んでいる」といった主張なども、無茶である。

ウィトゲンシュタインの移行期の著作である『哲学的考察』における次のような叙述は、まさにこうした点を述べたコメントにほかならない。

「3メートルの長さの棒は2+1メートルなのだから2メートルでもある」と語ることもまた、意味がない。というのも、「それは2メートルであり、かつ、1メートルである」と語ることなどできはしないからである。3メートルという長さは新たなものなのだ。(第七六節)

これに対して、あるいは、「きっかり」のような表現を用いたらどうかと提案されるかもしれない。「太鼓の音がきっかり3回鳴った。」これならば「太鼓の音がきっかり2回鳴った」を含意しない。「きっかり2回」であれば、それはもう3回鳴ることはない。同様に、「これは3メートルだ」も明示されてはいないが実は「きっかり」が含まれた命題であり、「単位aがきっかり3回反復された」という意味にほかならない。それゆえ「これは(きっかり)2メートルだ」を含意しないのだ、と。

これでうまくいくだろうか。いや、これはこれで新たな困難を招いている。

「太鼓の音がきっかり3回鳴った」という文は単純に言ってこう分析されるだろう。「ブーが鳴った、かつ、フーが鳴った、かつ、ウーが鳴った、かつ、他は鳴らなかった。」しかし、この「他は鳴らなかった」という句はさらにどう分析されればよいのだろうか。「グーは鳴らなかった、かつ、プーは鳴らなかった……」のように無限に続けるのだろうか。無限にそれを続けるということにも論ずべき問題はある。しかしもっと問題なのは、鳴らなかった太鼓の音に「グー」だの「プー」だのといった名をつけることはできないということである。対象として存在していないものに名はつかない。それゆえ、「他は鳴らなかった」という句は成立しえない。「きっかり」という表現を導入することによって、長さの場合の困難を取り除こうとしたのだが、結果は逆に、太鼓の場合までもが困難に見舞われることになってしまったのである。

さらに、長さの単位を反復させることには太鼓の音やリンゴの場合にはないいっそう根本的な困難がある。長さの単位を3回反復することを、太鼓の音の場合と同様、「ブーをあてがった、かつ、フーをあてがった、かつ、ウーをあてがった」のように三つの異なる固有名を用いて分析したのでは、単位の反復ということが出てこないのである。これでは、ブーとフーとウーという3個の異なるものをあてがったということにすぎない。「ブーは長さの単位であり、フーも長さの単位であり、ウーも長さの単位である」と付け加えたとしても、ブーという単位とフーという単位とウーという単位という、三種の異なる長さの単位が用いられたことになってしまう。ここでは同一の単位aを反復しなければならない。それゆえ、太鼓の音やリンゴの場合のように三つの固有名を用いて分析するわけにはいかないのである。とはいえ、「aをあてがった、かつ、aをあてがった、かつ、aをあてがった」と言うのでは、太鼓の音の分析のときに指摘したように、「pかつp」はpでしかないため、たんに「aをあてがった」と主張しているにすぎないものとなる。

どうすればよいのか。

どうしようもない。私の推測がまちがいでなければ、この地点においてウィトゲンシュタインは『論考』の過ちを認め、転回へと踏み出したのだ。[†28]

> かくして、二つの要素命題は両立不可能でありうる。(『哲学的考察』第七六節)

つまり、論理語によらない論理的関係が存在するということである。いや、むしろそのような論理的関係の方が多いくらいだろう。「これは赤い」は「これは青くない」等々を含意する。「これは3メートルである」は「これは2メートルではない」等々を含意する。こうしたウィトゲンシュタイン自身の例に加えて、私はさらに、「ポチが走っている」は同時刻において「ポチは止まっている」と両立不可能であり、「ポチが吠えている」は「ポチは黙っている」と両立不可能である、等々もまた、要素命題同士の論理的関係の事例に加えたい。

論理語の働きによらないこうした論理的関係をウィトゲンシュタインは「文法」と呼ぶ。

そして転回後のウィトゲンシュタインはこうした文法へと考察の場を移していくことになる。しかし、その歩みを追うのは本書の課題ではない。むしろ、要素命題の相互独立性という論点が捨てられたことが、『論考』にとってどれほどの破壊力をもつものなのかを検討しよう。『論考』はこの転回によってどのくらい壊れるのか。

7-3 要素命題の相互独立性を否定すると『論考』は崩壊するのか

ウィトゲンシュタイン自身の動きを見るならば、その影響力は壊滅的であったようにも思われる。その後の展開は『論考』の部分的修正などではなく、まったく異なった方法に着手し始めたようにも見えるのである。たとえば、P・M・S・ハッカーは次のように述べている。「ウィトゲンシュタインの最初の哲学は、色の両立不可能性というひとつの問題を解決することができなかったために崩壊した。ひとたびこの問題が扱えないことが明らかになるや、全体系の大黒柱が崩れ落ちた。[†29]」

しかし、この印象は正しくない。実際、ウィトゲンシュタインは要素命題の相互独立性の要請を撤回した後も、先に見たように要素命題の存在を要請することは正しいと考えていたのであるし、また、たとえ「文法」というより大きな規則体系の一部として捉えなおされることになったにせよ、論理語に関しては『論考』の理論はそのまま保持されたのである。また、世界のあり方を記述した命題が像という性格をもつという考えも、要素命題の相互独立性の要請の撤回と連動して消えてしまったわけではない。[†30] 要素命題の相互独立性の要請を撤回しても、実は『論考』はそれほど多くのものを失いはしないのである。

もちろん、まったく無傷というわけにもいかない。とくに連動して修正を受けねばならないのは、論理空間のあり方である。要素命題が相互独立でない場合があるのに応じて、事態もまた相互独立性を失う。それゆえ、その分論理空間における可能な状況が制限されねばならない。

たとえば、対象として個体aと個体b、そして〈赤い〉および〈青い〉という二つの性質があるとしよう。そのとき、可能な事態は〈a－赤い〉〈a－青い〉〈b－赤い〉〈b－青い〉の四つである。それぞれ事態p、q、r、sと記すことにしよう。ここで相互独立性を仮定するならば、あらゆる事態の組合せが可能になり、それゆえ論理空間は次のようになる。

ϕ
{p} {q} {r} {s}
{p, q} {p, r} {p, s} {q, r} {q, s} {r, s}
{p, q, r} {p, q, s} {p, r, s} {q, r, s}
{p, q, r, s}

しかし、p〈a－赤い〉とq〈a－青い〉およびr〈b－赤い〉とs〈b－青い〉の両立不可能性を認めるならば、論理空間は次のように制限されねばならない。

φ
{p}　{q}　{r}　{s}
~~{p,q}~~　{p, r}　{p, s}　{q, r}　{q, s}　~~{r,s}~~
~~{p,q,r}~~　~~{p,q,s}~~　~~{p,r,s}~~　~~{q,r,s}~~
~~{p,q,r,s}~~

それに応じて命題の真理領域も制限されることになる。

しかし、つまりそれだけのことである。たとえ真理領域が制限されたとしても、命題Aが命題Bを帰結するのが命題Aの真理領域が命題Bの真理領域に含まれるときであるということに変わりはない。また、要素命題が名の配列であるということにも変更はない。論理空間をこのように制限するという一点を除き、私が前章まで論じてきた『論考』の論点はまったく無傷なのである。

そして、論理空間をこのように制限するということは、少なくとも『論考』の目的にとって、まったくたいした変更ではない。それはいわば『論考』が認定していた矛盾の範囲を拡大することである。つまりそれは、「あのほらけ」や「白いは重い」のようなまったく理解不可能なナンセンスな表現の範囲の拡大ではなく、「ポチは犬であり、かつ、犬ではない」のようなけっして真になりえない無意味な表現の範囲の拡大にほかならない。そして、『論考』にとって重要なのは、何がナンセンスなのかを見きわめることであった。その考察にとって、要素命題が相互独立であるかどうかは無関係なのである。

次章からわれわれは『論考』の後半を見ていくわけだが、そこにおいて、語りえぬものの語りえなさが明らかにされていく。そして最後は、「語りえぬものについては、沈黙せねばならない」と閉じられる。『論考』はこうして、いくつかのものを論理空間の中には収まりえない語りえぬものとして取り出す。しかし、無制限の論理空間に収まらないのであれば、それは制限された論理空間にも収まりはしない。『論考』が語りえぬとしたものは、『論考』後にも相変わらず語りえないままなのである。

それゆえ私はこう主張したい。『論考』は基本的に正しい。大きなまちがいはただ要素命題の相互独立性の要請だけであった。しかし、それとて、『論考』の骨格と結論を崩すようなものではない。ウィトゲンシュタインの転身は、ただ「文法」という新たな狩り場を見つけたというにすぎない。後期の主著作である『哲学探究』はけっして『論考』を排除するものではない。『論考』は適当な修正を経て、『哲学探究』と並ぶことができる。

8 論理はア・プリオリである

8−1 復習——分析と構成の手順

ここまでの構図をおさらいしよう。

出発点は現実世界と日常言語である。この世界を生き、この言語に熟達している者のみが、『論考』の提示する道を辿ることができる。

ゴールは思考可能性の全体を明確に見通すことである。

そのため、日常言語を分析し、再び日常言語を構成するという往復運動を行なう。『論考』の旅は名と対象から始まるのではないし、また理想言語のような、出発点とは別のどこかをめざすものでもない。ここを出発し、ここに帰ってくる。そうして、自分のいる位置を明らかにする。

往路は分析である。現実世界の事実と、さまざまな言語使用がある。そこで、ある命題は事実との対応によって真であったり偽であったりする。また、ある命題は他の命題を帰結する。こうした、命題の検証や推論といった言語実践の中で、有意味と無意味・ナンセンスを弁別するわれわれの言語直観を頼りに分析が為され、その結果、要素命題と論理語とが区別される。これが分析の第一段階である。

さらに要素命題は事実との対応の中で、名と対象の対に分類される。そのさい名は、品詞カテゴリーと意味カテゴリーのそれぞれに関して、どのような配列が可能であるのかという名の論理形式とともに切り出される。それに対応して、対象もまたいかなる事態の構成要素となりうるかという、名の論理形式と同型の論理形式とともに切り出される。これが分析の第二段階である。

ここから、復路、構成へと向かう。名の論理形式に従って可能な要素命題のすべてが構成される。そうして作られた要素命題は、すべての可能な事態を表現するものとなっている。これが構成の第一段階である。

次に、事態の集合として状況が作られ、可能な状況の全体として論理空間が張られる。ここで事態は相互独立と仮定されているため、事態の集合から論理空間は機械的に設定される。また、命題の側では、論理語によって要素命題から複合命題が作られる。これで、構成の第二段階が終了し、思考可能性の空間として論理空間が姿を現す。かくして、すべての命題が構成可能なものとなり、また、命題の意味が論理空間の分割の仕方として規定される。

以上が『論考』の基本構図である。

ここから『論考』はさまざまな哲学問題について主題的に論じ始める。論理について。独我論について、自我について。必然性について、あるいは数学について。そして最後に、倫理について、あるいはまた死について。

われわれもまた、こうした考察を順を追って見ていくことにしよう。まずは論理について、あるいは、論理のア・プリオリ性について、である。

8-2 『論考』の根本思想のありか

ウィトゲンシュタイン自らが『論考』の「根本思想」と称する（四・〇三一二）主張がある。一見すると「根本思想」と呼ぶほどのものには見えないかもしれない。こうである。

論理語は名ではない。

ウィトゲンシュタインは「ではない」「かつ」「または」といった論理語を、対象を表す名ではなく、要素命題に対する、あるいは要素命題の真理領域に対する「操作」として捉える。それゆえ、ここでわれわれに課された課題は、「操作」というこの概念が『論考』の「根本思想」に関わる中心概念であるのはなぜかを理解することである。そしてそれは、必ずしも見てとりやすいことではない。しかし、ここをきちんと捉えないかぎりは、『論考』を的確に捉えたことにはならない。

まず、「操作」という概念がもつ積極的な側面を検討する前に、「論理語は名ではない」という否定的な主張の意味するところを押さえておこう。

論理語が名ではないならば、論理語は対象を表さない。それゆえ、論理語に関わる理論は世界のあり方についての理論ではない。これがウィトゲンシュタインのポイントである。たとえば「パンダ」という語はパンダという種を表している。それゆえ、パンダについての研究が世界のあり方を調べる科学として成立する。あるいは「ウィトゲンシュタイン」という固有名はウィトゲンシュタインという対象を表す。それゆえ、そこにはウィトゲンシュタインという対象のあり方についての探求が成り立つ。「ウィトゲンシュタインは第一次大戦に従軍した」「ウィトゲンシュタインは一九五一年六二歳で死んだ」等々、「ウィトゲンシュタイン」という名を用いた真なる命題が集められれば、それがウィトゲンシュタインについてのわれわれの知識を表している。他方、論理語についての理論はそのような意味で世界のあり方についての知識を形成しない。論理学は自然科学とは異なるのである。論理学のこの独特な性格が、「論理語は名ではない」という一言に集約される。だからこそ、これはウィトゲンシュタインにとって根本思想となった。

しかし、これだけではまだ「根本思想」と呼びうるほどの重みをまったく捉えきれていない。論理語は操作を表す。このことの意味を見ていくことにしよう。そしてその検討によって、ウィトゲンシュタインがフレーゲ的な論理観とは根本的に異なる論理観を提出していることが明らかになるだろう。

　ここに姿を現すのは、「無限」である。「操作」という概念の重要性は、なによりも無限に関わっている。[†31] ウィトゲンシュタインは次のように述べる。

五・二五二三　操作の反復適用という概念は「以下同様」という概念に等しい。

　実に、この点にこそ核心がある。多少誇張気味に言うことを許していただくならば、これは『論考』全体にとって核心を成すものであると私は考えている。

「以下同様」という句は無限に関わる。われわれが無限に関わるときの唯一のルートがこれである。たとえば自然数を学ぶとき、「以下同様」という言葉がどこかで有効にならなければ、われわれは無限にある自然数を把握することなどできはしない。百まで、あるいは必要ならそれ以上、子どもにひとつひとつ具体的に数えてみせ、「あとはこんなもんだ」と突き放す。そのとき、「どんなもんだって？　分かんないよ。もう少し教えてよ」と、その子どもがいつまでたってもそう尋ね返してくるようでは、自然数を学ばせることはできない。大人が「以下同様」と見切り、子どもが「そうか、以下、同様なんだ」とうなずき、そして実際その子どもが以下同様に続けていけるということが、自然数のような無限へと開かれたステップの学習には不可欠のものとなる。

そして、「以下同様」という言葉に実質を与えるのが、操作の反復適用なのである。自然数の場合で言えば「1を足す」という操作を繰り返すこと。「次の数に進みたければ、君がいま数えた数に1を足しなさい。」こうして、いつまででもその操作を続けていける。そう確信したとき、われわれは「自然数を理解した」と言える。そして、それ以外の仕方で無限にある自然数を理解することはできない。

『論考』の目標を思い出そう。思考の限界を捉えること。しかし、思考の限界を思考することはできない。思考の限界に立つことは思考しえぬ領域をも考えることを要求するが、それは不可能である。それゆえわれわれはあくまでも思考可能性の内側に立ち、そこから思考の限界を画定しなければならない。これは、いまの議論の脈絡から言えば、自然数を把握するにも似たことではないだろうか。われわれは自然数の果て、最後の自然数などというものに出会うことはできない。いわば、自然数を内側から捉えなければならないのである。このような場合、つまり、「よし、これですべてを尽くした」という言葉で限界を画定することができない場合、われわれはどこかで「以下同様」という言葉に出会わなければならない。

「……」という記号で表される「以下同様」という概念はもっとも重要な概念のひとつである。(『草稿』一九一六年一一月二一日)

8-3 操作と関数を混同してはいけない(五・二五)

「操作」という概念を「関数」と対比しよう。ここにおいて『論考』のきわめて反フレーゲ的な性格があらわになる。すでに触れたようにフレーゲは関数論的視点から現代論理学を創始した。しかし、ウィトゲンシュタインはそれとはまったく異なる論理観に到達したのである。問題は、関数という概念を用いて「以下同様」という句に実質を与えることができるか、という点にある。「できない」というのがウィトゲンシュタインの答えであったが、「できる」という答えがまさにラッセルのパラドクスを発生させたのである。

フレーゲは、たとえば「犬」という概念を「xは犬である」という命題関数として捉えた。それは個体から真偽への関数とされる。そして関数をも対象化し、それを再び関数に入力することが許されるとするならば、「関数の関数」という考えに至ることになる。そのとき、関数の関数もまた対象化されて関数に入力されうるだろうから、「〈関数の関数〉の関数」が作られ、「以下同様」となる。

カントールが為していた無限集合論の側から述べなおしてみよう。「xは犬である」という命題関数は、それを満たすような対象の集合、つまりすべての犬たちから成る集合を規定する。そこで、そうして作られた集合もまたひとつの対象とみなされる。そうして集合の集合を考えることができる。無限集合論の最大のポイントは、集合を対象とみなすことによって、新たな対象を次々に作っていけるところにある。ふつうに対象とみなされるものの全体として集合を考え、その集合たちの全体として集合の集合を考える。さらにその集合の集合の集合全体として、……「以下同様」。この手順が、カントールの無限集合論の生命線であった。この方法を駆使することによってはじめて、カントールは連続体としての実数に到達しえたのである。

しかし、先にも見たように、ここにラッセルのパラドクスが発生した。関数の関数、および集合の集合を、無制限に認めるわけにはいかない。関数の関数や集合の集合を野放図に認めることは矛盾を含むのである。

無限集合をひとつの対象とみなし、さらに無限集合の集合を作っていこうとする態度、しかもそれが無制限に許されるとする態度は、無限に対する実在論的態度にほかならない。そしてウィトゲンシュタインは『論考』の頃から一貫して、無限に対して「無限は操作の反復としてのみ構成される」という反実在論的‐構成主義的態度をとっていたと私には思われる。ウィトゲンシュタインは根本的にカントールのような実在論的態度を認めないのである。ただし、『論考』において集合および集合論について述べた箇所は少ない。次のような主張が、議論なしにいきなり断言されているだけである。

六・〇三一　集合論は数学ではまったくよけいである。[32]

ここで、ひとつのエピソードを紹介してみよう。ウィトゲンシュタインが哲学から離れていた一九二八年、ウィーンにおいて、ブラウアーが「数学・科学・言語」という題で講演をし、ウィトゲンシュタインはその講演を聴いた。それだけではない。同席していたファイグルの証言によると、講演後のコーヒー・ショップでウィトゲンシュタインは「異常なまでに雄弁になり、そして彼の後期の著述の発端となった構想の概要を語り始めた。……その夜がウィトゲンシュタインの強力な哲学的関心と活動への復帰を記すこととなった[33]」、というのである。

ブラウアーは直観主義を提唱したオランダの数学者である。そして直観主義とは、無限に対する構成主義をもっとも強く押し出す立場にほかならない。その講演を聴いてウィトゲンシュタインはどうしてそれほど興奮したのか。ありそうにないのが、その講演によってウィトゲンシュタインが構成主義に目を開かされたというものである。ブラウアーの講演を聴いて目からウロコが落ち、『論考』の立場を反省して後期の哲学へと踏み出し始めた――というのは、ストーリーとしても単純すぎる。おそらく、その講演に『論考』の精神に通じるものを見てとりつつも、だからこそそこに嗅ぎとられた違和感におおいにかきたてられたのではないだろうか。似ている。しかし、はっきりした違和感がある。この違和感は何か。それがウィトゲンシュタインをファイグルたちに対して多弁にした。さらに無責任に言うならば、フレーゲやラッセルの実在論のもとで構成主義を打ち出したのが『論考』であったとすれば、構成主義をも解体し始めたのが、中期から後期の彼の哲学ではなかっただろうか。

話を戻そう。パラドクスの発生地点は、「集合の集合、〈集合の集合〉の集合、……以下同様」と進み、あるいは「関数の関数、〈関数の関数〉の関数、……以下同様」と進むところにある。ラッセルのパラドクスが集合に対しても関数に対してもまったく同型の二つのヴァージョンをもっていたように、両者は同じ構造をもっているように思われる。しかし、実はそうではなかった。無限集合論に対応するものを関数で生み出そうとすることは、関数の本性を決定的に見まちがえているのである。命題関数は集合と同等のものではない。『論考』は集合論をよけいなものと断罪したが、関数をよけいだとは言わない。関数は集合よりもずっと健全な道具立てでありうるのである。

第4章でラッセルのパラドクスを論じたときの議論を思い出していただきたい。『論考』は関数をたんに入出力の対照表にすぎないものとみなした。つまり、定義域が異なれば関数は関数として異なるのである。これはいまの議論の脈絡で何を意味するだろうか。命題関数を考えてみよう。フレーゲの規定に従えば、それは個体から真偽への関数である。そこで、動物を定義域とする命題関数「xは犬である」を考えよう。それは動物の集合という定義域の上で働き、犬であるものと犬でないものとを弁別する。こうして、この命題関数は動物という集合から犬という部分集合を取り出す。そのかぎりにおいて、すなわち、あくまでも定義域となる集合の部分集合を取り出すかぎりにおいて、命題関数は集合に等しい。つまり、命題関数は定義域の集合の部分集合を取り出すものでしかないのである。それは与えられた定義域よりも小さい集合を取り出してくるにすぎない。命題関数とは部分を切り分ける弁別規則であり、出発点を越えて何ものかを構成していく力をもった構成規則ではないのである。

たとえば関数 f(x) = x+1 を考えよう。一見するとこの関数を用いて「以下同様」という地点に立てるようにも思われる。つまり、こうである。最初の入力を0とする。そのとき出力は1である。次にそれを入力する。そうすると新たな出力2が得られる。次にそれを入力する。そうすると新たな出力3が得られる。以下同様。かくして、0から出発し関数 x+1 を用いて自然数が得られる。しかし、ウィトゲンシュタインの観点からすればこれはまったくの誤解である。関数は定義域とコミになってのみ意味を確定する。それゆえもし定義域が最初{0}であるならば、それを関数 x+1 に入力して得られた1はもうその関数に入力できない。出力1が再び関数 x+1 に入力されるためには最初から定義域に1が含まれていなければならない。1を入力して得られた出力2に関しても同様である。その2をさらに関数 x＋1 に入力させるためには、最初から定義域に2が入っていなければならない。それゆえ、関数 x＋1 で自然数を出したいのであれば、最初から定義域が自然数でなければならない。関数 x＋1 には自然数を構成する力はないのである。

それに対して、操作はそうではない。操作を施す相手を「基底」と呼ぶが、操作は基底と独立に定まるのである。操作「＋1」を考えよう。{0}を最初の基底として、それに「1を足す」という操作を施す。その結果1が得られるが、この1を再び基底に繰り込むことができる。そして1に対しても「1を加える」という操作を施す。その結果2が得られ、それもまた基底に繰り込むことができる。操作の結果は次々と新しく基底に繰り込むことができる。

「二つに折る」という操作を考えてみよう。一枚の紙が与えられる。それを二つに折る。すると目の前には新しく二つに折られた紙が現れる。そこでそれをまた二つに折る。そうするとこんどは四つに折られた紙が現れる。それをまた二つに折る。以下同様。何をもってきても、「二つに折る」という操作はひとつである。新聞紙をもってくる。「二つに折る」。B5のコピー用紙をもってくる。「二つに折る」。葉書をもってくる。「二つに折る」。操作の基底は関数の定義域とはまったく異なる。関数は入出力の対照表にすぎず、それゆえ定義域が異なれば異なった関数であるが、操作は基底と独立に同一性をもっている。だからこそ、操作は無限列を構成しうるのである。

ウィトゲンシュタインは複合命題を「真理関数」と呼ぶ。そしてこの呼び方は現代論理学でも一般的な呼称にほかならない。しかし、われわれはこの呼び名にだまされてはいけない。ウィトゲンシュタインはけっして論理語を関数を表すものとみなしてはいないからである。真理関数として見るならば、たとえば「pかつq」においてpとqは変項であり、そこには命題の真偽が入力される。出力はその結果として得られる命題の真偽である。このように、論理語「かつ」は、構成要素の真偽からその結果として得られる命題の真偽への関数とみなされる。それは真偽から真偽の関数であるから、「真理関数」と呼ばれる。これが現代論理学の観点からの説明であるが、他方、ウィトゲンシュタインが「pかつq」を「真理関数」と呼ぶとき、それはいささかも関数ではない。第一に、ここにおいて「p」も「q」も命題であり、変項ではない。それゆえ「pかつq」は命題であり、関数ではない。第二に、論理語「かつ」は「p」の真理領域と「q」の真理領域の共通部分を取り出すという操作にほかならない。そして操作は関数ではない。それゆえウィトゲンシュタインは自ら「真理関数」という呼称を用いながらも、次のように注意を与える。

五・四四　真理関数は実質的な関数ではない。

ウィトゲンシュタインはまた「真理操作」という用語も用いる。むしろこちらの方が正当な用語であると言うべきだろう。

論理語を操作とみなすこと、そして操作を基底と独立な同一性をもつものとして捉えること。さて、ここから「論理のア・プリオリ性」へはあと一歩である。

8-4 論理のア・プリオリ性を説明するのは関数ではなく操作である

「ア・プリオリ」という伝統的な哲学用語はウィトゲンシュタインの哲学においてもキーワードとなる。それは「経験に先立つ」ものであり、「経験」とは論理空間における諸可能性の中のどれが現実として現れているかを認識することである。別の言い方をするならば、経験命題の真偽を確定するものが経験であり、「ア・プリオリ」とは、検証に先立ち、検証を可能にするために前提にされているということにほかならない。ここにおいて、「科学」と「哲学」が対比される。ウィトゲンシュタインは経験による検証を、一括して「科学」に属するものとみなす。他方哲学はただひたすらア・プリオリなものに関わる。「語りうるもの」とは科学であり、それに対して、ア・プリオリなものこそが、『論考』が明示しようとしている「語りえぬもの」たちの中核なのである。

私が書くもののすべてがそれを巡っている、ひとつの大問題——世界にア・プリオリ

な秩序は存在するか。存在するのならば、それは何か。(『草稿』一九一五年六月一日)

論理はまさにそのようなア・プリオリな秩序であった。世界が現実にどうなっているかを知る前に、その探求が可能であるためにも、われわれは論理を把握していなければならない。そしてこの論理のア・プリオリ性は、まさに論理語が操作であることによるのである。

論理語は、要素命題を否定したり接続したりして複合命題を作る。つまり、論理語が表す操作は要素命題を基底としている。要素命題はさらに名に分解される。名は対象を指示し、対象は世界の実体を形作る。ここで、世界にいかなる対象が存在するのかはア・プリオリに決定されることではない。ルートヴィヒ・ウィトゲンシュタインという人物が生きていたこと、富士山という山が存在すること、こうしたことがア・プリオリに定まっているはずはない。それゆえ、いかなる要素命題があるのかも、ア・プリオリに定まっていることではない。

したがって、もし論理語が真理関数であるならば、それはア・プリオリに定まったものではありえないものとなる。関数は定義域と独立に定まるものではない。そして定義域はいかなる要素命題があるのかに依存するものとなる。しかもいかなる要素命題があるのかはア・プリオリに定まることではない。とすれば、そのような真理関数はア・プリオリに定まったものではありえない。

他方、操作は基底と独立に定まる。ここにポイントがある。どのような要素命題が与えられようとも、その真理領域を反転するという否定の操作、共通部分を取り出すという「かつ」の操作、合併する「または」の操作、そうした操作の働きは一定のものとして定まっている。すなわち、操作はア・プリオリなのである。この操作のア・プリオリ性が、論理のア・プリオリ性にほかならない。

次は『ウィトゲンシュタインとウィーン学団』（付録A、「全体と体系」の項）に収められたヴァイスマンの記録であるが、『論考』におけるこうした考えをかなり忠実に反映し、しかもそれを「体系」という観点と結びつけているものとして、きわめて興味深い。

> この部屋の椅子の集合と空間点の集合の区別は、「関数」と「操作」の区別に帰着する。
>
> （中略）
>
> 私は「経験的全体」と「体系」を区別する。
>
> この部屋の本と椅子は経験的全体である。その外延は経験に依存する。これに対して、論理語、数、空間点、時間点は体系である。新しい論理語、新しい数、新しい空間点、新しい時間点を発見することは考えられない。これらの場合には、われわれは、すべて

がひとつの根から生じているという感じをもつ。ある体系の基礎にある原理を知るならば、われわれはその体系の全体を知る。

経験的全体はある命題関数に帰着し、体系はある操作に帰着する。

経験的な全体性、たとえば〈犬の全体〉は「xは犬である」という命題関数を用いて表される。この命題関数を満足するような個体の集合、それが〈犬の全体〉にほかならない。そして犬の全体がどれほどのものであるかは、経験的に見出される。たとえばどこかのジャングルに犬が群をなして生きていることが発見されたならば、犬の全体はその分だけより大きいものとして捉えなおされることになる。それゆえ、もしそれが無限集合であるならば、有限な存在たる人間にはその全体を見通すことはできないだろう。

それに対して、たとえば「1を足す」という操作は、出発点として「0」が与えられたならば、その操作を反復することによって自然数列を生み出すことができる。数の「全体」を見通すことはできなくても、このようにして数の「体系」を見通すことはできる。こうして『論考』は、論理を操作によって張られる体系として見通しえたのである。かくして、次のように言われる。

六・一二五一　それゆえ論理においても驚きはけっして生じえない。

「こんなところにも犬がいた！」といった驚きは論理にはありえないのである。

8-5 「強いア・プリオリ性」と「弱いア・プリオリ性」

論理空間のア・プリオリ性について考えてみよう。そしてそれをいま検討した論理のア・プリオリ性と比較してみよう。

論理空間もまた、ある意味でア・プリオリであるように思われる。論理空間は可能性の総体であるから、現実がどうであるかを認識する以前に、その認識を成立させる前提としてあらねばならない。たとえば「ポチは白い」が真なのか偽なのかを知る前に、われわれはまずその意味するところを理解していなければならない。

だが、論理空間はそれがどのような対象を構成要素としてもつかに依存している。対象の配列として事態が構成され、事態の集合として状況が構成され、状況の集合として論理空間が構成される。そしてこれら対象を、われわれは現実の事実から切り出してきたのである。つまり、対象はすべて現実世界のものであらねばならない。可能性はただ対象の配列の内にあるのであり、可能的対象などありはしない。では、これらの対象が現実世界に存在するということ、ルートヴィヒ・ウィトゲンシュタインという人物が存在し、富士山という山が存在し、赤さという性質が存在するということ、それは「ア・プリオリ」なのだろうか。
あるいは、同じことだが、われわれの言語がこれらの名をもち、それゆえその配列としていまあるような要素命題をもっているということ、それは「ア・プリオリ」なのだろうか。

いかなる対象が存在するか、そしていかなる要素命題が存在するか、それは命題の真偽に先立って確定していなければならないものであり、その意味では「ア・プリオリ」と言わねばならない。しかし、論理の場合にはいかなる要素命題があるのかからも独立に操作とその体系は定まっていたのに対し、論理空間はいかなる要素命題があるのかに完全に依存しているのである。

ここにはいささか入り組んだ事情がある。そして私はそれを明快に整理する言葉を『論考』の中に見出せない。それゆえ、ここからしばらくは私自身の考えを述べることにしたい。

もしいっさいの経験が成立していなかったとしたならば、どうなるかを考えてみよう。つまり、すべての命題に関して、私はその真偽を知らない。そういうことがありうるだろうか。これを否定することは哲学的懐疑論を却下するというかなり強い結論を導くことになるが、私は臆せずに、「そういうことはありえない」と答えたい。私が論理空間の基礎となる対象に出会えるのは、ただ事実においてのみである。私は対象だけを単独で取り出してそれに出会うことはできない。ポチという対象に出会うとき、私はポチが寝ているという事実にも出会い、またポチは白いという事実にも出会う。そうして事実を事実として経験することを通して、はじめて私はそれを構成する対象たちに出会うのである。そして、対象が切り出されてはじめて、その可能な配列として事態が構成され、論理空間が構成される。とすれば、何か対象を切り出すのに十分な経験を経ていなければ、論理空間を構成することもできない。つまり、すべての命題が真偽の確定していないものだと想定することは、論理空間を不可能にし、ひいてはそれら命題の意味も定まらぬものとしてしまうのである。

それゆえ私は、論理を「ア・プリオリ」とするのとまったく同じ意味で論理空間をも「ア・プリオリ」とすることに躊躇する。むしろ、ウィトゲンシュタインが嫌いそうな不細工な用語法ではあるが、論理を「強いア・プリオリ」として、そして論理空間を「弱いア・プリオリ」として、その強弱を区別したくなる。あるいは、対象を切り出し論理空間を設定するために要求される原初的な経験を「存在論的経験」と呼び、論理空間が設定された後に成立する命題の真偽確定の経験を「認識論的経験」と呼ぼう。はじめて犬に出会い、「犬」という概念をそこから学びとる場面、あるいははじめてポチに出会い、「ポチ」という名を学びとる場面、それゆえ、多かれ少なかれ私が「ああ、こういうものがあったのか」と目を開かされる場面、それが存在論的経験である。それに対して、「ポチ」という名をすでに知っており、また「傷」という概念も知っている段階で、「あれ、ポチに傷がある」と発見する場面、それが認識論的経験にほかならない。そして、存在論的経験にも先立つという意味のア・プリオリを「強いア・プリオリ性」と呼び、認識論的経験に先立つという意味のア・プリオリを「弱いア・プリオリ性」と呼ぶことにしたい。

ここで、論理空間のあり方についてコメントをしておこう。また「点灯論理空間」を用いる。

対象は、二つの灯りaとb、およびその状態として点灯しているという状態。いかなる事態も含まないことをφで表すこととして、論理空間は次のように四つの状況w_1、w_2、w_3、w_4の総体となる。

w_1……φ
w_2……a－点灯している
w_3……b－点灯している
w_4……a－点灯している、b－点灯している

w_1、w_2、w_3、w_4を「現実世界」に対比して「可能世界」と呼びたくもなる。だが、そう呼ぶとき、注意が必要である。それは、「現実化することが可能な世界」という意味では

必ずしも可能世界ではない。たとえばw_1は現実化しうるだろうか。それはあらゆる事態が成立していない、事実ゼロの世界である。完璧に空無の世界というしかない。そんな空無世界が現実化しうるだろうか。不可能である。というのも、もし事実ゼロの空無世界が現実であったならば、その世界にはいかなる対象も存在しないだろうからである。そこには灯りaもbも、そして〈点灯している〉という状態も、存在しない。だとすれば、そのような虚無の中でこの論理空間を張ることは不可能である。

そしてそれと同じ理由で、w_2とw_3も現実化しえないものとなる。もしw_2が現実であったならば、その世界で私は対象bに出会うことがない。つまり、対象bを切り出すための存在論的経験が失われてしまうのである。それゆえ、その場合にもこの論理空間は張られない。w_3も同様である。

このことはしかし、論理空間からw_1、w_2、w_3を「不可能世界」として削除しなければいけないということではない。論理空間は有意味な命題の総体を規定する。すなわち、論理空間が張る可能性は「理解可能性」なのである。それは必ずしも「実現可能性」という意味での可能性ではない。w_1、w_2、w_3は理解可能だが、実現不可能な状況にほかならない。

かくして、実現可能なものとして残るのはただw_4だけとなる。「aもbも点灯している」という命題の真理性が、いわば存在論的に要請されることになる。論理空間がこうであるからには、「aもbも点灯している」は真であらねばならない。それは認識論的経験に先立つという弱い意味で、ア・プリオリに真なのである。他方、「aは点灯している」および「bは点灯している」は、弱い意味で、ア・プリオリに偽となる。

しかし、「aもbも点灯している」がもつこの特性を「必然的に真」と称することはできない。また、「aは点灯している」や「bは点灯している」がもつこうした特性を「必然的に偽」と称することはできない。というのも、「必然的に真」というのはトートロジーがそうであったように論理空間全体が真理領域となる命題に対して言われるべきことだからである。同様に、「必然的に偽」とは矛盾のように真理領域が空である命題に対して言われる。他方、いまの場合、「aもbも点灯している」の真理領域は論理空間全体ではないし、「aは点灯している」や「bは点灯している」の真理領域も空ではない。それゆえそれらは真であっても偶然的に真であり、偽であっても偶然的に偽なのである。かくして、ウィトゲンシュタインをもいささか驚かせてしまいそうな言い方をするならば、それらは「ア・プリオリかつ偶然的に真」であり、また「ア・プリオリかつ偶然的に偽」ということになる。

一言補足。点灯論理空間の事例ではあまりに単純なため、論理空間を見ただけで現実世界が特定できてしまうことになったが、実際には、圧倒的に複雑な論理空間においてはそのようなことはない。少しは絞り込まれるが、その後のほとんどの仕事は経験的探求にまかされる。

以上が、論理空間の弱いア・プリオリ性である。

この観点から論理の強いア・プリオリ性に対しても、ひとつ制限を加えておかねばならない。論理はいかなる対象が存在するかに依存しない。しかし、もしいっさい対象が存在しないのであれば、そこでは論理空間を張ることさえできなくなってしまう。そして、論理空間が存在しないところでただ論理語の操作だけを掲げても、空しい。論理空間が存在しなければ論理はその仕事場を失う。ともあれ、なんらかの論理空間が、それゆえなんらかの対象が、存在しなければならない。ウィトゲンシュタインの次の多少悩ましいコメントはそのことを述べているものと考えられる。

五・五五二　論理を理解するためにわれわれが必要とする「経験」は何かがかくかくであるというものではなく、何かがあるというものである。しかしそれはまさにいささかも経験ではない。

論理は何かがこのようにあるといういかなる経験よりも前にある。

論理は「いかに」よりも前にあるが、「何が」よりも前ではない。

「ともあれ何かが存在する」ということ、これは存在論的経験よりも原初的であり、たしかにもはや経験とは呼びえないだろう。しかし、私の前になんらかの可能性が開けているかぎり、私はどこかで現実と接触していなければならない。何かが存在することを、私は確かなものとして受けとめていなければならない。ともあれ何かが存在する。それは認識よりも、論理よりも、あらゆるものに先立つ、始原なのである。

9　命題の構成可能性と無限

ここで少し論理学に立ち入ったことを議論しておきたい。『論考』の論理体系では現代論理学の標準的体系である述語論理をカバーすることはできないことが明らかになっているが、それをどう考えればよいか、という問題である。これに関連して、対象は無限に存在するのか、それゆえ論理空間は無限なのか、という問題も論じるので、一般的な関心を引かないわけではないと思うが、いささか読むのがつらいというのであれば、飛ばしていただいてかまわない。

9-1　『論考』は量化子をどう扱ったか

『論考』は論理語を否定詞および接続詞に限定している。これは現代論理学の観点から言えば「命題論理」と呼ばれる体系の道具立てにとどまっている。しかし、もし『論考』の論理体系が命題論理にとどまるものでしかないのであれば、それはフレーゲが開拓した現代論理学の表現力にまったくとどかないものと言わざるをえない。フレーゲが開拓した論理学は「述語論理」と呼ばれるものであり、命題論理の論理語に加えて、量に関する論理語「すべて」(たとえば「すべてのカラスは黒い」)と「存在する」(たとえば「白いカラスが存在する」)をもつ。量に関するこの二つの論理語は「量化子」と呼ばれ、「すべて」は「全称量化子」、「存在する」は「存在量化子」と呼ばれる。そこでまず、『論考』が量化子をどう扱ったかを押さえておこう。

点灯論理空間を考えよう。

w_1……ϕ
w_2……a - 点灯
w_3……b - 点灯
w_4……a - 点灯、b - 点灯

これは対象が有限個であり、それゆえ論理空間も有限に収まる場合である。このような場合には、述語論理が必要とする表現力は『論考』の範囲ですべてまかなえる。たとえば、「すべてが点灯している」は「a - 点灯、かつ、b - 点灯」と表される。また、「点灯しているものがある」は「a - 点灯、または、b - 点灯」で表される。

では、対象領域が無限の場合はどうなるだろうか。点灯論理空間を無限個の灯り｛a、b、c、……｝に拡張しよう。そのとき、「すべてが点灯している」は「a-点灯、かつ、b-点灯、かつ、c-点灯、……」と、無限の「かつ」で表されると考えればよいように思われる。しかし、この時点ですでに問題が生じる。ウィトゲンシュタインは次のように述べているからである。

五・三二　すべての真理関数は、要素命題に対して真理操作を有限回くりかえし適用することによって得られる。

「有限回」とはっきり述べている。無限個の「かつ」など使えないというのである。なぜそんなことを言うのか。その検討は後にまわそう。ともあれ、ウィトゲンシュタインはこのように言う。とすれば、対象領域が無限の場合、全称量化子を無限個の「かつ」で言い換えることは、少なくとも『論考』にはできないことになる。

ここで、私にはどうもインチキではないかと思われる救済策がある。『論考』において無限が表す真理対象領域に対する存在量化子が認められていると解釈しようというのである。論理語の操作は否定、「かつ」、「または」、あるいは「もし……ならば」等々、いくつもあるが、実は、それらはひとつの真理操作から派生的に定義することができる。その操作は次のように表される。

$N(\bar{\xi})$

$\bar{\xi}$は任意の個数の命題を表す。それをすべて否定したもの、それが$N(\bar{\xi})$である。たとえば$N(p, q)$は「pではない、かつ、qではない」を表している。これを使えば、「pではない」は$N(p)$で表され、「pかつq」は$N(N(p), N(q))$で表される。(ちょっとやってみよう。$N(p)$は「pではない」であり、$N(p, q)$は「pではない、かつ、qではない」であるから、$N(N(p), N(q))$は「(pではない)ではない、かつ、(qではない)ではない」となる。二重否定を肯定に変換すれば、これは「pかつq」に等しい。)

また、「pまたはq」は$N(N(p, q))$で表される。(これもちょっと説明しておく。$N(N(p, q))$は「$N(p, q)$ではない」であり、それゆえ「(pではない、かつ、qではない)ではない」となる。「pでもないしqでもない」を否定すると、「pまたはq」が得られる。)

こんなふうに、すべての論理語の操作は操作Nを用いて定義できる。

そこで、$\bar{\xi}$は任意の個数の命題であるから、無限個でもよいだろうと考える。すると、

N(N(p, q, r,……)) を考えるならば、それは無限個の「または」でつながれた命題「pまたはqまたはrまたは……」となる。そして、たとえば「aは赤い、または、bは赤い、または、cは赤い、または、……」という命題を考えると、それは「赤いものが存在する」に等しくなる。かくして、操作Nを用いれば、無限の対象領域に対する存在量化が表現できるというのである。

だが、このやり方はただちにつまずく。無限個の対象に関する全称量化がこのままでは表せないのである。先に述べたように、「pかつq」はN(N(p), N(q))と表現される。それゆえ、無限個の「かつ」でつながれた命題を作るとN(N(p), N(q), N(r),……)となる。対象領域が無限にある場合の全称文を「かつ」を用いて表現しようとすれば、当然この形式になる。ところが、ここにおいて操作Nは無限回為されてしまっている。存在量化の場合には二個のNで済んだので問題はなかった。しかし、全称量化の場合には無限個の操作Nを用いており、五・三二に従えば許されない。

とはいえ、この問題はあまり根本的なものには思われないだろう。というのも、操作Nにおいてすでに無限個の「または」が許されているのであれば、少なくとも哲学的な立場からして、無限個の「かつ」だけが許されないという理由はないからである。操作Nから全称量化も構成可能だと考えた点においてウィトゲンシュタインは誤ってしまった。だけど、修正は簡単だ、そう思われるのである。実際、この問題を提起したR・J・フォグリン[†34]はそう考えた。

フォグリンが真に問題とし、『論考』の誤りと考えたのは、「多重量化」の問題であった。その問題はすぐ後に論じよう。しかし私は、単純な量化のこの段階ですでに実質的な問題は生じていると考える。

フォグリンと同様、飯田隆もまた、基本操作Nによって『論考』に無限の対象領域に対する存在量化子が導入されると考える[†35]が、私にはそこのところがどうにもうなずけないのである。真理操作の無限回の適用を拒むほど厳格に構成主義的立場をとろうとする者が、無限個の基底を一挙に操作するようなことを許すだろうか。五・三二において「すべての真理関数は、要素命題に対して真理操作を有限回くりかえし適用することによって得られる」と述べているのであるから、当然、操作 $N(\bar{\xi})$ における$\bar{\xi}$も有限個の要素命題でなければならないと思われる。

9－2 対象は無限にあるのか

目下の問題に密接に関わってくるのが、『論考』の対象領域は有限なのか無限なのかという問題である。実のところ、これは『論考』の関心事ではなかった。対象が何個あるのかということは、『論考』が明らかにしようとしているア・プリオリな秩序には関わらないからである。それはその思考を為す主体がどのような存在論的経験をしているか、そこでどのような対象に実際に出会っているかに依存する。それゆえそれは一億かもしれないし一兆かもしれない。あるいは千個程度でしかないかもしれない。あるいはまた、神のような存在であれば、それが無限個であったとしても、かまわない。ただし、われわれ人間には無限個の対象と出会えるような無限回の存在論的経験をもつことはできないであろうから、その理由によって、無限個の対象領域は排除される。平たく言おう。たとえば私が今までに何人の人物と出会ったかによって私の論理空間は大きくも小さくもなる。出会った人物の数はどれほど多くてもよい。私が社交的な人間なら私はもう少し多くの人物と出会っていただろう。しかし、どれほど超絶的に社交的であっても、無限に多くの人と出会うことは私にはできない。そういうことだ。

ウィトゲンシュタインからラッセルに宛てられた手紙の文面に見られる次の主張はこうしたことを述べるものであると考えられる。

> $\aleph_0$個のものが存在するか否か、それを決定するのは経験の問題です。（そして経験はそれを決定できません。[†36]）

「$\aleph_0$（アレフゼロ）個」というのは、自然数と同じサイズの無限のことである。存在する対象の個数は経験によって定まるのだが、無限個の対象領域を定めるような経験などありはしない。とすれば、『論考』における対象領域の規模は、「上限なき有限」と言うべきだろう。

しかし、このこととあらわに抵触すると思われる箇所が一箇所『論考』にある。たいへん申し訳ないが、まず原文のドイツ語で引用させていただきたい。

4. 463 Die Tautologie läßt der Wirklichkeit den ganzen—unendlichen—logischen Raum.

「トートロジーは現実がありうる位置として論理空間の全体を許容する」というわけだが、このことはいまの問題ではない。問題はここでついでのように言われている 'unendlich' という一言である。英訳は 'infinite' であり、日本語でも「無限」と訳したくなる。だとすると、ここでウィトゲンシュタインは無限に大きい論理空間を考えていることになる。そして、無限に大きい論理空間を作るためには、無限個の事態が必要であり、無限個の事態を作るためには、無限個の対象が存在するのでなければならない。[†37]

なぜウィトゲンシュタインは、ここでわざわざ 'unendlich' などという言葉を差し挟んだのだろうか。

たとえばいま、十個の事態から成る論理空間を考えてみよう。計算の詳細は省くが、そのとき可能な状況は一〇二四通りできる。そこで、その中の一〇二三個の状況において真になり、残りの一個において偽になるような命題を考えてみよう。トートロジーまでもう一息という命題である。あと可能な状況一個を残してトートロジーに成り損ねているこのような命題を「高確率命題」と呼ぼう。事態の数を増やせば、高確率命題とトートロジーの実際上の違いはどんどん小さくなる。だが、そうして両者の違いを小さく見積もってしまうことは、トートロジーの特異性を理解する上で致命的である。

高確率命題とトートロジーの違いはたんにその残された一点だけにあるというわけではない。高確率命題の意味は論理空間のあり方に依存している。つまり、十個の事態から成る論理空間の高確率命題と十一個の事態から成る論理空間の高確率命題とでは、その構成要素となる要素命題も異なっており、その真理条件も異なっている。

他方、残す一点をも真理領域に取り込んだトートロジーはもはや論理空間に依存するものをまったくもたなくなるのである。たとえば「pまたは（pではない）」というトートロジーは、p以外の要素命題に何があるかに関係なくトートロジーとなる。さらに言えば、それは命題pである必要すらなく、何か命題xに対して「xまたは（xではない）」を構成すればそれは同じ型のトートロジーになる。それがそのようにトートロジーになることは、ただ論理語の働きのみによっており、その論理空間が何個の事態から構成されたものであろうとも、そんなことにはおかまいなしに、その論理空間の全領域を真理領域としてもつことになる。高確率命題はその意味において論理空間のあり方を示唆することになるが、トートロジーはもはや論理空間のあり方をまったく示唆することがない。それゆえ、トートロジーがトートロジーであるのはいかなる論理空間が設定されるかにさえ先立つ、強い意味でア・プリオリなことなのである。

だとすれば、‘unendlich’は「無限」と訳すよりは、意訳するならば「どのような大きさの論理空間であっても」という趣旨と考えるべきだろう。[†38] そしてそう捉えることが許されるならば、『論考』の対象領域を「上限なき有限」と解釈する私の考えは保持されうる。

ここで、『論考』解釈を離れて考察を補っておきたい。『論考』の対象領域が上限なき有限にとどまることは、『論考』が要素命題の相互独立性を要請していることと関係がある。『論考』では、対象は存在論的経験によってひとつずつ切り出されてくるしかない。それゆえ、有限の経験しかもてない人間には有限の対象しか与えられない。ここで、もし自然数のように無限個の対象を捉えたいのであれば、「0から始めて1を足す」のように、操作によって構成していくのでなければならない。だが、操作によって構成したものたちの間には内的関係が生じてしまうのである。ウィトゲンシュタインが『論考』において数を対象とは認めなかった理由のひとつがそこにある。たとえば「aは2メートルである」という命題は、「aは3メートルである」という命題と両立不可能となる。それゆえ、ここにおいて要素命題の両立不可能性問題が生じる。これは『論考』には許容できないことであった。それゆえ、『論考』では対象を操作の反復によって構成していくことは許されず、存在論的経験を通してひとつずつ捉えるしかなくなるのである。

しかし、すでに論じたように、ここは『論考』が誤ったポイントにほかならない。そしてわれわれは『論考』からこの誤りを削除して『論考』を再構成することができる。とすれば、その『論考』の改良版においては、要素命題の相互独立性の要請はもはや撤回されているため、対象を操作によって構成していくことが許される。自然数もまた対象であってよく、対象領域は操作によって構成可能な範囲に拡大されることになる。われわれは対象においても「以下同様」という地点に出会えるのである。

9-3 多重量化問題

『論考』が量化をどう扱ったかという問題に戻ろう。まずフォグリンの議論を紹介しておく。

フォグリンが理解する『論考』の構図は次のようになる。

(1) 対象領域は無限である。
(2) 真理操作は有限回しか適用されない。
(3) 操作Nは無限個の要素命題を基底にもちうる。

そこでフォグリンが問題にするのは多重量化である。たとえば「誰も登っていない山などありはしない」と言ったとしよう。この命題には量化子が二つ含まれている。つまり、言い換えるならば、「すべての山は、誰かそこに登った人が存在する」となり、全称量化「すべて」と存在量化「存在する」が組み合わされている。このように複数の量化を組み合わせることを「多重量化」と言う。

議論の技術的な部分は省くが、全称量化子だけを組み合わせた多重量化、あるいは存在量化子だけを組み合わせた多重量化は(1)―(3)の前提のもとでも扱うことができる。しかし、全称量化子と存在量化子をともに含むような異種の多重量化はどうしても操作Nの無限回の適用を必要としてしまうのである。かくしてフォグリンは、「いかなる命題も要素命題に操作 $N(\bar{\xi})$ をくりかえし適用した結果である」(六・〇〇一)という『論考』の主張は誤りであると結論する。

これに対する私の意見は、まず第一に、フォグリンが『論考』に認めた(1)は『論考』解釈として誤っているというものである。対象領域は上限をもたないにせよ有限であり、それゆえ要素命題も有限にとどまるから、自動的に(3)も誤りということになる。そしてまた、論理空間も有限のサイズにとどまるため、可能な真理領域も有限の多様性しかもたない。すなわち、命題は無限に多様な意味をもつことはない。それゆえ、すべての命題は真理操作を有限回適用すれば得られることになる。その点で、『論考』に不整合は見られない。

さらに私は、『論考』から要素命題の相互独立性の要請を除去した『新・論考』を考えている。『新・論考』では対象領域は構成可能なかぎりで無限に拡大される。典型的なものとしては、自然数が『論考』にはなかった対象として加えられる。そのとき、論理空間も無限のサイズになる。では、その『新・論考』において「いかなる命題も要素命題に操作 N(ξ̄) をくりかえし適用した結果である」という主張はどうなるだろうか。

私の考えでは、それは修正される必要がない。むしろ修正されるべきは「すべての真理関数は、要素命題に対して真理操作を有限回くりかえし適用することによって得られる」という五・三二である。『新・論考』では論理空間が無限に拡大されるから、明らかに有限回の真理操作だけでカタがつくものばかりではない。しかし、この修正はウィトゲンシュタインにとってたいした修正ではないと思われる。というのも、もともと操作は無限回反復されてよいはずのものだからである。操作は「以下同様」という句の内実を表している。操作の反復においてこそ、われわれは無限へのルートをもつ。それゆえ、操作の適用が有限回でなければならないなどという要請は『論考』が積極的に出さねばならないようなものではない。それゆえ五・三二は、真理操作が無限回適用されてはならないという趣旨のコメントではなく、実際問題として有限回真理操作を適用すればすべての真理関数は得られてしまうということ、つまり、論理空間が有限であるということの表明にほかならない。

そこで、『新・論考』では五・三二は削除されてよい。対象領域が構成可能なかぎりで無限でありうるのに応じて、操作 $N(\bar{\xi})$ は無限の基底をもちうるものとなり、また操作Nを無限回適用することも可能となる。かくして、『新・論考』においては、(2)が改変されることによってフォグリンの反論をかわすことができる。

ただし、ここで開けてくる無限は、対象を構成する規則に応じてのものであり、対象構成における「以下同様」というフレーズが反映されたかぎりでの無限にほかならない。すなわち、自然数について言うならば、自然数を構成する規則としての数学的帰納法によって許容されるかぎりの無限である。このことが、結果としてどの程度の制約を『新・論考』に課すことになるのかは、さらに慎重な検討が加えられなければならないだろう。しかし、いやしくも構成主義に立とうとするのであれば、それによって生じる制約はむしろ積極的に引き受けるべきものであるだろう。

いささか入り組んだ議論が続いたので、まとめておこう。

問題は、無限の対象領域に対する異種の多重量化が『論考』では許されないというフォグリンの指摘であった。そして、なぜそれが許されないことになるかというと、『論考』に「すべての真理関数は、要素命題に対して真理操作を有限回くりかえし適用することによって得られる」という主張があるからである。だがフォグリンはなぜ『論考』がそのように主張しえたかを理解していない。そのようにウィトゲンシュタインが主張しうる根拠は、まさに対象領域が（上限をもたぬにせよ）有限であるからにほかならない。それゆえ、異種の多重量化であっても、真理操作の有限回の適用として捉えることができるのである。

　他方、もし対象領域を無限へと拡張するように『論考』を改変するならば、そのときそれに連動して「すべての真理関数は、要素命題に対して真理操作を有限回くりかえし適用することによって得られる」という主張も撤回されねばならない。それゆえこの場合でも、真理操作から異種の多重量化へとアプローチする道は閉ざされていないと結論できる。[†39]

10　独我論

論理空間を構成する対象について論じていた人が、あるいは真理操作の基底となる要素命題についてそれまで論じていた人が、ふいに「だから、独我論は正しいってわけだ」などと言い始めたならば、やはりとまどうだろう。「なぜいきなり独我論なんだ」と聞き返さずにはおれない。『論考』五・六―五・六四一がまさにそうなのである。それまで論理と命題の意味について論じていたウィトゲンシュタインが、突然こう切り出す。

五・六　私の言語の限界が私の世界の限界を意味する。

ここまで『論考』は「私の言語」などという言い方をいっさいしてこなかった。なぜ「私の」言語なのか。そしてその少し後でこう述べる。

五・六二　独我論の言わんとするところはまったく正しい。ただ、それは語られえず、示されているのである。

この唐突な展開は、あたかも『論考』が別の話題を論じ始めたかのような印象を与える。しかし、そう思っていると、五・六四一が終わり、六に入って再び真理関数の一般形式についてのコメントが始まる。ふつうに読めば、五・六—五・六四一が前後から切断された飛び地のように見えてしまってもしかたがない。この違和感を取りのぞき、これらの諸節をその前後に自然に接続させるよう『論考』の独我論のありかを読み解くことが、この章の課題となる。[†40]

10－1　『論考』の独我論は現象主義的独我論ではない

この違和感、五・六—五・六四一が分離してしまっているという感じは、ここでウィトゲンシュタインが「正しい」と共感している独我論をよくあるタイプの独我論、すなわち現象主義的な独我論と解することによって増幅される。あらかじめ述べておくならば、私は『論考』の独我論は現象主義的な独我論ではないと考えている。しかし、そうだとすると、ではそれはどういう独我論なのかという問いがただちに問われねばならない。順に検討していこう。まずは現象主義的独我論なるものを押さえておく。

現象主義は、すべてを私の意識への現れとして捉えようとする考え方である。たとえばいま私には机の姿が見え、その上に何冊かの本が重ねられているのが見え、窓の外では蝉の声が聞こえている。また、少し蒸し暑いと感じ、こめかみの奥に軽い頭痛を感じている。現象主義はこうした現れ＝現象だけを受け取る。与えられたものはただそれだけでしかない。

こうして、ただ現れるものだけを厳格に禁欲的に受け取ることにおいて、現象主義は独我論へと踏み込んでいく。現象主義のもとでは、たとえば他人の頭痛などは意味を失う。他人の痛みは私には現れえない。もし私に現れたならば、それは私が痛いということであり、私の痛みでしかない。あるいはまた他人の知覚も私には現れえない。「他人の意識」あるいは「他の意識主体」、そう呼ばれうるようなものは現象主義の受け取る世界にはもはや何ひとつない。他我が消え去り、ただ自我のみが存在する。すなわち、独我論の世界が開ける。

さらに、他人の意識を抹消することによって、現象主義はその現れを「私の意識への現れ」と言うことさえできないことになる。現れはすべて私の意識への現れでしかありえず、それゆえむしろそれを「私の意識」と言い立てることにはポイントがなくなるのである。意識主体たる私は意識の内には現れえない。かりに意識された私がいたとして、それは意識主体たる私ではない。その場合にも、そこで意識された私自身を意識している私がいる。

意識主体たる私は意識への現れを受け取る主体であり、それはそうした現れを超越しているのでなければならない。そして他人の意識は現れえないのだから、私は現れを私への現れと他人への現れとに区別する必要もない。ただ、現れがある。これが現象主義の開く世界にほかならない。

こうした現象主義がその現れの世界を記述するとき、それはどうしたってある独特な言語にならざるをえないだろう。たとえば「彼女はひどい歯痛に悩まされている」という日常的な言い方は、それが痛みを感じる意識主体たる彼女を想定していることにおいて拒否されねばならない。あるいは、「私は少し頭が痛い」という言い方における「私」もまた、現れを受け取る主体としての自我それ自身は現れえないという理由で、消去されねばならない。

現象主義が採用するそのような言語を、ウィトゲンシュタインは『論考』以後の移行期の著作において「現象言語」と呼びもする。ただひたすら現れのみを記述する言語、ウィトゲンシュタインはそれを次のように説明している。

私、ルートヴィヒ・ウィトゲンシュタイン（L・W）が歯痛を感じている場合、このことは「歯痛がある（es gibt Zahnschmerzen）」という命題によって表現される。しかし、「Aが歯痛を感じている」という命題で現在表現されていることに対しては、「Aは歯痛があるときのL・Wと同じようにふるまう」と言われる。これに類比的に「思考が生じている(es denkt)」とか「Aは思考が生じているときのL・Wと同じようにふるまう」とも言われる。(『哲学的考察』、第五八節)

意識現象に対して、「私」とか「彼女」といった人称的主語を拒否し、ただ現れだけを記述する。ちょうど「雨が降っている」を英語で'It's raining.'と言い、あるいはドイツ語で'es regnet.'と言うように、いわば非人称化する。それが、現象言語にほかならない。そしてウィトゲンシュタインはこのような言語への関与をかつての自分に認め、それを批判する。

現象言語——あるいは私のかつての言い方では「一次言語」——は、いまの私には目標とは思えない。もはやいまの私はそれを必要とも思わない。(『哲学的考察』、第一節)

以前私は、通常われわれみんなが使っている日常言語と、われわれが現実に知っているものを表現する基本言語、すなわち現象を表現する言語とが存在すると考えていた。私はまた、前者の言語体系についても、後者の言語体系についても、語ってきた。私はここで、なぜ私がもはやこの考えに固執しないのかを述べよう。(『ウィトゲンシュタイ

ンとウィーン学団』、一九二九年一二月二二日「独我論」の項）

ここで批判されているかつての自分自身として、当然われわれはそれに直接先立つ著作である『論考』を思うだろう。では、『論考』のどこに、『論考』の言語が現象言語であることを示唆するものがあるだろうか。

ここまでわれわれが辿ってきた道筋を振り返ってもらえればそれでよい。私は『論考』の議論をほぼその順序にしたがって拾いあげてきた。よい機会だから、おさらいを兼ねて、『論考』の節番号に即して整理してみよう。

まず一番台で出発点となる現実世界について確認する。世界は事実から成り立つ。二・〇番台で世界の可能性へと目が向けられ、それに伴って二・一番台で像に関して一般的に論じられる。

三・〇番台で像としての思考について軽く触れたあと、三・一番台から像ということで中心的に考えられている命題についての検討に入る。以下三番台は主として命題の名への分析について論じられ、続く四・〇番台で主として命題の意味について論じられる。この三・一から四・〇番台までが、『論考』の理論的中心の前半を成す。名前をつけるならば、「要素命題論」と呼べる部分である。

ここで少しインターバルが入り、哲学についてのコメントが挿入される。そしてそのあと残りの四番台では要素命題と複合命題について論じられる。ここからが『論考』の理論的中心の後半になる。名前をつけるならば「真理操作論」と呼べる部分である。そして五番台は、真理操作という観点から論理について論じられる。それが五・五番台まで続く。

そして、五・六番台である。

さて、どこに現象言語をにおわせるものがあったか。

私には何ひとつ見出せない。『論考』が論じているのは、いやしくも言語であれば満たさなければならない言語一般の条件と構造であり、何か特定の言語に限定されるようなものではない。名や要素命題の具体例についても何ひとつ論じておらず、というよりも、ウィトゲンシュタインの考察はあくまでも言語一般についてのア・プリオリなものであったから、名や要素命題が具体的にどのようなものになるかを論じる必要を彼は感じていなかったのである。それゆえ、現象言語であれば拒否せざるをえない「彼女は歯が痛い」のような命題を採用することを妨げるものはない。もちろん、逆に、それを採用しないことを妨げるものもない。あくまでもそうした問題に中立に議論が為されている。

さらに、五・六番台の後に続く六から六・三番台の議論は論理学、数学、自然科学についての議論であり、そこでもやはり現象主義と現象言語に関わるようなことはいっさい触れられない。

しかも、五・六の三つ前の五・五五六三では「われわれの日常言語のすべての命題は、実際、そのあるがままで、論理的に完全に秩序づけられている」というコメントが為されている。こうした箇所を受けて私は、『論考』が念頭においているのはむしろわれわれが実際に使用しているこの言語、この日常言語にほかならないことを、これまでも折に触れて強調してきたのである。そして、「日常言語は完全に秩序づけられている」と述べたそのすぐ後で「私の言語」という言い方が現れる。とすれば、やはりここで「私の言語」と呼ばれているのは日常言語であるだろう。

それゆえ私は、『論考』は現象言語に関与していなかったと結論する。[†41] では、日常言語がどうして「私の言語」と言われるのか。そしてまた、現象主義的独我論でないというならば、『論考』の独我論はどのようなものだったのだろうか。

10-2 なぜ「私の言語」なのか

「私の言語の限界が私の世界の限界を意味する」(五・六)と言われる。さて、なぜ、「私の」なのか。

これに対する従来のひとつの答えは次のようなものである。飯田隆『ウィトゲンシュタイン』から引用させてもらおう。

[命題という] ひとつの事実が、他の可能な事実に対して、一方が他方の像であるとい

う関係をもつことができるのは、何によって可能か。それは、命題を構成する語の各々が、実在の側の何らかの要素と関連づけられていることによってである。だが、この「関連づけ」は何によって保証されるのか。それは、その命題を理解し使用する「私」によってである。命題はそれだけでは、いわば死んでいる。「私」が、それに「息を吹き込む」のである。†42

命題という像において、名は対象を表していなければならない。それが何によって可能かと言えば、その命題を用いる私によってだ、というのである。「ポチ」という名があの犬を表すこと、「富士山」という名があの山を表すこと、その関連づけは「私がそれに息を吹き込む」ことによって成立する。

『論考』のどこにそのようなことが書かれてあるかといえば、『論考』にはない。飯田は、こうした解釈をとる解釈者たちがつねに引用する箇所が、この解釈の証拠としては「どう贔屓目に見てもきわめて貧弱である」ことを認めつつ、『草稿』の次の箇所を引用する。

ものは私の意志との関係によってはじめて「意味」を獲得する。

なぜならば、「すべてのものは、それがあるところのものであって、それ以外のものではない」からである。(『草稿』一九一六年一〇月一五日)

「私が息を吹き込む」というのは、つまり、「「富士山」という名をあの山を表すものとしよう」という私の意志作用だというわけである。だが、私にはこの解釈はいささか無理筋であると思われる。

第一に、『論考』において名と対象の間の意味論的関係は関心のない話題ではなかったはずであり、それゆえ、もし意志作用のようなものが名と対象を結合させるとウィトゲンシュタインが考えていたならば、『論考』本文中にそれを示唆することが何かあってもよかったはずである。

第二に、『論考』の名と対象の関係はあくまでも二次的なものであり、基本は命題と事実の像関係にある。分析によってはじめて、命題から名が、事実から対象が切り出されてくる。対象に到達するのに、言語全体が必要とされるのである。他方、意志作用のようなものは（「意志作用」といっても何のことかよく分からないのだが）、名と対象の間に個別的にそれぞれ成立しうるもののように思われる。だとすれば、それは『論考』の分析の理念と折り合うものではない。

そして第三に、典拠とされる箇所は、私の読みでは、名と対象の意味論的関係とは関係がない。『草稿』一九一六年一〇月九日、つまり、問題の箇所の六日前であるが、その日ウィトゲンシュタインはただ一言こう書きつけている。「さていよいよ論理と世界との連関を明らかにせねばならない」。あるいは、問題の箇所の二日後にはこうある。「私の表象が世界であるように、私の意志は世界意志である」。(一九一六年一〇月一七日)。もう少し日付をさかのぼるならば、「私は何よりもまず善悪の担い手を「意志」と名づけよう」(一九一六年七月二一日)、「世界それ自身は善でも悪でもない」(一九一六年八月二日)ともある。こうした箇所と飯田が典拠としている箇所との親近性は明らかだろう。そしてまた、それゆえ、飯田が典拠とする箇所が善悪や倫理に関わり、名と対象の意味論的関係に関わるのではないことも、明らかではないだろうか。

ウィトゲンシュタインが「私の言語」と述べる理由は、けっして、名と対象の意味論的関係が私の意志作用に基づくからではない、私はそう結論したい。では、どうして「私の言語」なのか。

実は、それに対する私の答えは、本章までの私の叙述の内にすでに含まれていた。「言語」とは有意味な命題の総体にほかならない。そして有意味な複合命題の総体は要素命題の総体によって決定される。さらに、要素命題の総体は名の総体によって決まる。それゆえ、言語の総体を規定するものは名の総体である。また、名の総体は対象の総体に対応する。そして対象の総体は事態の総体を決め、事態の総体は論理空間を決定する。それゆえ、論理空間を規定するものは対象の総体である。

五・五五六一　経験的実在は対象の総体によって限界づけられる。限界は再び要素命題の総体において示される。

注目すべきは、これが問題の五・六のほんの少し前に位置していることである。この主張は言語が「私の言語」であることと直接に関係している。

私はこれまで何箇所かにおいてこう述べておいた。『論考』は、この現実とこの日常言語を引き受ける私がいったいどれだけのことを考えうるのかを画定しようとした著作にほかならない。出発点はこの現実とこの日常言語である。ここから、現実に存する対象を切り出し、論理空間を張る。切り出されてくる対象は、私がどのような存在論的経験をしているかによる。つまり、対象を切り出す元手となるような、いかなる事実に私は晒されてきたのか、それに応じて対象領域が定まる。この対象領域が、論理空間と言語とを規定し、しかも、対象領域は私の存在論的経験に応じて定まるものであるがゆえに、言語は「私の言語」であるしかないのである。

ここでウィトゲンシュタインが「私の言語」とは言うが、「私の論理」という言い方はしないという興味深い事実が指摘できる。[†43] なぜか。論理の本質は操作にあるからである。基底を操作する、そこにおいて経験に依存するのは基底であり、操作ではない。操作は経験と独立に強い意味でア・プリオリに定まっている。だからこそ、ウィトゲンシュタインは「私の論理」という言い方をしなかったのに違いない。

それに対して言語および論理空間は操作だけでなく、基底も必要とする。それゆえ、「私の言語」はもちろん、お望みならば（ウィトゲンシュタインは言っていないが）「私の論理空間」という言い方さえ許されたはずである。

われわれはここで、論理を操作として強い意味でア・プリオリなものと位置づけるとともに、操作の基底となる要素命題およびその元となる名と対象の総体をきわめて生々しくまさに私が生きているこの現実に置くという、『論考』の両面性を理解しなければならない。私にはどれほどのことが考えられるのか、それは操作というア・プリオリな道具立てと、その基底となる私が直面している現実と、この双方向から規定されるのである。

10-3 世界は私の世界である

五・六に続いて次の五・六一を読んでみよう。『論考』の独我論を現象主義的独我論と理解する立場からは、どう独我論に関係するのか、きわめて見てとりにくい箇所であるに違いない。

五・六一　論理は世界を満たす。世界の限界は論理の限界でもある。
それゆえわれわれは、論理の内側にいて、「世界にはこれらは存在するが、あれは存在しない」と語ることはできない。

なるほど、一見すると、「あれは存在しない」と言うことでいくつかの可能性が排除されるようにも思われる。しかし、このような可能性の排除は世界の事実ではありえない。もし事実だとすれば、論理は世界の限界を超えていなければならない。そのとき論理は世界の限界を外側からも眺めうることになる。

思考しえぬことをわれわれは思考することはできない。それゆえ、思考しえぬことをわれわれは語ることもできない。

言われていることは、存在論は語りえないということである。第一に、「これらは存在する」と語ることはできない。語りうるのは対象の配列たる事態のみである。たとえば「ウィトゲンシュタインは哲学者である」と語ることはできる。しかし、「ウィトゲンシュタインは存在する」と語ることはできない。というのも、これはトートロジーではないにもかかわらず、偽ではありえないからである。命題が有意味であるためには、名が表す対象が存在しなければならない。それゆえ、「ウィトゲンシュタインは存在する」のような表現の場合、その有意味性の条件と真理性の条件が一致してしまうのである。「ウィトゲンシュタインは宇宙飛行士である」は有意味であり、偽であるが、「ウィトゲンシュタインは存在する」は有意味かつ偽ということはありえない。もしウィトゲンシュタインが存在しないならば、「ウィトゲンシュタインは存在する」は偽ではなく、ナンセンスとなる。したがって、真偽両極をもちえないがゆえに、「ウィトゲンシュタインは存在する」のような表現は正規の命題ではないとされねばならない。

そして第二に、「あれは存在しない」と語ることもできない。「ペガサスは存在しない」という表現において、もしペガサスが存在しないならば、その表現はナンセンスとなる。つまり、真理性の条件とナンセンスであることが一致してしまうのである。

このことは、論理空間の限界を語ることができないということに直結する。論理空間の限界を語るためには、この論理空間に存在する対象たちについて「これらは存在する」と語り、さらに、この論理空間に存在しない対象たちについて「あれは存在しない」と語らねばならないだろう。しかし、それは不可能なのである。

ここには、論理空間内部の語りえなさと、外部の語りえなさという、二重の語りえなさが現れている。ひとつは、私自身の存在論の語りえなさである。私が引き受けている対象領域は、私がさまざまな思考を展開するための前提であり、それゆえそれ自体は思考可能なものではない。

もうひとつは、他の存在論の語りえなさである。他の存在論は他の論理空間を開く。しかし、それは私の論理空間の内部ではもはやどうしようもないものでしかない。私は、私の論理空間の外部を思考することはできない。それはまったく私の理解できないものでしかない。

私自身の存在論も、他の存在論も、ともに語りうるものではない。しかし、その語りえなさの理由は異なっている。私自身の存在論は、私がさまざまなことを語りだすことにおいて、その語りの前提として示されてくるだろう。すなわち、それは語られえず示されうるものにほかならない。しかし、私の論理空間の外、他の存在論はそうではない。それは示されることもない。私がこの論理空間において何を語り何を考えようとも、それはただ私の引き受けている対象たちを示すだけである。どうしたって他の存在論などは示されてこない。それゆえ、他の論理空間、他の存在論は、示すことさえできない語りえなさなのである。

五・六一のいまの引用に続いて、ウィトゲンシュタインはこう述べる。

五・六二　この見解が、独我論はどの程度正しいのかという問いに答える鍵となる。

「この見解」とはまさに五・六一の「存在論は語りえない」という議論である。この連関は現象主義的解釈には捉えがたいものであるに違いない。しかし、いまやわれわれはその連関を明らかにすることができる。五・六二の残りの部分を引用しよう。

すなわち、独我論の言わんとするところはまったく正しい。ただ、それは語られえず、示されているのである。

世界が私の世界であることは、この言語（私が理解する唯一の言語）[44]の限界が私の世界の限界を意味することに示されている。

独我論は正しい。それは私の論理空間が外部をもたないということにほかならない。私はこの論理空間の外にある他の存在論について、それを語ることも示すこともできない。私はいかなる意味でもそれを理解することができない。

そして同時に、独我論は語られえず、示されている。それは私自身の存在論が語られえず示されうるのみであるということにほかならない。

こうして、独我論についての主張は、存在論についての主張とぴったり重なることになる。

しかし、そうであるとしても、いま引用した部分の後半はさらに踏み込んで慎重に検討されねばならない。「私の言語の限界が私の世界の限界を意味する」ことから「世界は私の世界である」という独我論の主張が示される、と言われているが、そこは必ずしもすんなりとはいかないのである。うっかりすると勢いで読み流してしまいそうなところだが、きちんと検討しよう。

「私の言語の限界」は「論理空間の限界」を意味する。これはよいだろう。そして論理空間とは、現実世界をそこに含むような、可能な状況の総体であるから、それは「世界の限界」にほかならない。これもよい。

しかも、「私の言語の限界が私の世界の限界を意味する」のであれば、とりあえずここから「私の世界の限界＝世界の限界」ということは言える。

しかし、これではまだ「世界は私の世界である」という独我論の主張は出てこないのである。

なぜなら、「世界」と「世界の限界」はけっして同じものではなく、別物だからである。世界の限界とは論理空間のことであるが、世界とは論理空間の中の現実化した一部分にすぎない。とすれば、私の世界が世界とその論理空間を共有するかぎり、なるほど私の世界の限界と世界の限界は一致する。だが、そこまでは非独我論者（お伝えするのが遅れたが、私は『論考』の著者に反して非独我論者である）でも認められることである。たとえば、私の百メートルを走る速さの限界はオリンピック選手の限界と論理的に同じであり、それはすなわち人間の限界に一致する。だが、だからといって私の現実の速さとオリンピック選手の速さが等しいことになるわけではない。同様に、非独我論者である私としては、私の世界の限界と世界の限界が一致することまでは認めたとしても、だからといって世界が私の世界であることは認められない。私の世界は現実のこの世界のほんのささやかな一部分でしかない。

ここで独我論者と水掛け論をやりたいわけではない。ポイントは、ウィトゲンシュタインが提出している正当化がどうして正当化になっているのか、ということである。問題をもう一度述べよう。示されうると思われるのは「世界の限界＝私の世界の限界」ということであり、ここから独我論の主張「世界は私の世界である」まではなお距離があるのではないか。

けっきょく、ここでウィトゲンシュタインはこの距離、「世界」と「世界の限界」とのギャップを無視しうるような意味で、「世界」と「私の世界」について述べているのである。ここにおいて「世界」は『論考』の最初に規定されていた「事実の総体」としてではなく、むしろ「対象の総体」として現れてきていると考えねばならない。（私の読みでは、『論考』において「世界」の意味は連関しつつ主題に応じて三段階に変容する。その議論は第13章、三段階目の「世界」の意味が現れたところで行なうことにしよう。）もちろんこの世界概念の読み替えは、まず事実の総体として立ち現れた世界が分析の結果として対象の総体としての姿を現したということであるから、ウィトゲンシュタインがここで宗旨変えをしたというわけではない。あくまでも世界の一次的存在者は事実であり、世界は本来事実の総体として現れる。そして分析の結果、対象の総体としても現れるようになる。いま問題にされているのは、そのような分析を経た後における対象の総体としての世界なのである。

対象の総体は可能な事態の総体を定め、論理空間を定める。それはもちろん世界の限界である。ここで、あくまでも対象の総体という観点から、「世界の限界＝私の世界の限界」という等式が確認される。すなわちそれは、「世界の限界」を定める対象領域と「私の世界の限界」を定める対象領域が同じであることの確認にほかならない。かくして、対象の総体という観点からは、「世界」も「私の世界」も等しいことが示されてくる。世界と私の世界の等しさとは、このような存在論的等しさを言うものなのではないだろうか。

私は、私が出会ってきた対象の総体に基づいて思考可能性を開くしかない。そして世界もまた、私の思考可能性の内におさまる。それゆえ、いかなる世界であれ、それは私が出会ってきた対象の総体ときっかり同じだけの対象の総体を含んでいなければならない。ウィトゲンシュタインはそう言いたかったのではないか。

実のところ、これはきわめて常識に反する見解である。常識的には、世界には私が出会っていない対象がまだいくらでもあるとわれわれは考えている。面識を得ていないというだけでなく、テレビでも書物でも伝聞でも出会っていない人物、見たことも聞いたこともない動物や植物、あるいは私がまだまったく理解していない私にとって新しい概念。私の抜きがたい実感では、そんなものはまだごろごろしている。だが、その実感はどれほど強い実感であっても、根拠のない実感でしかない。きっとあるだろうと思う。しかしその思いはまともな思考ではありえない。未知の対象を含む世界は私の考えることのできない世界、語られることも示されることも不可能な世界でしかないのである。現実世界が私の思考可能性の一部であるならば、世界に存在する対象はすべて私がすでに出会っているものでしかありえない。

注意していただきたい。ウィトゲンシュタインは「世界とは私の認識した範囲だけに限られる」などということを言っているわけではない。実際、『論考』は私に未知の事実が存在することを認める。論理空間には、それが現実に成立しているのか成立していないのかまだ私の認識していない事態がいくらでもある。だがそれでも、世界が私の理解可能なもの、語りうるものであるならば、世界の存在論は私の存在論と一致していなければならない。それゆえ、世界は私の世界なのである。

『論考』が独我論を正しいと主張しうるのは、このようにして「世界」を思考可能なもの、「語りうるもの」に局限したからにほかならない。そして「語り」の可能性は世界に存在する諸対象によって開かれる。だからこそ、世界と私の世界が存在論的に等しいものとなるのである。逆に言えば、独我論と非独我論の分れ目は、私の理解しえない領域、語りえぬ領域をも、「世界」として認めるか否かにかかっている。このように見るならば、『論考』はまさにその最初の一行においてすでに独我論を宿していたと言えるだろう。

一　世界は成立していることがらの総体である。

ここで、『論考』に従って、「生」という用語を導入しよう。経験としての生の豊かさを決めるのは操作とその反復ではない。いくら操作を繰り返しても、実質的に新しいことは何も出てこない。新しさは基底、そしてその元となる対象たちにある。ひとたび対象領域が定まれば、後はその配列と複合によって機械的に論理空間が張られる。それゆえ、対象領域すなわち存在論の等しさこそが、生の豊かさの等しさを示すのである。かくして、五・六二に続いて、こう言われる。

五・六二一　世界と生とはひとつである。

したがって、こう言ってもよい。論理空間は操作と生（私の生）によって決定される。ここに生とは対象との出会い、すなわち存在論的経験にほかならない。私の思考可能性は私の生によって限界づけられている。そして世界もまた私の思考可能性の内に位置づけられるしかない。それゆえ、世界が用意する存在論は、私の生によって与えられる存在論に等しい。『論考』が提示するこのような独我論は、実際かなり独特なものと言えるだろう。私はそれを、現象主義的独我論に対比して、「存在論的独我論」と呼ぶことにしたい。

他の生を生きている他者は、他の存在論を引き受けているかもしれない。それゆえ他の論理空間をそこに開いているかもしれない。しかし、この「かもしれない」は私の思考可能性の内に用意された可能性ではありえない。私は私の論理空間内の可能性についてはそれを思考し、語ることができる。しかし、他の論理空間の「可能性」はそのような思考可能な可能性ではない。他の存在論は語ることも示すこともできない。それゆえ他の生の可能性もまた、語ることも示すこともできない。私には私以外の生は語りという意味でも示しという意味でも、まったく理解不可能なものとなる。これが、『論考』の存在論的独我論である。

11　自我は対象ではない

五・六番台を続けて問題にしよう。私の解釈では、『論考』における独我論の主張は前章で検討した五・六、五・六一、五・六二、五・六二一で尽きている。五・六番台の後半は、独我論についてではなく、自我あるいは主体一般について述べたものと考えられる。

11-1　主体否定テーゼ——思考し表象する主体は存在しない——

独我論に関して前章の最後に問題にしたのは五・六二一「世界と生とはひとつである」であったが、その次の節を見てみよう。こう言われる。

五・六三　私は私の世界である。

うっかり読むと独我論が繰り返されているようにも読める。しかし、これはいささかも独我論ではない。独我論はこうである。「世界は私の世界である。」五・六三はこうである。「私は私の世界である」。私はこれを独我論のテーゼと対比して「主体否定テーゼ」と呼ぶことにしたい。並べてみよう。

独我論テーゼ――世界は私の世界である
主体否定テーゼ――私は私の世界である

似ているような違うような、ごちゃごちゃしそうなところだが、両者はまったく異なっている。実際、非独我論者であっても、「私は私の世界である」ことを認めることはできる。そのような人は同時に次のようにも主張するだろう。

彼女は彼女の世界である。

さらに一般的にこう主張できる。

AはAの世界である。

ここでは「私」は特別な位置をもっていない。この主張の内実を明らかにするため、続く諸節を読もう。ぜひ以下の引用において「私」とあるところを「彼女」に置き換えて読んでみていただきたい（引用者挿入として［彼女］と併記する）。それでも趣旨はそこねられない。

五・六三一　思考し表象する主体は存在しない。
「私［彼女］が見出した世界」という本を私［彼女］が書くとすれば、そこでは私［彼女］の身体についても報告が為され、また、どの部分が私［彼女］の意志に従いどの部分が従わないか等が語られねばならないだろう。これはすなわち主体を孤立させる方法、というよりむしろある重要な意味において主体が存在しないことを示す方法である。つまり、この本の中で論じることのできない唯一のもの、それが主体なのである。

五・六三二　主体は世界に属さない。それは世界の限界である。

五・六三三　世界の中のどこに形而上学的な主体が認められうるのか。
君は、これは眼と視野の関係と同じ事情だと言う。だが、君は現実に眼を見ることはない。

そして、視野におけるいかなるものからも、それが眼によって見られていることは推論されない。

立ち入って検討する前にとりあえず比喩的に雰囲気をつかんでおくならば、画家の存在は描かれた絵に示されているのみであり、その絵の中には現れていない、そんな感じである。その描かれた風景のあり方が画家の視点と視線を示している。同様に、経験主体あるいは思考主体はその経験内容や思考内容の中には現れえない。経験主体とは、いわば「私（彼女）が経験した世界」という本のタイトルにすぎず、思考主体とは「私（彼女）が考えたこと」という本のタイトルにすぎない。

いま指摘したように、主体否定テーゼそれ自身は独我論と独立に主張することができる。本章ではあくまでも独我論と切り離した形で、この主体否定テーゼを検討しよう。[†45]

11−2 命題的態度という問題

『論考』にとって主体の問題は、「主体もまた対象なのか」という問題として現れる。たとえば彼女について、「彼女は歩く」「彼女は窓を開ける」「彼女は夕立が来そうだと思う」等々と記述する。こうした記述の中で、問題なく許されるのは「彼女は歩く」や「彼女は窓を開ける」である。これらは、「彼女」が指示する個体が「歩く」という性質をもっていること、あるいは「窓」であるような他の個体と「開ける」という関係をもっていることを記述している。それは対象の配列としての事態を名の配列で写しとったものと言える。それゆえ、主体といっても、こうした動作主体は主体否定テーゼにひっかからない。

問題は、「彼女は夕立が来そうだと思う」といった記述にある。これと「彼女は窓を開ける」を比較してみよう。後者は彼女という個体が窓という個体と開けるという関係をもつことを表している。前者も同様に考えるならば、彼女という個体が、夕立が来そうだということと、思うという関係をもつこととして捉えられるだろう。しかし、ここで彼女が関係をもつ相手は「夕立が来そうだ」という命題にほかならない。動作主体の場合には、主体は他の対象と関係をもつと捉えられたのだが、思考主体の場合には、思考の相手は命題なのである。そこで「思う」のような動詞は一般に「命題的態度」の動詞と呼ばれる。ウィトゲンシュタインが問題にしているのは、まさに『論考』の枠内で命題的態度を含む文をどう分析するかという問題に重なっている。

命題的態度の分析は、ウィトゲンシュタインのみならず、フレーゲやラッセルにとっても大きな問題であった（そもそもこの用語はもともとラッセルのものである）。そしてまた、これは現在でも大きな問題として残されている。命題的態度は、「思う」「信じる」「望む」といった「心的」と呼ばれうる態度に特徴的なものと考えられ、それゆえ、言語論のみならず心の哲学においてもきわめて重要な話題領域を形成するのである。

「Aはpと信じる」という文を考えてみよう。ここでAはある人物であり、pは命題である。問題は、この信念文の真偽が、その構成要素である命題pの真偽と連動しないという点にある。たとえば「彼女はポチが犬だと信じている」という信念文は、その構成要素である命題「ポチは犬だ」の真偽に連動しない。たとえこれが偽であり、ポチが実はブタであったとしても、「彼女はポチが犬だと信じている」は真でありうる。たとえば彼女がかりに日本の首都は横浜だと信じていたとするならば、その信念内容はまちがいなく偽であるが、彼女がそう信じているという事実は動かない。真理関数という用語を用いて述べるならば、「Aはpと信じる」という信念文の真偽はpの真偽に連動しない、すなわちpの真理関数になっていないのである。ウィトゲンシュタインは五・六番台に入る前に、すでに次のような形でこの点を問題にしていた。

五・五四　一般的な命題形式では、命題はただ真理操作の基底としてのみ、他の命題中に現れる。

五・五四一　一見したところ、ある命題はこれとは別の仕方でも他の命題中に現れうるかのように思われる。

とくに、「Aはpであると信じている」や「Aはpと考える」といった心理に関わる命題形式において、そのように思われる。

つまり、表面的に見れば、こうした命題においては命題pが対象Aとある種の関係をもっているかのように見えるのである。

すでに見たように、「すべての命題は要素命題に真理操作を施した結果である」(五・三)という主張は『論考』の中心を成すものである。しかし、「Aはpと信じる」は命題pに真理操作を施したものではないように思われる。では、どう考えればよいのか。

11−3 命題的態度を像関係で分析する

これに対するウィトゲンシュタインの解答は過度に簡潔である。先の問題提起に続いてこう言われる。

五・五四二 しかし、明らかに、「Aはpと信じている」「Aはpと考える」「Aはpと語る」は、もとをたどれば[†46]「「p」はpと語る」という形式となる。そしてここで問題になるのは、事実と対象の対応関係ではなく、対象と対象の対応を通して与えられる事実相互の対応関係なのである。

いったい、何を言いたいのであろうか。

ともあれ、分かりそうなところから押さえていこう。

まず、「事実と対象の対応ではなく」と述べられる。ここで対象とは人物Aのことであり、事実とは命題「p」が表す事実pのことだろう。そしてウィトゲンシュタインは、一見すると人物Aは対象であり、対象と事実との対応が現れているように見えるかもしれないが、そうではないのだ、と主張する。

続いて「事実相互の対応関係なのである」と言われる。ここで、一方の事実とは命題「p」が表す事実pであり、もう一方の事実とは命題「p」という言語に関する事実であると考えられる。思い出していただきたい。像もまたひとつの事実であった。箱庭を作るということがひとつの事実であるように、名をある仕方で配列するというのも事実なのである。この像構成の事実と、それが表している世界の事実、この二つがここで対応関係にあると言われるものにほかならない。たとえば、「ポチは白い」という命題において「ポチ」という名と「は白い」という名がそのように並べられてあるという紙上の事実と、ポチは白いというある犬に関する事実、この二つの事実相互の対応が、問題になっているというのである。

そしてその対応は「語る」という言葉で言い表されている。この紙上のインクの配列が、ポチは白いという事実を語りだしている。つまり、どうもウィトゲンシュタインはこう言いたいのである。信念文のような命題的態度を含む文で真に問題になっているのは、主体と事実の関係ではない、それは言語が世界の像になっているという意味論的関係なのだ、と。

で、つまり、どういうことであろうか。

さらに読み解いていくためのきっかけとして、ひとつ質問させてもらおう。「Aはpと信じる」はもとをたどれば「「p」はpと語る」という形式になる、とウィトゲンシュタインは言う。では、「Bはpと信じる」はどうなるのだろうか。Aさんがpと信じているのではなく、Bさんがpと信じている場合である。それもまた「「p」はpと語る」にほかならないのだとすれば、誰がpと信じていようと同じことになってしまうだろう。

この素朴な疑問に対する答えをウィトゲンシュタインから読み取ることはできない。そこで、『論考』に整合的になるように、この問いに対する私自身の解答を与えてみよう。うまくいけば、それが補助線となって、謎めいた五・五四二の姿が少しでも明瞭になるかもしれない。

世界の可能性をあれこれ考えるということ、それはさまざまな像を作ってみることにほかならない。たとえば引越し先の間取りを紙に書き、そこで用いる家具の形を厚紙で切り抜いて、どこに何を配置するか考える。机の横に本棚を置こう。いや、机の横は整理棚だ、等々。そのとき私がやっていることは、間取りを書いた紙の上で切り抜いた厚紙をいろいろ動かしてみることである。そして、それが、「考える」ということで私のやっていることのすべてなのである。あるいはもっとふつうのこととして、私は日本語の語彙をさまざまに組み合わせて考えるだろう。「この本は大学に置いておこう」「またパソコンが動かなくなった」「私は疲れた」等々。声に出して言っているならば、私は音声のパターンをそのようにさまざまに組み合わせているのであり、紙に書いているならば、インクの染みをそのように配列させている。そしてパソコンならば、キーボードをしかるべき順序で叩いている。そのいずれでもない場合でも、何ごとかを考えているとき、私は声にならない形で、独り言のようにして言葉を組み立てている。

先に確認したように、厚紙を動かしたり、声を出したり、文字を書きつけたり、キーボードを叩いたりする動作主体としての私は否定されない。「ポチが走っている」という命題が世界記述として何の問題もないように、「私は厚紙を動かしている」や「私は声を出した」もまた、世界記述として問題なく認められる。そこにおいて動作主体たる私は動作が帰属される一対象にほかならない。

だとすれば、ここに、その思考内容が特定の人物に帰属される仕掛けがあるのではないだろうか。「ポチはブタじゃないよ、犬だよ」と彼女が言う。それが彼女の思考とされるのは、そう声を発したのが彼女だからである。あまりにもつまらない理由のように感じられるかもしれないが、それが実情ではないだろうか。そして、他ならぬ彼女が発した音声が、像として、ポチは犬であるという事実を意味するがゆえに、それが彼女の思考内容とされるのである。

分かりやすいように「積み木言語」を考えてみよう。音声でも文字でもなく、積み木を組み合わせて何ごとかを意味する、そのような言語である。たとえば四角い積み木の上に三角の積み木を重ねると、それがポチは白いという事実を意味する。そこで、Aさんが四角い積み木の上に三角の積み木を重ねたとする。そのとき、「Aさんが四角い積み木の上に三角の積み木を重ねた」というのは世界記述であり、そこにおいて動作主体Aは積み木やポチと同様に対象である。もし、ここで、四角い積み木の上に三角の積み木が重なっているという事実とポチが白いという事実の間の像関係が成立していなかったならば、この積み木遊びはただそれだけのことである。Aさんは積み木遊びをしている、おしまい。しかし、これが積み木言語であり、積み木の状態と世界の事実との間に像という意味論的関係が成立しているのであれば、Aさんがそのように積み木を重ねたということから、Aさんが「ポチは白い」と考えたことが示されてくるだろう。

われわれが何ごとかを考えたり、信じたり、望んだりできるのは、われわれが何ものかを配列できるということ、そしてそのように配列されたものが他の事実の像になりえているということ、この二点にかかっている。自分の身体を用い、音を発したり厚紙を動かしたりして、自らひとつの事実を生み出す。そうしてその事実が他の事実の像となることによって、われわれはそこにない事実を志向することができる。彼女はまだ降ってこない雨のことを思う。あるいは私は、できもしないことを承知で、一年ほど休暇をとって南の島でのんびり過ごすことを夢見る。なぜまだ現れていない雨のことを思えるのか。なぜ、とても実現しそうにないバカンスを夢見ることができるのか。なるほど一年間南の島でのんびり過ごすことは諸般の事情があって私にはできない。しかし、(何の慰めにもならないが)「南の島でのんびり過ごす」とつぶやくことはできる。そして私にも実行可能なそのつぶやきが、私には実現不可能なある事実の像となり、それによって私はその事実を考えることができるのである。存在していないものへと手を伸ばす志向性の力は、私が身体を使って実現した事実(つぶやき)と存在していない事実(南の島のバカンス)との間に意味論的関係が成立しているからにほかならない。ここにおいて、信念や思考にとって本質的と考えられる「志向性」は、けっして基礎概念ではない。基礎となるのは、身体的動作に関する記述と、それが他の何ごとかに対してもつ像関係である。ときにそう考えられるように意識の志向性が像関係を成立させているというのはまったくの転倒であり、像関係こそが、意識の志向性を成り立たせているのである。[†47]

このような方向の分析が大筋として正しいのならば、ここから命題的態度を含む文は真正の命題ではないという結論が引き出せる。「彼女は夕立が来そうだと思う」、この文は、素朴に考えられるならば、彼女の心的事実に関する記述とみなされるだろう。しかし、そうではない。「彼女は夕立が来そうだと思う」は、「彼女は窓を開ける」のような世界記述の命題ではない。その「思い」を成立させているのは、「夕立が来る」という言語表現と夕立が来るという事実の間の像関係にほかならない。

では命題的態度を含んだ文とは、そうした像関係を記述した命題なのだろうか。いや、それも違う。像関係を記述することはできない。たとえば「名『ポチ』はポチを表す」という文は記述ではない。それが記述であるためには、その命題は真でも偽でもありうるのでなければならない。だが、「名『ポチ』はポチを表す」は真偽両極をもちえないのである。それはわれわれがどのような言語を使用しているかによって真か偽かどちらかに固定される。われわれが名「ポチ」がポチを表す言語を使用しているならば、それに反することを想定することは端的に他の言語を想定することになる。この言語では、「名『ポチ』はポチを表す」は偽でありえないのである。より一般的に述べて、命題の意味は命題の真偽の確定以前に定まっていなければならない。それゆえ、意味論的関係について述べた文は経験的に真偽を確定されるべき命題ではありえない。

かくして、「彼女は夕立が来そうだと思う」のような命題的態度を含む文はいかなる意味でも記述ではない、と結論される。それゆえ、そこにおいて思考主体たる彼女は世界内の対象として現れてはいないのである。「彼女は夕立が来そうだと思う」における「彼女」は〈夕立が来そうだ〉と思う主体ではなく、「夕立が来そうだ」と声に出して（あるいは一人ひそかに）発話する動作主体にほかならない。

11－4　「彼女は彼女の世界である」とはどういうことか

以上が主体否定テーゼの否定的側面である。他方、主体否定テーゼには積極的側面も含まれる。すなわち、ただ思考主体が対象として存在しないというだけでなく、思考主体・経験主体は世界そのものだというのである。もう一度引用しよう。このように言われていた。

五・六三　私は私の世界である。

しかし、よく見ると、それとは異なる主張が少し後に為されている。これも再掲しよう。

五・六三二　主体は世界に属さない。それは世界の限界である。

前章でも似たような議論を為したが、「世界」と「世界の限界」とは異なる。世界の限界とは論理空間であり、世界とはその中の現実化した一部にすぎない。ところが、ここでもまたウィトゲンシュタインはその違いを無視するようなコメントをしている。五・六三では「世界である」と言い、五・六三二では「世界の限界である」と言っている。他方、『草稿』一九一六年八月二日の記載には「主体は世界には属さない。それは世界の限界である」というコメントと同時に、そのすぐ後に「主体は世界の一部ではなく、世界の存在の前提である」というコメントがある。

独我論の議論においては、「世界」と言われ、また「世界の限界」とも言われているものとして、われわれは対象領域を考えた。すなわち、それはこの現実世界に存在する対象たちであり、しかも、それによって論理空間が確定する。対象領域は論理空間という可能性の空間を構成するために現実世界が用意する礎石なのである。その意味で、対象領域は「世界」でもあり、また「世界の限界」でもあると言えるだろう。いままたウィトゲンシュタインが「世界」と「世界の限界」の違いを無視するような言い方で述べようとしていることも、やはりこの存在論的なレベルのことであると考えられる。

われわれが対象を切り出すには存在論的経験が要求された。世界はまず事実の総体として現れる。対象に分解される前は、事実はただ不変の要素をもたず移ろいゆくものでしかない。われわれがそれを経験し、そこから対象を切り出してきてはじめて、世界は不変の実体をもつようになる。そうして不変の実体が取り出されてくるからこそ、われわれはその配列の可能性として新たな可能性、非現実の可能性へとジャンプできるのである。それゆえ、ただ移ろいゆく事実の世界から実体をもった対象の世界へと移行するには、それを経験する主体が要請される。いわば、事実べったりの世界から、客体と主体とが同時に分化するのである。そして、客体たる対象たちは世界の中に位置をもつが、それに相関する主体はもはや対象ではなく、世界の中に位置をもたない。

「私は私の世界である」――この「私」とは、それゆえ、動作主体たる私ではない。動作主体たる私は、歩いたり走ったり、買物したり調理したりする私であり、それは世界の中の諸対象と並ぶひとつの対象にほかならない。そんな動作主体たる私を対象として切り出してくるためにも、存在論的経験の主体たる私が要請される。

では、そのような存在論的経験の主体たる私は、どうして「私の世界（私の存在論＝私の出会った対象たち）」と同一視されるのだろうか。その点をより明瞭に見てとるため、むしろ非独我論的に語ろう。私には私の出会った対象領域があるように、彼女には彼女の出会った対象領域がある。つまり、存在論は人によって異なると思われる。さらに、私自身でさえ、その存在論は変化する。私は新たな人、新たなもの、新たな概念に出会う。あるいはかつて知っていた対象を完全に忘れさってしまうこともあるだろう。（私に関して言えば、最近ちょくちょくある。しかし、ちょっと待った。完全に忘れさったということが、どうして私に分かるのか。この問いを問うたのはアウグスティヌスであった。そしてこれはけっして冗談では済まされないまじめな問題を開く。――閑話休題。）ともあれ、こうした存在論の変化は論理空間の変化を伴う。そして、「世界の前提」とみなされる存在論的経験の主体は、論理空間の変化を通じて同一ではありえないのである。

ただ存在論的経験の主体としてのみ規定される主体は、存在論の変化／論理空間の変化を通じて同一とされうるような規定をいっさい欠いている。それゆえ、私の存在論がかつてといまとで異なるならば、それはもはや存在論的経験の主体としては別人と言わざるをえない。私と異なる論理空間に生きる彼女が私にとって他者であるように、いまと異なる論理空間に生きていたかつての私は、もはやいまの私にとって他者でしかないのである。私は、存在論が変化し、論理空間が変化するのと厳格にシンクロして、別人になる。かくして、存在論的経験主体たる私は、厳格に私の世界と同一とされねばならない。

一言補足しよう。もちろんこのような寸断された「私」のイメージは直感に著しく反している。しかし、論理空間を異にするかつての私もいまの私と同じ私じゃないかというわれわれの直感を支えているのは、「存在論的経験の主体としての私」などというものではなく、ごく常識的な動作主体としての私であるだろう。いま現在の私の論理空間の中には、かつての私のさまざまな行動に関する記述も含まれている。かつての私はなるほどいま現在の論理空間とは異なる論理空間を開いていただろう。しかし、そんなことはいまのこの論理空間における記述の内にはまったく反映されてこない。「彼女は窓を開けた」という記述の内に、彼女が私と異なる論理空間のもとに生きているであろうことなど表現されえないように、このひとつの論理空間の内に、ただ対象として、彼女もかつての私も登場する。そしてこの論理空間においては、かつての私もいまの私もたしかに野矢という名で呼ばれる同一の人物なのである。おそらく、このことが主体の同一性の正体であり、このことと思考主体が論理空間の変化ごとに寸断されているということ（私はこれも正しいと考える）とが重なりあって、きわめて深刻な哲学的めまいが生じているのだと思われる。

この、いま現在の論理空間において構成された動作主体としての私の通時的同一性と、論理空間の変化に応じて寸断される存在論的経験の主体たる私との関係は、さらに論ずべきものを多くもっており、少なくとも私にはとびきりおもしろい問題である。しかし、『論考』にとってはそうではない。『論考』のウィトゲンシュタインは独我論者であった。ただとすれば、「寸断された私」とか「異なる論理空間に生きる私」とか言っても、ただ「なんだそれ」と言われるだけでしかない。「そんなもの私には理解できない」、ウィトゲンシュタインはにべもなく答えるだろう。独我論者にとっては、「私は私の世界である」と言い放てば、それでことは済んでしまうのである。

11-5 独我論と主体否定テーゼの関係

独我論は、「世界は私の世界である」として世界を我がものとしようとする主張である。他方、主体否定テーゼは「AはAの世界である」として主体Aを世界の中から放逐し、主体Aを世界の諸対象が存在するための存在論的前提とみなそうとする。それはさしあたり別々の主張である。しかし、容易に予想されるように、両者の間には密接な関係がある。自我を巡る考察の最後として、独我論と主体否定テーゼの関係について論じることにしよう。

まず、独我論は主体否定テーゼを伴って完成される。独我論は、「世界は私の世界である」と言う。しかし、主体否定テーゼに従えば、「私の世界」と言われるべき「私」は世界の内にはない。それは世界が存在するための前提であり、現れてくるのはただ世界だけである。それゆえ、独我論の「世界は私の世界である」という主張は、主体否定テーゼを経て、そこにおける「私」さえ消去されることとなり、結果として、たんに「世界はこの世界である」と主張するだけのものとなる。この点を捉えてウィトゲンシュタインは次のように主張する。

五・六四 ここにおいて、独我論を徹底すると純粋な実在論と一致することが見てとれる。独我論の自我は広がりを欠いた点にまで縮退し、自我に対応する実在が残される。

次に、主体否定テーゼと論理空間の唯一性の要請から独我論が導かれることを示そう。主体否定テーゼの積極的側面は、対象領域が与えられるための存在論的前提として主体を要請することにある。それゆえ、この対象領域が与えられていることと、それが私の存在論的経験に基づいていることとは結びついている。このことが、その対象領域に基づいて張られた論理空間を「私の論理空間」たらしめるのである。つまり、論理空間とは、あくまでもこの言語とこの現実を生きる「私にとって」の思考可能性・理解可能性を開くものにほかならない。それゆえ、「他の論理空間を理解することはできない（語ることも示すこともできない）」ということから、端的に他の論理空間の存在可能性を抹殺するならば、すなわち、論理空間がこの論理空間ただひとつであると考えるならば、そこから他の生を引き受ける私以外の主体もまた消去されることになる。かくして、独我論が帰結する。

このように見るならば、『論考』の独我論が論理空間の唯一性の主張と結びついていることが明らかになるだろう。『論考』における「私の唯一性」とは、「論理空間の唯一性」にほかならない。

このことは興味深い帰結をもつ。つまり、逆に言えば、この論理空間を共有するかぎり、『論考』は〈われわれ〉というあり方を許容しうるのである。[†48]〈われわれ〉は存在論的経験を共有し、それゆえ等しい思考可能性に開かれている。たとえば、私と彼女とがそのような〈われわれ〉であるとしよう。私はいま書斎にいるが、彼女は居間にいる。私はいまここでパソコンの画面を見ているが、彼女は向こうで本を読んでいる。あるいは彼女はいま軽い頭痛に悩まされているが、私は痛くない。もし私と彼女が論理空間を共有するのならば、私は彼女が「いまベランダに蟬が来てうるさかった」と言おうが、「今朝からちょっと頭が痛い」と言おうが、その発言の意味を理解することができる。これはまったく現象主義的独我論と異なる点である。現象主義的独我論であれば、他人の痛みの表明を私は理解することができない。私は私以外の意識主体の存在を許容できないのである。だが、いま問題になっているような独我論のもとでは、論理空間が共有されているかぎり、彼女が私と異なる視点から私と異なるものを見、私と異なるものを聞こうが、彼女がいま私が感じていない痛みを感じていようが、それを見たり聞いたりする可能性、その痛みを私が痛む可能性はわれわれの論理空間に用意されてある。それゆえ、彼女のそうした体験は、たんに私にも用意されてある可能性の中で私がいま現実化していないものを彼女が現実化しているというにすぎないものとなる。私はそれを理解するのに何の困難もない。くりかえせば、もし私と彼女が論理空間を共有しているならば、そうである。

だが、実際問題として私と彼女はそのような〈われわれ〉ではない。論理空間を共有していない他者、それを「意味の他者」と呼ぶならば、彼女は私にとって意味の他者である。この、意味の他者という他者性にリアリティを感じない人、すべてがひとつの論理空間のもとに生きる〈われわれ〉であるという楽観を受け入れる人は、『論考』の独我論が排除したものを理解できないだろう。そして、『論考』が「独我論」と称したものがなぜ「独我論」なのか理解できないに違いない。

ウィトゲンシュタインは、意味の他者のリアリティを人一倍強く感じていた、私にはそう思われる。あるいは怯えていた、とすら感じられる。だからこそ、『論考』においてウィトゲンシュタインは意味の他者を排除しようとしたのである。なるほどその理由は明快であり、力強い。他の論理空間など、私には理解できないし、考えることもできない。

五・六一　思考しえぬことをわれわれは思考することはできない。それゆえ、思考しえぬことをわれわれは語ることもできない。

さらに言えば、語りえないという点では私のこの論理空間もまた語りえないのであるが、他の論理空間はそれに加えて示されることもできない。それゆえいかなる意味でも私はそれを了解しえない。

だから、独我論は正しい（五・六二）。

しかし、正しいはずがない。なぜなら、意味の他者はそこにいるのだから。この問題は最後の章において論じよう。

12 必然性のありか

五・六番台において独我論と自我を論じたウィトゲンシュタインは、続く六番台を命題の一般形式についての確認から始める。この展開もまた、やはり一見すると唐突に思われるだろう。自我についての議論に引き続いて、すべての命題が要素命題に対する真理操作の結果であることが確認される。そして、話題は論理および数学へと移るのである。読む方としてはまるでやみくもに引き回されているような印象をもつかもしれない。

しかし、いまやわれわれはこの展開をきわめて自然なものと受けとめることができる。「操作と基底」、これが『論考』を読み解くためにわれわれが手に入れた鍵である。この見方からすれば、きわめて大雑把に言って、五・六以前は「操作と基底」という枠組に到達するための議論であったと言うことができる。そしてひとたびこの枠組が獲得されるや、まずは基底に焦点を当てて議論を開始する。それが、独我論である。とすれば、その議論が終わった時点で、こんどは操作に焦点を当てた議論が始まると考えられるだろう。まさに、そのようにして六番台が始まる。

12－1　必然性を巡る問題

議論の中心となるのは必然性の問題である。まずは、『論考』が立ち向かっていく相手を、ごく簡単にではあるが、見ておくことにしたい。

問題はこう立てられる。——必然的に真な命題、あるいは必然的に偽な命題は、なぜ必然的に真あるいは必然的に偽なのか。その必然性は何に由来するのか。

たとえば「ポチは白い」という命題は実際にポチが白いならば真であるが、必然的に真ではない。「もしポチが白くなかったら……」と、反事実的な想像をわれわれはすることができる。ポチが現実に白いとしてもそれはたまたまのことであり、「ポチは白い」は偶然的に真であるにすぎない。あるいはまた、「ウィトゲンシュタインは結婚したことがある」は偽であるが、それも偶然的に偽であるにすぎない。ウィトゲンシュタインが結婚していないことは、けっして必然的であったわけではなく、たまたまのことである。

これに対して、論理および数学の命題は真であるならば必然的に真となるように思われる。「すべての人は結婚したことがあるかないかどちらかだ」と言われれば、その真理性は必然的であり、偶然的ではない。また、「2＋3＝5」なども、偽であると考えることはできない。それはどうしたって真でなければならない。

では、論理や数学の命題はなぜ必然的なものとなるのだろうか。

これに対するひとつの応答が「心理主義」と呼ばれるものである。「論理とは思考の法則にほかならない」、心理主義はそう説明する。そのとき、論理学はいわば心理学の一分野となる。そしてさらにこう説明を続けるだろう。思考法則は自分の思考を反省してみるだけで分かるものであるから、その意味でそれはア・プリオリに知られる。さらに、それは思考を律する法則であるから、それに反したことをわれわれは考えることができない。その意味でそれは必然的に真となる。

だが、われわれはときに誤った思考を行なうというのも動かしがたい事実である。しかも、特定の推論に対しては多くの人がしばしば誤ってしまうという傾向性さえ認められる。心理法則としての思考法則とは、こうしたさまざまな傾向性を扱うものにほかならない。それゆえ思考法則の一般的な形式は、「多くの人たちはおおむねかくかくのように推論する」というものとなるだろう。だとすれば、やはりそれは偶然的に成立しているにすぎない。必然的真理ということでいまわれわれが問題にしているのは、「多くの人たちはおおむね『23×4＝92』と計算する」といった統計的事実ではなく、むしろ「『23×4＝92』と計算しなければならない」ということの方である。たとえわれわれにどのような推論傾向があろうとも、それが論理や数学に反したものであるならば、それは誤った推論傾向とされねばならない。とすれば、推論傾向は論理そのものではない。論理とは、われわれが事実として為す傾向のある思考を述べたものではなく、われわれが為すべき思考のあり方を規制するものであらねばならない。心理主義は、けっきょくのところ、そうした論理の必然性を説明できないのである。

もうひとつの応答は「プラトニズム」と呼ばれる。プラトニズムの発想を理解するには幾何学を考えるとよいだろう。ある意味で、われわれは三角形を見ることができない。現実に出会う三角形は、線にも太さがあり、完全な直線で囲まれたものでもなく、不完全な三角形でしかない。われわれは完全な三角形をいまだかつて見たことがないのである。しかしそれでも、その図形が「不完全な三角形」であると分かる。それはなぜか。

完全な三角形ということを理解していなければ、それが不完全な三角形であることも分からないはずだろう。(誰も知らない人物の物まねについて、どうしてそれが似ているとか似ていないとか言えるだろう。)「不完全な三角形」ということが分かるためには、なんらかの形で完全な三角形ということを了解していなければならない。しかし、完全な三角形は現実には存在しない。そもそも現実に存在するものはすべて時間空間的規定を受けているが、幾何学の定理は時間空間的規定から独立に成立している。それゆえ、完全な三角形はたしかに存在しなければならないのだが、それは現実の世界に存在するのではなく、時間空間的規定から離れた秩序の内に存在するのでなければならない。幾何学的秩序のこうしたあり方は、プラトンに由来する用語として「イデア的」と呼ばれる。そして、一般に、必然性の成立する場所をイデア的な秩序に求める立場が、プラトニズムである。論理についてもいまと同様に議論されうる。われわれの思考法則はそれ自体は不完全なものであり、論理そのものではない。しかし、われわれの思考を不完全と認め、誤った思考を誤っていると認めることができるからには、そうした現実の思考とは別に、完全な論理がどこかにあり、それをたとえ部分的にせよわれわれは把握しているのでなければならない。すなわち、論理もまたイデア的なものにほかならず、現実の三角形がイデア的三角形の不完全な影にすぎなかったように、現実の思考もまたイデア的論理の影にすぎないのである。

フレーゲもラッセルも、反心理主義の旗印のもと、このようなプラトニズム的観点に立っていた。それに対して、反心理主義を共有しつつ、さらにプラトニズムをも拒否して、反プラトニズム的な観点を提起したのが、『論考』であった。論理語は名ではない（四・〇三一二）、このウィトゲンシュタイン自ら『論考』の「根本思想」と称した主張は、まさに論理語が思考の要素を表す名ではなく、イデア的対象の名でさえないことを言おうとしていたのである。

プラトニズムに対抗して『論考』が提出した立場は、これもまたあまりに大雑把なくくり方をするならば、「言語主義」と言えるだろう。必然性は、心理的事実に関わるものでも、イデア的秩序に関わるものでもなく、言語に関わることだというのである。だが、たんに言語に関わるといっても、そこにはなおいくつかの異なる立場が可能となる。次節では、『論考』の言語主義を誤読した論理実証主義の立場を見てみることにしたい。それは「規約主義」と呼ばれる。そして、論理実証主義との対比によって、心理主義でもプラトニズムでも規約主義でもない、『論考』独自の位置を浮き彫りにしよう。

12－2 論理実証主義の『論考』

論理実証主義は、二十世紀の前半、とくに一九三〇年代にその中心的活動を為した哲学運動である。彼らは、フレーゲとラッセルによって開発された記号論理学を武器として携え、ラディカルな経験主義を標榜した。単純に言ってしまえば、経験に基づいたデータから論理的に展開されるもののみをまっとうな認識（科学的認識）として認め、そうでないものは悪しき形而上学として追放しようというのである。

彼らはその運動の初期において『論考』と出会った。そして決定的な影響を受けた。『論考』こそ、彼らを導くものと思われたのである。たしかに、論理実証主義の理念の内に『論考』のこだまを聞き取ることは難しくない。要素命題から論理的に構成されたもののみを有意味な命題とみなすこと。そしてそうでないものは疑似命題として沈黙へと追いやること。しかし、その視線は『論考』と決定的に異なっていた。

第一に、『論考』は経験主義のような認識論的立場に加担するものではない。なるほど対象を切り出してくるさいに存在論的経験が必要であり、その出発点はこの現実にある。しかし、そこで現実と言われ、また経験とされるものがいかなるものであるかは『論考』においてはまったくオープンになっている。それゆえ、かりに存在論的経験が経験主義には認められないような啓示的なものであり、それゆえ現実と称されるものが神秘的世界であっても、それはそれでかまわない。つまりは、『論考』は認識論に関わっていない。

さらに、『論考』は学としての形而上学を追放しようとはしたが、形而上学が関わろうとしているものをすべて無価値とみなしたわけではない。むしろ逆である。論理実証主義は科学的に語りえぬものを受け入れることを拒否したが、それに対して『論考』は、語りえぬもの――論理、自我、倫理――を沈黙の内に受け入れようとした著作にほかならない。

このように、根本的な理念と目標において論理実証主義と『論考』は異なっていた。とはいえそれだけならば、そう責められたことでもない。ある著作を、著者の意図とは異なるコンテクストに置き、それに別の光を当てるということは、それが生産的であるならば、解釈としては失敗していたとしても、哲学としては許されることだろう。だが論理実証主義は、『論考』の「根本思想」を誤読することによって、哲学的にも決定的な誤謬を犯したのである。

いま述べたように、論理実証主義は経験主義を掲げていた。経験主義が論理や数学の身分を捉えるひとつの立場は心理主義であるが、しかし、心理主義では論理や数学のもっている必然性を説明できない。論理実証主義は論理や数学のもつ必然的真理という特徴を保持しようとしていた。だとすれば、それと経験主義をどう折り合わせるかが最大の課題となる。ともかく、プラトニズムは拒否しなければならない。イデア的秩序を天下りさせるわけにはいかない。すべてはわれわれの感覚的経験から始まらねばならない。だが、経験は偶然的真理しか与えてくれない。どうするか。

ここでまさに福音となったのが、『論考』だった。いや、彼らの目に映った『論考』であったと言うべきだろうか。論理実証主義は『論考』から必然性に関する規約主義を読み取ったのである。

ここで、規約主義の立場を説明するため、少し論理学の入門書に書いてあるようなことを述べさせていただきたい。

たとえば「pではない」という否定命題において、論理語「ではない」は命題pの真偽を反転させる真理関数（pが真なら偽を出力し、pが偽なら真を出力する関数）として捉えられる。表として書くならば次のようになる。左の欄が入力であり、右の欄にそれに対する出力が書かれている。

p	pではない
真	偽
偽	真

この関数としてのあり方が論理語「ではない」の意味にほかならない。同様に、論理語「または」も次のような真理関数として意味規定される。こんどは入力欄はpとqの真偽という二つになり、入力の可能な組み合わせは合計四つということになる。右欄にそれに対応する出力の真偽が記されてある。

q	p	pまたはq
真	真	真
真	偽	真
偽	真	真
偽	偽	偽

「ではない」と「または」の二つの関数を合成して、「pまたは（pではない）」という命題を作ると、次のような表となり、pが真であろうと偽であろうと出力は真となる。

p	pまたは（pではない）
真	真
偽	真

このように、真理関数を合成していくと、それら合成関数の中に、何を入力しても真を出力する恒真関数ができる。恒真関数の形式をもつ、つねに真となる命題が、すなわちトートロジーである。

この説明は、いままでは論理学の教科書的ことがらであるが、容易に見てとれるように、ほぼ『論考』の捉え方に等しい。ただし、『論考』は「操作」を基本概念とするのに対して、この説明では「関数」が中心概念となる。その点で、こうした説明は技術的には『論考』を受け継ぎつつ、精神としては『論考』からすでに離れていると言わねばならない。
ともあれ、こうした説明において、トートロジーを「論理語の意味のみによって真になる命題」と解することは自然である。論理語の意味を真理関数として規定する。そしてそれを合成するとトートロジーができる。それは恒真関数である。すなわち、入力が何であれ、必ず真を出力する。かくして、必然的に真な命題が作られ、その必然的性格はつまり、論理語の真理関数としての意味規定に由来するのである。

その点において、論理的真理のあり方はたとえば「木曜日の翌日は金曜日だ」といった文の真理性のあり方と同じと考えられる。これは「木曜日」「翌日」「金曜日」といった語の意味からして真となる。そして「金曜日」を「木曜日」の「翌日」であるものとして規定するというのは、われわれの言語上の取り決めにほかならない。それゆえ、「木曜日の翌日は金曜日だ」が必然的に真とされるのは、われわれの言語規約によるのである。同様に、「pまたは（pではない）」が必然的に真になるのは、「または」や「ではない」といった論理語に対するわれわれの言語規約による。必然性とは、思考法則上のことでも、イデア的秩序に関することでもなく、われわれの言語上の取り決めによることにほかならない。これが、規約主義の考え方である。論理実証主義を世に広めるのに最大の貢献をしたと言われる[†49]エイヤーの『言語・真理・論理』から関連する主張を引用してみよう。

「すべてのブルターニュ人がフランス人であり、すべてのフランス人がヨーロッパ人であるならば、すべてのブルターニュ人はヨーロッパ人である」と言うとき、私はいささかも事実を記述していない。私は、「すべてのブルターニュ人はフランス人であり、すべてのフランス人はヨーロッパ人である」という言明が「すべてのブルターニュ人はヨーロッパ人である」というさらなる言明を暗に含んでいる、ということをそこで示しているのである。そしてそれによって私は、「もし」と「すべて」という語の使用に関わる規約を示している。[†50]

かくして、論理学と数学の必然的な確実性には何ら神秘的なものなどありはしないことが分かる。いかなる観察も命題「7＋5＝12」を論駁しえないというわれわれの知識は、たんに、記号表現「7＋5」が「12」と同義であるという事実に基づくものにすぎず、それはまさに、「すべての眼科医は目医者である」というわれわれの知識が、記号「目医者」が「眼科医」と同義であるという事実に基づくのと、まったく同じである。[†51]

なぜ「pまたは（pではない）」は必然的に真なのか。それに対して規約主義はこう答える。なぜって、そう決めたからだ。それはわれわれの「または」や「ではない」の意味に関する取り決めを反映している。それゆえ、「pまたは（pではない）」に反するような

「または」や「ではない」をわれわれは理解することができない。ちょうど、メートル原器が一メートルであるのが、取り決めによって真であり、それゆえ真であるしかないように、「pまたは（pではない）」も真でしかありえない。同様に、「7＋5＝12」が必然的に真であるのも、われわれがそう取り決めたからにほかならない。それがわれわれの数と足し算の意味であり、「7＋5＝12」が真でないということをわれわれは理解できないのである。

さて、われわれはいま『論考』にどれくらい近いところにいるのだろうか。

12－3 『論考』は規約主義ではない

心理主義やプラトニズムよりは近いところにいる。だが、単純に言って、言語の唯一性を奉じるような『論考』の立場が規約主義であるはずがない。取り決めということに意味を与えるためには、少なくとも言語体系の複数性を信じていなければならない。

「規約」と呼ばれうるものの典型的な例を出すならば、たとえば自動車は道路の左側を走らねばならないという日本の交通法規が挙げられる。別に右側で統一してもよかった。何も決めずにかってに走らせてもよかったかもしれない。しかし、われわれは「左側を走る」という規則に決めたのである。これがもし、最初から選択の余地なく、なんらかの不可思議な力によって左側しか走れないようになっていたとするならば、そもそも「取り決め」ということの意味が失われてしまうだろう。「右でも左でもよいのだが、どっちにするか」という選択肢を前にして、どちらを選ぶことも恣意的であるときにのみ、そのどちらかに取り決めるということが言える。だから、枝から離れたリンゴが下に落ちるのは、取り決めではない。

ウィトゲンシュタインが規則の恣意性を言うようになるのは、要素命題の相互独立性の要請を撤回して、文法という観点のもとに考察を展開し始めてからのことである。『論考』には規則の恣意性を言い立てる余地はない。『論考』が「論理」として捉える領域は、それゆえ、ひじょうに限定されたものと言わざるをえない。だが、その限られた範囲において、『論考』がきわめて鋭利な洞察を示したということも、たしかなことである。

『論考』において推論は命題の真理領域の包含関係として捉えられる。命題pから命題qが帰結するならば、命題pの真理領域は命題qの真理領域に含まれている。そして論理語は、命題の真理領域を反転したり、その共通部分を取り出したりする操作として捉えられる。ここに、操作は基底と独立に定まっている。論理空間は操作だけでなく基底にも依存し、それゆえそれは対象を切り出すのに必要な存在論的経験に依存する。そこで私はそれを「弱いア・プリオリ性」と呼んだわけだが、それに対して、論理はただ操作だけに関わり、それゆえ「強いア・プリオリ性」をもっているのである。たとえば二重否定「(pではない)ではない」がpに等しいということは、命題pに依存することではない。それはただ論理語「ではない」が真理領域を反転する真理操作であるという一点にかかっている。

この論理の強いア・プリオリ性は、論理空間の唯一性がゆらいでもなお残されてくる論点である。「論理語は真理操作を表す」、この洞察は論理語が対象の名であることを否定することにおいてプラトニズムを拒否するものであるが、同時に、その強いア・プリオリ性において、規約主義をもはねつけるものとなっている。真理領域を操作するものとしての論理語が示す論理は、たとえ論理空間が他の論理空間へと変化しようとも、あるいは、他者の生のもとに他の論理空間が開けているかもしれないことが認められたとしても、なお、このようなものとして固定される。それは目医者と眼科医の同義性と同じレベルではありえないのである。ここは、『論考』が規約主義ではないことに同意されたとしても、なお誤解されやすいところであるから、繰り返し強調しておきたい。『論考』が規約主義ではありえないのは、たしかに表面的には論理空間が唯一のものと想定されていたからである。しかし、より深い理由はそこにはない。それは、論理が操作に基づき、それゆえ強い意味でア・プリオリだからである。

さらにもう一点、『論考』が論理において証明にほとんど価値をおいていなかったことが注目される。フレーゲ流のプラトニズムであれば、必然的真理はすべて原初的真理から証明されるのでなければならない。あるいは、規約主義にとっても証明は重要なものとされる。すべての必然的真理が直接の規約であると考えることは、少なくとも素朴に考えるかぎり無理がある。たとえば長さに関する規約という単純な事例をとってみても、「7m＝700cm」「24m＝2400cm」等々、無数の真なる命題がある。これらはすべて「1m＝100cm」という規約、および数に関するいくつかの規約から派生的に導かれたものだと考えられるだろう。一般に、無数にある必然的真理は、すべてが直接に取り決められたことではなく、その有限の一部が直接に取り決められ、後はそこから派生的に証明されると考えられる。この考え方はまた、論理体系を公理から定理への証明として整理するやり方にもつながる。ところがウィトゲンシュタインは、論理に対してそのような捉え方をまったくしない。

六・一二七　論理学の命題はすべてが同じ身分である。それらの間に基本法則と派生的命題が本質的に定まっているというようなものではない。

ここにおける問題を明らかにするために、われわれと論理を共有しない人たちが現れたと考えてみよう。私はいま私がやっているように論理語を用い、推論を行なう。ところが相手はどうもそれを理解してくれない。私は私が用いている論理をその相手に伝えることができるだろうか。フレーゲがこの問いにどう答えるかは分からない。しかし、原初的真理はイデア的に客観的に存在するものだとすれば、それを相手に把握させ（プラトンならば「想起」させるだろう)、そこから他の真理を証明してみせることもできるように思われる。あるいは規約主義であれば、われわれの取り決めを相手に伝えることはそれほど難しくないようにも思われる。少なくとも交通法規のような取り決めならば、それを伝えることも容易だろう。さらにうまくいけば、彼らとわれわれの間で新たな取り決めに至れるかもしれない。だが、ここにはそうしたことに悲観的にならざるをえない事情がある。

プラトニズムは措いておくとして、いまは規約主義との対比に焦点を絞ることにする。しばらく私は規約主義者としてふるまってみよう。正確に言えば、いくつかのことを直接的規約として取り決め、他の無数のことを派生的取り決めとしてそこから証明しようとする規約主義である。そのような規約主義を「素朴な規約主義」と呼んでもよいだろう。そしてそんな私の前に論理を共有しない人たちが現れる。

論理を共有しないということは、何が必然的で何が必然的でないかの判断が一致しないということにほかならない。私が「これは必然的真理だ」と言うと、「どうしてそうなるんだ」と尋ねかえされる。彼らはそれが真であることは認めるかもしれない。しかし、その真理性が必然的であることには同意してくれないのである。そこで私は素朴な規約主義者として、「だってそういう決まりなんだ」と答えよう。しかし、すべてに対してそう直接の答えが返せるわけではない。無数にある必然的真理の内、一部が直接的取り決めであり、他はそこから派生的に証明される。そこで私は相手に、関連する直接的規約を示し、そこから問題の命題を導くような証明を示すだろう。ここで問題が発生する。問題はその「証明」の必然性である。必然的真理から証明によって必然的に導かれるからこそ、派生的真理もまた必然的になる。それゆえ、証明はどうしたって必然的なものであらねばならない。しかし、相手は私と論理を共有しない人たちである。当然のごとく、その証明の必然性に首を傾げるだろう。

　直接的規約Aから派生的に命題Zを証明するとしよう。そのとき、AからZを証明する推論のプロセスにおいても、論理を用いている。その証明に推論規則Bが用いられているとしよう。図示すればこうである。

$$A \xrightarrow{B} Z$$

　私と論理を共有しない人たちはこの推論規則Bにも首を傾げる。そこで私はそれも彼らとの間に規約として取り決める。するとこんどは、直接的規約AとBから派生的にZを導かねばならない。そこでまた、証明が必要となる。何かを直接的規約として取り決めるのはよい。しかし、それが直接的規約であるかぎり、そこから派生的規約を証明してやらねばならない。そこで、AとBからZを証明するのに推論規則Cが用いられているとしよう。こう図示される。

Cが再び問題になる。そこでそれを直接的規約として取り決める。そうするとこんどは直接的規約A、B、CからZが証明されねばならない。そこでその推論を導く推論規則をDとしよう。こう図示される。

$$A, B \xrightarrow{\quad C \quad} Z$$

$$A, B, C \xrightarrow{\quad D \quad} Z$$

かくして、問題は果てしなく再生産される。

素朴な規約主義は直接的規約から派生的規約を証明する。そこでその証明のステップの必然性が問題になる。だがそれを直接的規約として取り決めても、一時しのぎでしかない。直接的規約から派生的規約を導くためには、どうしたって証明のプロセスが必要となる。その証明のプロセスを正当化するような推論規則を直接の規約として導入しても、その直接的規約を導入した上でまた新たな証明のステップが問題になるだけでしかない。素朴な規約主義は証明の必然性を説明することができない。つまり、論理実証主義の規約主義は、『論考』の解釈としてまちがっているという以上に、必然性の由来を説明する立場として破綻しているのである。[52]

ウィトゲンシュタインがこうした規約主義批判につながる議論を明示的に提出し始めるのはもっと後のことである。[53] しかし私には、ウィトゲンシュタインは『論考』においてすでにこうした議論の精神を完全に明確に捉えていたと思われる。それゆえ、論理実証主義が『論考』から素朴な規約主義を読み取ってしまったということは、論理に対する『論考』の生命線を断ち切るような、致命的な誤読であったというほかない。

12-4 論理は説明されえず、解明されるのみ

『論考』が論理をどう扱ったかを検討しよう。

命題pが命題qを帰結するという推論関係は、命題pの真理領域が命題qの真理領域に含まれることによって示される。そこで、推論関係はそれぞれの命題の真理領域が明らかにされれば自ずと明らかになる。命題はすべて要素命題に対する真理操作の結果であるから、命題の真理領域が明らかにされるにはそれが要素命題に対してどのような真理操作を加えて作られたものなのか、その命題構成のプロセスがはっきり見てとられればよい。かくして、命題に含まれる論理語がどのような真理操作であるかをはっきりさせること、それが推論の分析にとってポイントになる。トートロジーが有用なものとなるのはまさにその点においてである。

六・一　論理学の命題はトートロジーである。

六・一二　論理学の命題がトートロジーであることは、言語の、すなわち世界の、形式的――論理的――性質を示している。

細かい注意になるが、ここでウィトゲンシュタインは、「トートロジーが論理を示す」とは言っていない。「ある命題がトートロジーであることが論理を示す」のである。たとえば「(pではない)ではない)ならばp」という簡単なトートロジーを考えよう。これがトートロジーであること、すなわち任意の命題pに対してこのように真理操作を施せば真理領域が論理空間全体に及ぶということ、その事実が、ここに含まれる論理語「ではない」と「ならば」の真理操作としてのあり方を示している。あるいはまた、「pまたは(pではない)」がトートロジーになるということ、その事実が、論理語「または」と「ではない」の真理操作としてのあり方を示している。論理語をある仕方で組み合わせると、真理領域が論理空間全体に及ぶ命題ができあがる、この記号構成上の事実が、そこで用いられている真理操作の内実を明確にするのである。

『論考』が捉える論理学の役割は、論理語の真理操作としてのあり方を明確にするという点にある。そして論理語の内実はある命題がトートロジーであることによって示される。論理学がすぐれてトートロジーに関わるのはそれゆえなのである。論理学がトートロジーに関わるのは、それが必然的真理として偶然的真理とは異なる真理の領域を明らかにするからではない。†54

ここで再び、われわれと論理を共有しない人たちを登場させてみよう。彼らに対して論理語の真理操作としてのあり方を説明しようとして、いくつかのトートロジーを提示したとする。ところが、私と論理を共有しない人たちは、そもそもそれがトートロジーであることに同意しないだろう。もし論理を共有してもらえないのであれば、「こうして、こうして、こうすれば、ほら、トートロジーになるでしょう」と言ってみても、ただ首を傾げられるだけでしかない。つまり、説明はその最初から一歩も先へ進めないのである。

先に引用した六・一二をもう一度見てみよう。そこでは、ある命題がトートロジーであることが、言語の論理的性質を示す、と言われている。しかし、言語の論理的性質をそもそもまったく知らない人が、どうしてそれがトートロジーだということを把握できるだろうか。ここにはあからさまに循環の構造がある。

われわれは以前にもこのような循環の構造に出会っていた。名の「解明」について論じたところである。名の意味は命題の使用において解明される。しかし、名の意味を知らない者がどうして命題を使用できるのか。ポイントは、ウィトゲンシュタインが「解明」というフレーゲに由来すると思われる語をここで用いているということである。それは何も知らない人に何ごとかを教えようとする「説明」ではありえない。すでに名を用い、命題を使用できている人だけが、自分のやっていることを明確にすべくそれを反省し、整理して、自らの言語使用を解明することができる。それは積極的に循環の中に入りこむことにほかならない。

同様に、トートロジーであることが論理語の内実を明らかにするといっても、それは「説明」ではありえない。論理を共有しない者にわれわれの論理を説明することはできない。すでにわれわれの論理を使いこなしている者のみが、その解明を理解することができる。それは未知の何ごとかを説明するようなことではなく、住み馴れた街の地図を描いてみせるような、使いこなしてはいるが見通すことができずに混乱に陥ってしまっている者たちを混乱から救い出す作業なのである。論理学の役割はまさにその意味での論理の解明にある。

素朴な規約主義の困難もまさにこの点に関わっていたと言えるだろう。論理は説明できない。『論考』がたしかに捉えていたこの地点を、論理実証主義は決定的に見逃していた。推論規則を提示することによって推論の必然性を説明することはできない。方向はまったく逆であり、推論をすでに為せる者のみが、推論規則を理解しうるのである。われわれは日常の言語使用において、ある命題から他の命題を推論する。われわれは多くの場合正しく推論し、ときに誤った推論をする。この言語実践上の事実は所与である。この推論実践を的確に、正しい推論を正しいものとして、誤った推論を誤ったものとして見てとるために、解明を行なう。推論規則はわれわれが現に引き受けている推論のステップを解明するためのものであり、推論規則によって推論が始められるとか、推論規則がなければ推論できないというようなものではありえないのである。

ウィトゲンシュタインは根本的に論理を「語りえない」ものとして捉えている。心理主義であれ、プラトニズムであれ、論理的秩序を語り出そうとするあらゆる試みは、それをそのように語ろうとするところですでに論理を用いざるをえない。このことは規約主義であっても同じである。推論実践を取り決めに基づく言語行動として捉えようとしても、何ごとかを取り決め、取り決めたことの含意を引き出そうとするところで、すでに論理を用いている。取り決めが論理を成立させるのではない。論理こそが取り決めを成立させているのである。

12-5　数は操作のベキである

論理実証主義は数学に対しても、『論考』から規約主義を読み取っていた。しかしそれもまた、少なくとも『論考』の読みとしては、まちがっていた。

まず問題とされなければならないのは、「数とは何か」である。これはフレーゲやラッセルにとっても大問題だった。論理学から数学へと議論を展開していくさいに、その境目にくるのが数である。論理学は論理語のみを扱う。他方、数学には数が登場する。それゆえ、数学の身分を論じるためには、何よりもまず数の身分が問われなければならない。

ここでも、フレーゲとラッセルのプラトニズム的な数の捉え方と、ウィトゲンシュタインの構成主義的考え方が鋭く対立することになる。まずフレーゲとラッセルの路線を簡単に紹介しよう。たとえば箱の中に十個のリンゴがある。われわれはそこで「リンゴが十個ある」と言う。ここにおいて「十個ある」と言われるのは、あたりまえのことであるが、個々のリンゴではない。個々のリンゴはそれぞれ一個であり、このリンゴについて、それが十個あるという性質をもっていると言われているわけではない。それゆえ、「10」という性質が与えられているのは、あくまでもそのリンゴの集合に対してである。つまり、数とは集合の性質なのである。そこで、メンバーの数が10であるような集合をすべて集めてくるならば、それらが共通にもっている性質が、すなわち「10」であると考えられる。あるいは、「10」とはメンバーの数が10であるような集合すべてからなる集合の名前にほかならない。こうして、フレーゲとラッセルは数を集合の性質あるいは集合の集合として捉えるわけである。

これに対して『論考』における数の捉え方はこうである。

六・〇二一　数は操作のベキである。

「操作のベキ」とは、操作の反復回数のことにほかならない。ここで操作とはとりわけ真理操作を意味しているが、別に真理操作に限定する必要はないだろう。単純に言って、「何回操作を施したか」、それが数だというのである。それゆえ、数詞は名ではない。これは「論理語は名ではない」という主張と正確に対応している。論理語は操作を表し、操作は対象ではない。それゆえ、操作のベキも対象ではない。こうしてウィトゲンシュタインは、数をなんらかの対象として理解することを拒否する。数は集合の性質のようなものではない。

ここには『論考』の構成主義的精神がもっとも濃厚に現れていると言えるだろう。ポイントは、操作が基底と独立に成り立っていること、つまり操作の強いア・プリオリ性にある。それゆえに、操作は同一性を保ちつつ反復適用可能となる。しかも、それはいかなる論理空間に対しても同一の操作として働きうるため、操作の反復は論理空間の大きさに関わらず、可能的に無限に開かれている。操作の反復はいつまで続けられてもよい。ここに、われわれが無限に向かいあえる唯一の道がある。[†55]

このような『論考』の立場が論理実証主義の立場とも違うことは明らかである。論理実証主義は「7＋5＝12」をトートロジーとして捉えた。だが、『論考』において「7＋5＝

12」はトートロジーではありえない。理由は簡単で、数詞は名ではないからである。数に対する『論考』の立場は、考えられうるかぎりもっとも過激な立場であったと言ってもよいだろう。つまり、「言語から数詞を抹消せよ」、これである。もちろん、「7＋5＝12」のような表現も抹消される。[†56]

「7＋5＝12」は、操作を7回行ない、続けて5回行なったならば、その結果は12回の操作の反復適用に等しい、ということを意味している。それをある具体的な真理操作で行なったならば、われわれはそこでひとつのトートロジーを得る。たとえば「2＋1＝3」という数式を操作 N(p)（これはつまり「pではない」に等しい）で見るならば、これは「$N^2(p)\equiv N^3(p)$」というトートロジーに対応している。（ここに、「$N^m(p)$」とは、pに操作Nをm回施したものを意味し、記号「≡」はその右辺と左辺が論理的に等しいものであることを意味する。つまりこの式は、「二重否定にもう一回否定を施すと三重否定になる」ということを意味している。）数式はトートロジーではない。しかし、トートロジーに対応し、真理操作の反復に関する論理をそこで示すのである。

六・二二　論理学の命題がトートロジーにおいて示す世界の論理を、数学は等式において示す。

それゆえ、論理が使いこなせており、かつ、そこにおいて何の混乱にも陥っていない人であればトートロジーなど必要としないように、操作を反復適用でき、その反復において何の混乱にも陥っていない人ならば数式は不要となる。

「2＋1＝3」のもっと日常的な使用を考えてみよう。たとえば太郎が2個のイチゴを食べ、さらにもう1個のイチゴを食べたとする。そのとき、太郎は計3個のイチゴを食べたことになる。「2＋1＝3」という数式はそうしたことがらをも表現しているはずである。では、「太郎は2個のイチゴを食べた」という命題においても、数は不要なのだろうか。『論考』は不要だと答える。

「太郎は2個のイチゴを食べた」という命題を分析してみよう。そのさいわれわれは太郎が食べたイチゴのそれぞれに名を与えておかねばならない。「a」「b」としよう。そしてそれらの名を用いて、この命題は次のように分析される。

(aはイチゴであり、太郎はaを食べた) かつ (bはイチゴであり、太郎はbを食べた)

ここにおいてわれわれは「xはイチゴであり、太郎はxを食べた」という型の命題が2個「かつ」でつながれていることを見てとるだろう。それが、「太郎は2個のイチゴを食べた」の内実にほかならない。記述に含まれる数は、その記述がある特定の型の反復から成り立っているという、その命題の形式的特徴を示したものなのである。たとえば、「x は犬である」という型の記述が4回「かつ」でつながれていれば、それは数を用いて「4匹の犬がいる」と表現され、さらに「x は猫である」という型の記述が2回「かつ」でつながれていれば、犬も猫も動物であることから、そこに「x は動物である」という共通の型が見てとられ、合計「6匹の動物がいる」と表現されることになる。

かくして、命題が分析され、そこに一定の記述の型の反復が見てとられるならば、もはや数による表現は不要なのである。もちろんわれわれは、そのとき記述の型の反復の回数を数えなければならない。だが、それはその記述において見てとられるべきことであり、記述内容として明示的に報告される必要はない。「ポチは白い」において名「ポチ」の下に「は白い」が続いていることが見てとられねばならないのと同じように、「(ポチは犬だ) かつ (シロは犬だ)」において「x は犬だ」という型が2個「かつ」でつながれていることが見てとられねばならない。しかし数2は記述の形式に関わることであり、記述の内容には属さないのである。

数はなんらかの世界の性質ではなく、「数えること」として、われわれが記述を為し、報告を理解するために要求される能力のひとつとして捉えられる。それゆえ、われわれが支障なくその能力を発揮できさえすれば、数をさらに言語的に表現することは不要となる。

12-6　数に関する『論考』の見解の誤り

ここには確かに、重要な洞察が含まれている。だが、『論考』のこの数に対する見解はまちがっている。全面的にまちがっているわけではないかもしれない。それはまだ私にはきちんと見えていない。しかし、明らかに全面的に正しいものではない。そしてそれは、『論考』における「要素命題の相互独立性の要請」という誤りと連動するものである。

『論考』はなぜ数を対象とは認めなかったのか。それはたとえば「2」と「3」の間に内的関係が成立するからである。「2＋1＝3」あるいは「2＜3」、これらは2と3の間に必然的に成立する関係にほかならない。このような対象の間の内的関係を『論考』は排除していた。要素命題の相互独立性の要請という観点から述べなおしてみよう。「これは2mである」という命題は「これは3mである」という命題と両立不可能であると考えられる。だとすればそれは要素命題の相互独立性に反することになる。あるいは、多少の不自然さには目をつぶって、3mのものは部分的に2mでもあるから、「これは2mである」と「これは3mである」は両立可能だと言われるのであれば、そのときは「これは3mである」は「これは2mである」を含意してしまうだろう。（実際、先のようなやり方で「3匹の犬がいる」を分析するならば、それは「2匹の犬がいる」を含意することになる。）どちらの捉え方をするにせよ、「これは2mである」と「これは3mである」は論理的に独立ではありえない。これが、『論考』にとって数が対象ではありえず、数詞が名ではありえない理由である。

そして、命題は名の配列と論理語から成り立っているのであるから、数詞が名ではなく、また明らかに論理語でもない以上、数詞を用いた表現は正規の世界記述命題とはみなされえない。

ここに、「数は操作の反復である」という見解が結びつく。数は対象ではない。では何か。操作の反復である。そして、操作の反復であれば、「2＋1＝3」であることや、「2＜3」であることも、自然に説明がつくのである。

五・二三二　系列を順序づける内的関係は、その系列のある項を他の項から作り出す操作に等しい。

『論考』は、論理であれ、数学であれ、内的関係の成立を、すなわち必然性の由来を、すべてただ操作において見てとろうとした。操作のみが強い意味でア・プリオリなものであり、それゆえ必然性はすべて操作に由来するものとして捉えられたのである。このことが、ウィトゲンシュタインが数を操作のベキとして捉えた根本的理由であった。

しかし、すでに論じたように、それはまちがいだった。そしてそのことはウィトゲンシュタイン自身も認めるところとなった。要素命題の相互独立性は撤回され、単純な名が相互に内的関係に立ちうることが認められるようになる。

ではそのとき、本章で必然性のありかを巡って見てきた『論考』の議論はどうなるだろうか。全面的に撤回されねばならないのだろうか。いや、私にはそうは思われないし、また全面的に撤回すべきだとも思われない。そこにはなお残されるべき重要な洞察がある。論理に関して言うならば、論理の根本的な語りえなさについての『論考』の見解はなお正しいものとして残されるだろう。†57

これに対して、数学についてはなかなか評価は難しい。数は操作の反復であること、そしてまた、操作の反復としてのみ、われわれは無限に向かいあうことができるということ、この構成主義的精神は生かされるべきだろう。しかし、要素命題の相互独立性の要請の撤回とともに、確かに『論考』の数学論は修正を受けねばならない。そのときどのような数学論が開けることになるのか、これはもはや『論考』研究の範囲ではなく、さらに進んでウィトゲンシュタインの中期から後期の哲学に属する話題となる。中期から後期にかけて、数学論はまさにウィトゲンシュタイン哲学の中心的話題となるのである。

13　死について、幸福について

論理が必然的であるのとは別の意味で、それゆえ正当な意味では「必然的」とは言われえないのだが、それでも「必然的」と言いたくなるような地点がある。私が世界においてこれらの対象たちに出会っていること。これである。そしてウィトゲンシュタインはそれを「神秘」と呼ぶ。『論考』の最後の地点に立ち合うことにしよう。

13－1　存在論的神秘

ウィトゲンシュタインなる人物が存在すること、富士山という山が存在すること、赤という色が存在すること、こうした対象の存在は「偶然的」なことだとも言いたくなる。私にとっての野矢茂樹という人物の存在だって、たまたまのことにすぎない。しかし、それは正当な意味で「偶然的」と言われるわけではない。これらの対象が存在しないこともありえただろうという思い、あるいは未知の新たな対象が存在しうるはずだという思い、これらは正当な思考ではありえないのである。私はただこれらの対象から、そしてこれらの対象のみから事態を構成し、それによって論理空間を張る。それゆえ、対象領域が異なれば論理空間は異なったものとなる。しかし、私はこの論理空間の内部で思考するのであり、他の論理空間なるものは端的に思考不可能なものでしかない。だとすれば、私にとっては、これらの対象が存在するということは、私がこのような思考可能性の内に生きているかぎり、選択の余地のないもの、他の選択肢を考えることのできないものとなる。対象の存在に対して、「たまたまのことだ」と言いたくなるざわめきにも似た思いを断ち切って、そのある意味で「必然的」と言わねばならない相が現れてくる。これが、「神秘」である。

六・四四　神秘とは、世界がいかにあるかではなく、世界があるというそのことである。

もう少し立ち入って検討しよう。神秘めかして「神秘」を論じるのではなく、可能なかぎり正確に捉えねばならない。

新たな対象の存在を予感することと、いま存在している対象が存在しない世界を思うこととは、ともに正当な思考ではありえないとしても、まったく同じ理由でそうなのではない。いま存在するものについて、「これが存在しなかったなら」と思うことは、現在の論理空間の部分空間を取り出すことにほかならない。そしてそれは、現在の論理空間の内、ある対象に関わる箇所を削除することによって得ることができる。それゆえ、私はいま手持ちの論理空間を利用してその部分的な論理空間を張ることができるのである。このことは、ひとつの論理空間内において「この対象が存在しなかったなら」という思いを正当な思考たらしめるものではないが、拡張された意味において、私の思いとして現れうるものと言える。

論理空間は、それ自体を直接語ることはできないにしても、他のさまざまなことを語ることにおいて示すことはできる。それゆえ私は、現在の手持ちの論理空間の中で、ある制限された語りに注目することによって、そこに部分空間を示すことができる。このことが、論理空間内の諸対象の存在が「偶然的」であるように思われる理由にほかならない。たとえば、私はいま手持ちの論理空間において、あたかも富士山が存在しないかのように語ることができる。あるいはウィトゲンシュタインなる人物など存在しなかったかのように語ることができる。この制限された語りが、富士山やウィトゲンシュタインの存在しない論理空間を示す。それゆえ私は、富士山やウィトゲンシュタインの存在に対して「偶然的」と言いたくなるのである。これは正当な意味での「偶然性」ではなく、「神秘」に対置されるべきものであるから、あえて呼ぶならば「世俗性」と言えるだろう。個々の対象の存在は世俗のことである。

他方、新たな対象の存在についてはこうしたことはあてはまらない。私は未知の対象を取り込んだ論理空間を張ることはできない。未知の対象を取り込んだ語りなど不可能であるから、それを含んだ論理空間を示すこともできない。それゆえ、いかなる拡張された意味においても、それは正当な思いとはなりえないのである。

部分的な論理空間も拡張された論理空間も、ともに語ることはできない。しかし、部分的な論理空間は示すことができる。それに対して拡張された論理空間は示すこともできない。語ることも示すこともできないということが、ウィトゲンシュタインによって「神秘」と呼ばれるものにほかならない。それは個々の対象の存在について言われるのではなく、これらの対象しか存在しないということ、すなわち論理空間がここで限界づけられているという思いである。

六・四五　限界づけられた全体として世界を感じること、ここに神秘がある。

ウィトゲンシュタインはさりげなく「感じること（Gefühl）」と言う。しかし、これは語ることでも示されることでもない。第三の次元にほかならない。これ以上の論理空間を私は語ることも示すこともできない。このことによって、論理空間の限界はただ感じとられる。そして感じとられるしかないのが、神秘なのである。

『論考』の独我論に対して「存在論的独我論」という言い方を私はしたが、この神秘に対しても、「存在論的神秘」と言うことができるだろう。

13-2 倫理は超越論的である

『論考』の関心は、論理の必然性と同じだけのウエイトで、この存在論的神秘へと向かう。それはすなわち、「論理」に対比して言うならば「倫理」の領域であり、あるいは別の言い方をするならば「生」の領域である。

『論考』はその最後、六・四以下において、まさにそうした倫理と生に関する考察を展開する。これに対して飯田隆はこう述べている。「『論考』の「結論部」である六・四以下の命題は、それに先立つ『論考』中の命題とどう関係するのか。この問いこそ、『論考』をめぐる解釈的問題のなかでも、もっとも重要な問いであると言ってよい。[†58]」『論考』をただ言語哲学的にのみ読んできた読者は、六・四以下の展開が(五・六番台がそうであったように)いかにもとってつけたようなもののように思われるだろう。しかし、少なくともわれわれは、もうこれが唐突であるという印象はもたずに、ごく素直に読み継いでいくことができるのではないだろうか。存在論的神秘というあり方を手がかりとして、この問題に踏み込んでいこう。

まず次の箇所を問題にしよう。

六・四二一　倫理は超越論的である。

これは「超越論的」(transzendental) という用語が『論考』において用いられる二箇所の内のひとつである。もうひとつは論理に対して言われる。

六・一三　論理は超越論的である。

これらの箇所において、「超越論的」という語にウィトゲンシュタインがこめた意味は、おそらく『草稿』の次の主張の言わんとするところに等しいだろう。

倫理は論理と同じく世界の条件であらねばならない。(一九一六年七月二四日)

それは経験に先立つという意味での「ア・プリオリ」とは異なる。また、経験によって把握することができないという意味での「超越的」ということよりもいっそう強いことを述べている。すなわち、経験を成り立たせるために、この世界がこのようであるために、それ自身は経験されえず語りえないながらもなお要請されねばならない秩序のことにほかならない。

その意味で、論理が超越論的であるというのは、これまで論じてきたことからもうなずけるだろう。論理は語りえない。世界の事実を経験するようにして論理を経験することはできない。しかし、現実の全体を要素的な事態へと分解するには複合命題と要素命題の間に成り立つ論理的秩序が了解されていなければならない。論理を欠いた経験は、ただ現実の刺激がその現実世界全体として未分節のままに、つまり何がなんだか分からないままにわれわれを促し、何がなんだか分からないままに反応するというにすぎず、それゆえそれはもはや「経験」と呼ばれる資格を失う。したがって、論理は経験を成立させるために要請されるという意味で超越論的である。

同じように、倫理も超越論的であると言われる。しかしこちらは論理の場合よりもはるかに、悩ましい。

「倫理は世界の条件であらねばならない。」論理の場合と同様に、倫理がなければ論理空間は張れないとでも言うのだろうか。だが、倫理がなくても論理空間は張れる。事実および命題における単純と複合の関係を律しているのは論理であり、論理だけである。そこに倫理も価値も善も幸福も関係してはこない。そもそも「世界とは事実の総体である」と主張するとき、ウィトゲンシュタインは事実をあくまでも価値中立的に捉えていると思われる。だとすれば、倫理はいかにして「世界の条件」たりうるのだろうか。

奥雅博は論理に対して「超越論的」、倫理に対しては「超越的」と訳し分けている。(同じ単語には原則として同じ訳語をあてている奥訳としては異例の処置と言える)。また、永井均は 'transzendental' という語が論理と倫理において二様に使い分けられていると積極的に論じている。[†59] 論理は「世界の形式そのものであるがゆえに語りえない」、他方、倫理は「世界の外にあるがゆえに語りえない」[†60]というのである。その上で、永井は論理に対しては「先験的」、倫理に対しては「超越論的」という訳語をあてる。

興味深いことに、『草稿』一九一六年七月三〇日には 'Die Ethik ist transcendent.' とあり、こちらは 'transcendent' であるから「超越的」と訳したくなる。そこで私としては、『論考』本文においてわざわざウィトゲンシュタインがそれを 'transzendental' に書きなおしているということ、また、「倫理は論理と同じく世界の条件であらねばならない」という『草稿』の言葉を尊重し、論理の場合も倫理の場合もともに「超越論的」と訳したいと考える。その上で、「倫理がどうして超越論的と言われうるのか」という問題を考察したい。

関連してもうひとつ問題を提起しよう。「倫理は超越論的である」と述べたそのすぐ後に、カッコの中に入れられて、次のコメントが挿入される。

六・四二一　(倫理と美はひとつである。[†61])

これも唐突である。『論考』において「美」という語が出てくるのはここしかない。「倫理は超越論的である」と言われ、その直後に「倫理と美はひとつである」と言われるのであるから、当然「美は超越論的である」ということになるのだろうが、悩ましさは増すばかりである。

13-3 永遠の相のもとに

『反哲学的断章』に次のようなコメントがある。

ところで、芸術家の仕事のほかにも、世界を永遠の相のもとにつかまえるひとつの方法があると思われる。それは、私の考えでは、思想という方法である。思想は、いわば世界の上空を飛んで行き、世界をそのあるがままにしておく、そうして、飛びながら上空から世界を眺めるのである。[↑62]

ウィトゲンシュタインが芸術と哲学を同一の地平で捉えようとしていることがうかがわれて興味深い。だが、それよりも目下の脈絡でなにより興味深いのが、「永遠の相のもとに（sub specie aeternitatis）」というスピノザのような言い方である。このフレーズは『論考』では次の箇所に現れる。

六・四五　永遠の相のもとに世界を捉えるとは、世界を全体として――限界づけられた全体として――捉えることにほかならない。

また、『草稿』にも姿を現す。少し長くなるが、引用してみよう。


芸術作品は永遠の相のもとに見られた対象である。そしてよい生とは永遠の相のもとに見られた世界である。ここに芸術と倫理の関係がある。

日常の考察の仕方は諸対象をいわばそれらの中心から見るが、永遠の相のもとでの考察はそれらを外側から見る。

それゆえこの考察は世界全体を背景としてもっている。

あるいはそれは、時間・空間の中で対象を見るのではなく、時間・空間とともに見る、ということだろうか。

各々の対象（Ding）は論理的世界全体を、いわば論理空間全体を、生み出す。

永遠の相のもとで見られた対象とは、論理空間とともに見られた対象にほかならない。

（こんな考えがしきりに浮かんでくるのだ。）（一九一六年一〇月七日）

ここに、いままで表立って登場してこなかった『論考』の旗印が姿を現す。「永遠の相のもとに」、これが、論理と倫理と美をつなぐ要となるのではないか。

『草稿』の記述を見よう。「永遠の相のもとで見られた対象とは、論理空間とともに見られた対象にほかならない」とある。「論理空間とともに見られた対象」とは、論理空間の礎石として捉えられた対象、すなわち、実体として捉えられた対象ということにほかならない。たとえば「ウィトゲンシュタインは小学校の教師をしていた」という命題を考えてみよう。こうしてさまざまな命題の中でウィトゲンシュタインという対象を捉えているかぎり、それはあるときに生まれ、さまざまな変化を見せ、そしてあるときに死んでいった一人の人物というにすぎない。だが、『論考』がまさに行なったような分析を遂行し、可能性の空間たる論理空間の構造を見てとるならば、そのとき対象は不動の実体となる。変化するのは諸対象の配列であり、対象そのものは変化しない。なるほどウィトゲンシュタインは子どもから大人へと成長した。しかし、「子どもである」と言われているウィトゲンシュタインと「大人である」と言われているウィトゲンシュタインが同一人物であるならば、それは一個同一の対象なのである。変化したのはウィトゲンシュタインという対象と他の諸概念との結びつきにすぎない。そしてまた、対象は消滅することもない。たしかにウィトゲンシュタインその人は死んだ。しかし、われわれがウィトゲンシュタインについて思考可能であるかぎり、ウィトゲンシュタインという対象は存在しているのである。

対象は変化せず、生成消滅もしない。これが、対象が実体であるということの意味である。そのときわれわれは、対象を論理空間の中で、すなわちさまざまな性質や関係を伴ったものとして見るのではなく、むしろ論理空間とともに、論理空間を構成する不変の礎石として、見る。

こうして、論理空間全体とともに見られた対象は不生不滅の実体として捉えられ、ここに、永遠の相のもとに捉えられた世界が開ける。この観点から言うならば、『論考』は世界を永遠の相のもとに開くための試みであったとも言えるだろう。

ただし注意すべきは、世界を永遠の相のもとに見るために必要とされる分析はあくまでも論理的なものだということである。それは直観でも啓示でも悟りでもない。ウィトゲンシュタインは好んで「神秘」という言い方をするが、それはいささかも神秘主義的な神秘ではない。そしてまた、実体に到達するまでの道筋にはまだ倫理も芸術も登場してこない。倫理も芸術もこうして永遠の相が開かれてはじめて可能になるのであり、いわば、ここまでは倫理と芸術は論理という馬に乗って道を進んでいるのである。ここからは、馬から降りて徒歩で行かねばならない。

13－4　なぜ死は人生のできごとではないのか

死について考えよう。ウィトゲンシュタインは次のように述べている。

六・四三一一　死は人生のできごとではない。ひとは死を体験しない。
永遠を時間的な永続としてではなく、無時間性と解するならば、現在に生きる者は永遠に生きるのである。

「死は人生のできごとではない」、これがウィトゲンシュタインの死についての基本的主張である。[†63] では、この主張と「永遠の相のもとに世界を見る」こととの関係はどのようなものだろうか。一見すると、永遠なのだから死も当然排除されると考えられるかもしれない。だが、私の考えでは、永遠の相のもとに世界を見ることはただちに「死は人生のできごとではない」という主張につながるわけではない。というのも、いま論じたように、「永遠の相のもとに世界を見る」とは論理空間とともに対象を見ることにほかならず、そして論理空間の内部には私の死だけを他人の死から区別するものは何もない、つまり論理空間の内部においてであれば私の死は存在すると考えられるからである。しかし、この点は慎重に検討しなければならない。

もしかなうならば、ウィトゲンシュタインに確かめてみたい。

「あなたの論理空間に、あなた自身の死は含まれているのでしょうか[†64]」

答えは否定的であるようにも思われる。なにしろ死は人生のできごとではないのだから。

だが、それならばさらに尋ねたい。

「ではたとえばソクラテスの死やラッセルの死は論理空間に含まれているのでしょうか」

これに対しては肯定的な答えを期待したい。死が私の人生のできごとではないというのはあくまでも私の死についてであり、他人の死ではない。他人の死はもう死んでいる人であれば現実の事実として、まだ生きている人であれば可能的な事実として、論理空間に含まれている。では、「私は百年後には死んでいるだろう」という命題はどうなのだろうか。

あるいは別の尋ね方をしよう。

「あなたの論理空間の内部において、あなた自身は他の人にはない独自の位置を占めているのでしょうか」

現象主義の言語はなるほどそのような言語であった。そこでは言語そのものが自他の非対称性をもっている。しかし、『論考』の言語は現象言語ではない。『論考』の言語はあくまでも日常言語にほかならない。だとすれば、たとえば日本語が私、すなわち野矢茂樹をいささかも特別扱いすることがないように、『論考』の言語そのものは自他の非対称性をもちはしないと考えるべきではないだろうか。そのことを、ウィトゲンシュタインに聞きたい。

もう一度、尋ねよう。

「あなたの論理空間にあなた自身の死は含まれているのか」

私、すなわち野矢茂樹の論理空間で考えさせていただきたい。そして「野矢茂樹は百年後には死んでいる」という命題を考えよう。これは矛盾だろうか。あるいは、ナンセンスなのだろうか。少なくともこの命題に関して言えば、完璧に有意味であると私には思われる。「ウィトゲンシュタインは一九五一年に前立腺癌で死んだ」という命題が私にとって理解可能であるように、「野矢茂樹は二〇一一年には死んでいる」という命題も私にとって理解可能である。あるいは、「もし野矢茂樹が昨日あそこで死んでいたならば」といった反事実的な想像もまた、私にとって十分理解可能な有意味な想定であるだろう。私は他人の死について考えるのとまったく同じようにして自分（野矢茂樹）の死について考えることができる。論理空間の内部では、私もまた大勢の人々の中のひとりにすぎない。

では、「死は人生のできごとではない」という主張はどう理解されるべきなのだろうか。それは論理空間の内容に関わることではない。そうではなく、いかなる内容の論理空間を張るにせよ、そもそも論理空間を張るための超越論的条件として、「私の生」が要請されるということなのである。

論理空間の中の私は大勢の中のひとりにすぎないが、この論理空間は多くの論理空間の中のひとつではない。私は私の論理空間以外の論理空間を考えることはできない。ここにこそ、私の独自性がある。私の独自性はけっして論理空間内部のものではなく、論理空間の成立に関わる超越論的な独自性にほかならない。それゆえ、ひとたび論理空間の成立に目を向けるならば、私の死はその様相を一変する。私が死んだならば、この論理空間は消滅し、私はいっさいの思考の足場を失う。

ここであるいはこう問われるかもしれない。——私が私の死を考えることは、この論理空間の消滅を考えることだ。しかし、論理空間の消滅など考えることはできない。とすれば、やはり私は私の死を考えることはできないのではないか。つまり、論理空間の中に私の死は含まれないのではないか。——いや、そうではない。

この問題に対するひとつの直接的な応答は、「野矢茂樹の死」と「私の死」を区別せよ、というものだろう。世界の中の対象である野矢茂樹と、むしろ世界そのものと言うべき私とは区別されねばならない、というわけである。しかし、率直に言って、私はこの答えを理解できない。私は野矢茂樹である。すると、野矢茂樹が死ねば、当然、私も死ぬ。ここで何かたいへん深遠なことを言いたくなるひともいるかもしれない。しかし、私はこの点に関してきわめて常識的な立場に立ちたい。私は野矢茂樹であり、野矢が死ねば私も死ぬのである。たとえ私が超越論的自我だろうと、主体否定テーゼによって世界の対象たることを否定された思考主体であろうと、何であれ、それが私であるならば、それは野矢茂樹が死ねば一蓮托生、死ぬのである。

それゆえ、先の議論に従って「野矢茂樹の死」について考えることが野矢茂樹である私に可能であるとするならば、私は「私の死」について考えることもできる。しかし他方、私が死ねばこの論理空間も消滅する。これも確かなことである。いったい、私は私の死について考えることができるのだろうか。

死についていまわれわれが直面している問題は、先に「ア・プリオリかつ偶然的に偽」ということを巡って論じたことと結びついている。少し復習させていただきたい。ここでもまた「点灯論理空間」を使おう。対象は、二つの灯りaとb、およびその状態として点灯しているという状態のみを考える。いかなる事態も含まないことをϕで表す。論理空間は次のように四つの状況w_1、w_2、w_3、w_4の総体となる。

w_1……ϕ
w_2……a－点灯している
w_3……b－点灯している
w_4……a－点灯している、b－点灯している

ここでたとえば「aは点灯していない」という命題を考える。これはア・プリオリかつ偶然的に偽な命題となる。これが真であるとすると、そのような世界で私は対象aを含むいかなる事実をも経験できなくなる。すなわち、対象aに対する存在論的経験と私が呼んだものが欠けてしまう。それゆえ、もし命題「aは点灯していない」が真であれば、私は

このような論理空間を張ることができなくなってしまう。したがって、論理空間がこのように張られるということだけから、いかなる認識にも先立ってア・プリオリに、それが偽であることが結論される。しかし、命題「aは点灯していない」は矛盾ではなく、論理空間の一部分｛w_1、w_3｝を真理条件としてもつため、必然的に偽というわけでもない。かくして、それは「ア・プリオリかつ偶然的に偽」となる。

このように、けっして現実とはなりえないが有意味なものとして思考可能な領域が、論理空間には含まれている。そのもっとも分かりやすい例は、あらゆる事態が不成立（ϕ）であるような状況（「空無状況」と呼ぼう）だろう。論理空間には空無状況が含まれている。しかし、空無状況は現実化しえない可能性でしかない。論理空間の可能性は理解の可能性であり、現実化の可能性ではないのである。そこで、空無状況が示すこのような可能性を「虚構的可能性」と呼ぼう。それはただ非現実のものとしてのみ思考可能な可能性である。

私の死もまた同じ事情にある。私の死は、論理空間に含まれる最大の虚構なのである。私は野矢茂樹であり、野矢の死はすなわち私の死であるとするならば、「野矢茂樹は死ぬ」という命題は有意味ではあっても、現実のものとはなりえないものとなる。それもまた、ア・プリオリかつ偶然的に偽な命題にほかならない。日常言語において、私は他人の死を語るようにして私自身のやがて訪れる死について語るだろう。それはけっして語りえぬことがらではない。しかし現実化しえないものとして、正確に言えば、この論理空間を保持しつつ現実化することはありえない、そういうものとして私は私の死について語っているのである。それが現実化するということは、そもそも論理空間が消滅することでしかない。つまり、それは舞台の上で一登場人物が退場するようなことではなく、この舞台そっくりまるごとの消失を意味している。それゆえ私が私の死を語ることは現実の足場を欠いた虚構の語りとなる。しかしこの虚構の語りによって、私は私の死を一般的な水準で語り出せる。つまり、論理空間の内容をけっして私に中心化されたものにしないための虚構として、私の死は論理空間内に位置を占めているのである。

ただし、私という虚構は空無状況よりもさらに根本的な虚構となっている。たとえば先の点灯論理空間においては「aは点灯していない」は現実化しえないが理解可能な有意味な命題であり、それゆえその可能性は虚構的可能性にほかならない。そして空無状況の可能性もその延長上にある。しかし、私の死はそれらとは決定的に異なった身分をもつ。私はこれら諸対象からなる存在論の「元締め」なのである。論理空間とは、私が、この現実とこの言語とを引き受け、その上でどれほどのことが考えられるのかという可能性の総体にほかならない。その礎石となる対象領域は、あくまでも私の存在論的経験の範囲にある。それゆえ私の死は、全対象領域に及ぶ存在論的経験の主体の死を意味している。「aは点灯していない」がただ対象aの存在にのみ関わるのに対して、私の死はいっさいの対象の存在に関わっている。私の死がたんに虚構的可能性にすぎないのは、野矢茂樹という一対象の存在に関わる問題ではなく、この論理空間を成立させている全対象の存在に関わることなのである。

ここにおいて、私が先に為した「野矢茂樹が死ねば私も死ぬ」という常識的な言い方が、たんに常識の確認ではすまない相を帯びる。野矢の死はウィトゲンシュタインの死等々の他人たちの死と同様、偶然的なことにすぎない。それゆえ、野矢茂樹という一人物の存在は、すべての個々の対象の存在と並ぶ世俗のことである。そして野矢茂樹が死ねば、当然のごとく私も死ぬ。しかしそれは、この論理空間の成立という神秘を感じとることの内に、世俗から神秘へと反転するのである。野矢の死は世俗のことであり、私は野矢と一蓮托生であるのだが、その私の存在は「限界づけられた全体として世界を感じとること」とともに、存在論的神秘（他のあり方を語ることも示すこともできないというそのことにおいて感じとられる「必然性」）という身分をもつ。死が人生のできごとではないというのは、それゆえにほかならない。

13-5 幸福に生きよ！

ウィトゲンシュタインが倫理と呼び、価値と呼び、あるいは世界の意義と呼ぶものは、すべて「幸福」と彼が呼ぶものに収斂する。しかも、それは現世的な幸福ではなく、むしろ宗教的幸福と呼びうるようなものにほかならなかった。

　この世界の苦難を避けることができないというのに、そもそもいかにしてひとは幸福でありうるのか。（『草稿』一九一六年八月一三日）

これは幸福に対するペシミズムではない。逆である。ここでウィトゲンシュタインは幸福についてむしろとても楽観的に考えていると言える。世俗的な意味でどれほど苦難に満ちた人生であろうとも、幸福は訪れるはずだ。この信念、この希望。

幸福の本質はいっさいの現世的な状態とは別のところにある。それゆえ、幸福な人は何が起ころうとも幸福であり、不幸な人は何が起ころうとも不幸である。「何が起ころうとも」というこの特徴は、これもまた正当な意味においてではないけれども、「必然的」と呼びたくなる特徴と言えるだろう。トートロジーが何が起ころうとも真であり、それゆえ必然的に真であったように、幸福な人は「必然的に」幸福なのである。

六・四一　世界の意義は世界の外になければならない。世界の中ではすべてはあるようにあり、すべては起こるように起こる。世界の中には価値は存在しない。

私がこのような幸福を引き受けるとすれば、それは論理空間の内部においてではありえない。論理空間の内部にあるのは事実である。そしていま考えられている幸福は世俗的なものではない。「何が起ころうと幸福である」と言いうる地点に立つためには、幸福を、論理空間の内部において現れてくるような個人の境遇の一種にしてしまうわけにはいかない。ウィトゲンシュタインの言う幸福とは、論理空間がそこに根ざしている私の生におけるものであるだろう。すなわち、幸福を享受する主体は、永遠の相のもとに世界を見てとっている私にほかならない。

ここで、『論考』の最後のステップが踏み出される。幸福になるために、私はさらに一歩を踏み出さねばならない。それは、私の「意志」である。ここにおいてはじめて、そしてただここにおいてのみ、『論考』の提示する全構図の中に「意志」が所を得る。「幸福になるための三つのステップ」と言ってしまうとあまりにも安っぽい言い方だが、『論考』をそのような観点から捉えることは可能である。

第一のステップは言語分析である。事実の総体たる現実から出発し、それを写しとった命題を名へと分解し、有意味な命題の総体へと構成する。それに対応して論理空間が開かれる。そこで論理空間を構成する要因として、一方では操作に基づく論理が、他方ではその基底となる要素命題およびその構成要素となる名、そして名が表す対象が取り出される。かくして事実の中に埋め込まれていた対象が実体として姿を現す。つまり、永遠の相のもとに世界が現れる。

第二のステップは、論理空間の礎石たる対象があくまでも私の経験の範囲にあることの確認である。つまり、論理空間とは私の生に根付いたものでしかないと見てとること。言語がそれゆえ「私の言語」であると見てとること。ここにおいて独我論の正しさが示される。これが第二のステップである。

とすれば、ここまではただひたすら見てとることであったと言える。そして最後のステップは、もはやただ見てとることではない。

ここで、『草稿』に現れたウィトゲンシュタインの肉声に耳を傾けてみよう。

> 善と悪は主体によってはじめて登場する。そして主体は世界に属さない。それは世界の限界である。
> （ショーペンハウエルのように）こう述べることもできる。表象の世界は善でも悪でもない。善であったり悪であったりするのは意志する主体である。
> これらの命題はすべてまったく明晰さを欠いていると私は自覚している。
> つまり、これまで述べたことからすれば、意志する主体が幸福か不幸かでなければならないのだ。そして幸福も不幸も世界には属しえない。
> 主体が世界の一部ではなく世界の存在の前提であるように、善悪は世界の中の性質で

はなく、主体の述語なのだ。

主体の本質はまだまったくベールの向こうにある。

そうだ。私の仕事は論理の基礎から世界の本質へと広がってきている。(一九一六年八月二日)

世界の事実を事実ありのままに受けとる純粋に観想的な主体には幸福も不幸もない。幸福や不幸を生み出すのは、生きる意志である。生きる意志に満たされた世界、それが善き生であり、幸福な世界である。生きる意志を奪い取る世界、それが悪しき生であり、不幸な世界である。あるいは、ここで美との通底点を見出すならば、美とは私に生きる意志を呼び覚ます力のことであるだろう。

そして美とは、まさに幸福にするもののことだ。(『草稿』一九一六年一〇月二一日)

ここにおいてこそ、「世界と生とはひとつである」と最終的に言われうる。ここで「世界」と言われるのは、もはやたんなる事実の集積ではない。少なくともそれは永遠の相のもとに見られた実体の世界でなければならない。だが、それだけでも足りない。それはさらに、多かれ少なかれ生きる意志に彩られた世界でなければならない。幸福な世界と不幸な世界は、事実や実体の総体としては同じであるとしても、しかしもはや同一の世界ではない。ウィトゲンシュタインが気に入るかどうかは分からないが、ひとつの比喩で言うならば、同一の楽譜に対するうまい演奏とへたな演奏のようなものではないだろうか。どちらも楽譜通りには演奏している。しかし、別物である。一方は個々の音が全体としてひとつの統一された意志に貫かれているが、他方は部分に散らばり、最悪の場合にはただ音がバラバラに出されているにすぎない。

ここで私は、『論考』における「世界」概念が三段階の変容を受けていることを指摘したい。最初それは「事実の総体」であった。それはただ現実の事実の総体であり、そこにとどまるならば移ろいゆくものでしかない。次にそれは分析を経て、不変の実体の総体として捉えられる。すなわち、「永遠の相のもとでの世界」である。そして最後、第三の段階として、「意志に彩られた世界」が現れる。それはもちろん、事実の総体でもあり、実体により構成されるものでもある。それゆえこれら三つの規定は相反するものではない。『論考』は議論の進展に伴って「世界」概念をより豊かなものにしていっているのである。それゆえ、最後に現れた「意志に彩られた世界」こそ、『論考』の「世界」概念の到達点であったと言うべきだろう。

倫理が超越論的であると言われるのも、このような意味での世界に対してにほかならない。善悪、価値、幸福と不幸、あるいは美、これらは世界の中の事実として世界を構成する要素になっているわけではない。それはたしかに世界を超越している。そしてたんに事実の総体としての世界にとってはその前提となるものではない。しかし、それは生とひとつである生きる意志に彩られた世界を、まさにそのような世界たらしめている本質的な要因なのである。

私の人生がかくもみじめである、あるいは満ち足りているのも、それは私の人生上の世俗的なエピソードのためではない。ひとえに私の生きる意志にかかっている。生きようとすること。自殺ぎりぎりのところで踏み止まっていたウィトゲンシュタインの声にならない声。それこそが、『論考』の沈黙の意味するところだった。それはたんに語ることができないという沈黙ではない。示すこともできない。いっそう深いその沈黙のうちに差し出される「生の器」を、生きる意志で満たすこと。かくして『論考』全体を貫くウィトゲンシュタインのメッセージは、次の一言に集約される。

幸福に生きよ！（『草稿』一九一六年七月八日）

14 『論考』の向こう

『論考』においてウィトゲンシュタインが書きとどめたさまざまな言葉たちは、『論考』自身の基準からして有意味な言葉ではなかった。

六・五四 私を理解する人は、私の命題を通り抜け——その上に立ち——それを乗り越え、最後にそれがナンセンスであると気づく。そのようにして私の諸命題は解明を行なう。(いわば、梯子《はしご》をのぼりきった者は梯子を投げ棄てねばならない。)

『論考』の序文、その冒頭の言葉に戻ってみよう。ウィトゲンシュタインはこんなふうに述べていた。

おそらく本書は、ここに表されている思想——ないしそれに類似した思想——をすでに自ら考えたことのある人だけに理解されるだろう。

序文のこの言葉は、たんに『論考』の思想が目新しいというだけではなく、まさに『論考』の方法に触れたものになっている。『論考』は何ごとかを「説明」するものではない。その方法は「解明」であり、『論考』の主張するところからしても、それは解明でしかありえなかった。日常言語の論理をまったく知らない者に日常言語の論理を説明することはできない。すでに論理になじんでいる者のみが、『論考』の解明する論理を理解することができる。さらに言えば、『論考』の全構図が私の生に根ざし、しかもそれが他の生を拒否するものである以上、『論考』を実質をもって理解できる人は、ただ一人、『論考』の著者だけであるようにさえ思われる。

いったい、『論考』は誰に向けて書かれたのだろうか。ただひたすら自分に向けて書かれたのか、それとも論理空間を共有する仲間に向けて書かれたのか、それとも、異なる論理空間を生きる他者に向けてか。

14－1　意味の他者

これまで見てきたように、『論考』は独我論を受け入れている。それゆえ、『論考』が異なる論理空間を生きる他者に向けて書かれたということは、ありそうにない。だが、それ

にもかかわらず、『論考』の叙述を反独我論的な脈絡に位置づけることは可能であると私には思われる。[†65]

『論考』の独我論は現象主義的な独我論ではない。それゆえ、いわゆる「他我問題」は『論考』においては発生しない。すなわち、他の意識主体という意味での他人の存在は『論考』の問題にする他者ではない。私の考えでは、『論考』は新しい他者の姿をあぶりだしている。

従来の現象主義的な他我問題は、現象言語という特殊な論理空間において「他人の痛み」のような心的できごとを意味づけてみよ、という挑戦であったと言うことができる。だが、それは最初から不可能な挑戦でしかなかった。現象言語とは、他人の痛みを他人のふるまいとして読み換える言語である。だとすれば、ふるまいとして読み換えるのではないような形で「他人の痛み」に意味を与えることは、単純に現象言語を捨てることでしかない。それゆえ、従来の他我問題は、他我をあきらめるか現象言語をあきらめるか、その二者択一を迫られた者が、なおどちらにも執着し、あきらめきれないでいる場合にのみ、問題となるものにすぎない。

他方、日常言語は「他人の痛み」をまったく何気なくその論理空間の内に位置づけている。彼女はいま私と異なる視点から景色を眺めている。それは私にとって可能的である眺めを彼女が現実のものとしているということにほかならない。私と彼女が日常言語における論理空間を共有しているのであれば、私と彼女は、たとえ認識される現実が異なっているとしても、可能性は共有している。「あそこにいけばここと違った景色が見える」という可能性は、私にも了解されているのである。あるいは、トゲが刺さって彼女が痛がっている。それもまた私にとって可能的である災難を彼女がこうむっているということであり、なるほど彼女がいま感じている痛みを私は感じていないが、「トゲが刺されば痛いだろう」という可能性は共有している。そこには他の意識主体の存在を拒否するようないかなる構造もない。

日常言語の開く論理空間においては、私はなんら特別の位置をもたず、彼女の歯痛は私の歯痛とまったく同様に世界の可能的事実として含まれている。それゆえ彼女の「歯が痛い」という発言も、私と彼女が論理空間を共有しているかぎり、私にはなんら理解困難なものではない。もちろん、一人称の語りと三人称の語りにはそれなりの違いがある。たとえば、私はほとんどの場合自分の行動を観察したりすることなく、自分の痛みについて報告するだろうが、他人の場合にはその人の行動や発言を観察しなければその痛みを語りだすことはできない。しかし、そうした非対称性はすべての人にあてはまるものにほかならない。つまり、他の人たちもその人たち自身にとってみれば私が「私」であるのとまったく同じに「私」なのであり、逆に私もまた他の人たちにとっては他人なのである。

『論考』が提示した論理空間はあくまでも日常言語の論理空間であり、そこでは誰であれ虫歯になり、歯痛に悩まされうる。『論考』が拒否する他者はそこにはない。『論考』が拒否したのは、他の歯痛の主ではなく、他の論理空間の主なのである。さまざまな事実が世界に起こり、さまざまな心的できごとがさまざまな人のもとに生じる論理空間、その全体がそこに根ざしている生の主体、それこそが『論考』の独我論が問題にする場面にほかならない。すなわち、『論考』はそれを排除することによって、まったく新しい他者の姿——意味の他者——を浮かび上がらせたのである。

意味の他者が開く他者性は、現象主義的な他我とはまったく異なる問題の相をもっている。現象主義的な他我は、現象言語という特殊な論理空間から日常言語の論理空間へと移行することによってその収まるべき位置を見出すが、意味の他者は、他者であるかぎりいかなる論理空間を設定しようとも、そこから逃れていく。意味の他者を捉える論理空間など、原理的にありはしない。

私はただ私の論理空間の内部だけを語りうる。そして意味の他者は私の論理空間の外部にほかならない。それゆえ、私は意味の他者について何ひとつ語りえず、さらに意味の他者を示すようなことさえ、語ることができない。だからこそ、ウィトゲンシュタインは意味の他者を排除したのである。

だが、『論考』は本当に意味の他者を排除しえているのだろうか。明らかにされたことは、意味の他者は語ることも示すこともできないということである。そこで、「語りえず、示されもしないがゆえに、それはいかなる意味でも存在しない」と断じられるならば、それは確かに独我論となるだろう。しかし、『論考』はけっしてそうは主張していない。さらに言えば、『論考』は語ることも示すこともできないものにこそ、重要な位置を与えているのである。ならば、意味の他者もまた、それゆえにこそ、重要な位置を与えられることにはならないだろうか。一見独我論に見える『論考』を、反独我論的に反転させることはできないだろうか。

テクストを、その著者の意図に忠実に読むというのであれば、やはりそのような読み方は不可能だろう。ウィトゲンシュタイン自身は『論考』を独我論の脈絡に置こうとしていた。どうしてもそう感じられる。ウィトゲンシュタインは、論理空間を共有しない者として他者を捉え、それを拒否することにおいて、痛切に意味の他者という力を感じていた。それはおそらくたしかなことである。はなから鈍感であればこのような独我論を提示するはずもない。『論考』全体が、意味の他者という他者性に向けてピリピリと神経を尖らせているようにさえ感じられる。いや、『論考』に限らずウィトゲンシュタインの哲学全体に、たえず自らの思考の外部に潜む他者の影が射している。だがそれは、ウィトゲンシュタインにとって迎え入れるべき希望ではなく、払い除けるべき不安であったように思われる。それゆえウィトゲンシュタインは『論考』を書き、『論考』の中に自閉しようとした。私は、ウィトゲンシュタインの最大の過ちはそこにあったと言いたい。

なるほど『論考』には要素命題の相互独立性の要請という決定的な誤りが含まれていた。そしてそれはその後のウィトゲンシュタイン哲学の流れを大きく変化させるものであった。しかし、それはけっきょくのところ、ことがらは『論考』が考えていたよりも複雑だったというだけのことにすぎない。こんな短い著作で哲学にカタがつくはずがないという健全な直感が復活するだけのことである。そして『論考』は、要素命題の相互独立性の要請を撤回するという修正を施した上で、そのかなりの部分が残されうる。その意味で、『論考』というテクストそれ自身はほぼ正しいと私は主張したい。まちがっているのは、『論考』に対するウィトゲンシュタインの関わり方である。一読者が著者に向かってそんなことを言う権利があるのかと問われもするだろうが、私は臆面もなく、その権利を主張したい。言うなれば、私は『論考』をウィトゲンシュタインの手から奪い取りたいのである。

14-2 野性の無限

『論考』は、この現実とこの言語を引き受けた私がどれほどのことを考えうるのかを画定しようとした著作である。そして『論考』が思考可能性の総体を見通しえたと信じた仕掛けは、単純に言って、「操作と基底」という構造にあった。私の思考可能性の総体とは、私が構成しうる像の総体にほかならない。すなわち、有意味な命題の総体である。そしてあらゆる命題は要素命題を基底とする真理操作の結果として構成される。さらにさかのぼれば、要素命題は名から構成される。つまり、名＝対象と操作、これが『論考』の道具立てのすべてなのである。

対象は私が出会った範囲に限定され、それゆえそれは有限の範囲に収まっていると考えられる。そこで、無限を開く唯一のルートが、操作である。単位「1」を反復することによって無限の自然数列が開けるように、操作の際限ない反復によって無限が開かれる。その意味では、無限はごく日常的に開かれている。たとえば、本を一冊二冊と数えるとき、それは可能的に無限へと開かれている。明確な単位と明確な反復規則のもとで、いわばわれわれは無限を飼い馴らしている。

かくして、ひとたび名と操作（論理語）が固定されるならば、そこから構成される全命題も固定される。予見しえないのは、可能な命題のどれが真でありどれが偽なのかという認識である。たとえば今日の天気はカーテンを開けて外を見ることによってはじめて知りうる。しかし、どんな天候が眼前に広がろうとも、それは私の思考可能性の中に用意されていたものでしかない。その意味で、思ってもいなかった天気などありはしない。世界の実情がどうであれ、それはすべて私の論理空間に用意されている。

六・一二五一　それゆえ論理においても驚きはけっして生じえない。

自然数をいくら数え続けても驚き（こんな数があったのか！）はありえないように、論理空間をいくら精査しても驚くべきことは何ひとつない。あえて「退屈」という言葉を使おう。自然数をただひたすら数え続けることが退屈でしかないように、論理空間は退屈に満たされる。固定された基底と操作の反復によって開かれる無限は、本質的に退屈なものでしかありえない。そしてウィトゲンシュタインは、その退屈を積極的に迎えいれた。

現在の中で生きる人は、恐れや希望なしに生きる。（『草稿』一九一六年七月一四日）

だが、いまや私は『論考』を他者の予感のもとに開きたいと考えている。『論考』の仕掛けた退屈の罠から逃れ、恐れも希望も、そして驚きも、取り戻したい。

意味の他者はどのようにして私の前に姿を現しうるだろうか。最初から私の手持ちの論理空間で理解可能なもの、それは他者ではない。それはともあれ理解不可能なものとして私の前に現れる。そして私はそれを理解しようとして、私の論理空間を変化させるだろう。論理空間のこうした運動、その変容を促す力、これこそが他者にほかならない。いまは理解できないが、きっと理解できるようになるはずだという希望、その誘惑の力、これが他者なのである。つまり、他者は「私を理解せよ」という挑戦として、「謎」として、私の前に現れる。そしてウィトゲンシュタインはこの謎を切り捨てたのである。

六・五　謎は存在しない。

もちろん、この論理空間の内部にはいかなる謎も存在しない。しかし、謎は論理空間の外部だからこそ、謎なのである。一例をあげれば、『論考』とは私にとってまさしくそのような謎、意味の他者にほかならない。いまは理解できないが、いつか理解できるようになる、その希望を私が持ち続けるかぎり、『論考』は私にとって他者であり続ける。あるいは、もっとささやかな例もあげておくべきだろう。たとえば、ふだんはふつうに会話できている相手が、あるとき私によく理解できない言葉を話す。私はそれを理解しようとしてその人としばらくやりとりをする。そしてうまくいけば、その言わんとするところを理解する。そのさい、その過程を通して私の論理空間がなんらかの変化を受けるならば、その相手は最初の私の当惑において、私にとって他者として現れたのである。

そのような場合の論理空間の変化として、三つのタイプを区別しておくべきだろう。まず、未知の名の使用がある。それはさらに二つに区分され、ひとつは未知の固有名の使用、もうひとつは未知の概念の使用である。未知の固有名の使用は私にとって未知の対象の導入を伴う。それは私の存在論を増大させ、それに伴って論理空間が変化する。未知の人物を紹介されるような場合、それに伴う論理空間の変化はそれほど大きなものではないと考えられるが、それでも、新たにその人について考えることができるようになるという意味で、たしかに論理空間は変化している。[†66] それに対して、未知の概念の使用はもっと大きな論理空間の変化をもたらすだろう。その概念は私の手持ちの概念に還元することはできず、それゆえ私はそこで新たな概念を学ばねばならない。一般に、われわれが何ごとかを学習することによって思考可能性を拡大するときに起こっていることが、このような未知の概念の獲得による論理空間の拡大であるだろう。

さらに、これらに加えて論理空間の変化の第三のタイプがある。新たな形式の習得である。この変化は、要素命題の相互独立性の要請を却下し、真理関数による以外の内的関係を一般に「文法」として認めてからの方が、より考えやすいだろう。この観点からウィトゲンシュタインが『論考』にはなかったまったく新しい考察へと向かうのが、数学の証明の役割についてであったと言える。『論考』は証明に本質的な重要性を認めていなかった。その考察は中期以降の主題である。たとえば命題Aから命題Bが証明されたとする。それまでは命題Aと命題Bがそのような論理的関係にあることは認められていなかった。しかしいまや証明によって両者の間の新たな論理的関係が築かれる。これは、命題Aにとっても命題Bにとっても、新たな論理形式が開かれたことを意味する。すなわち、それが収まる論理空間が変化したのである。

この話題をさらに追うのは、むしろ中期から後期へのウィトゲンシュタイン研究の仕事となる。しかし、証明に関してはここでもう一言だけ述べておきたい。というのも、私が「他者は謎として存在する」と言うとき、そこでつねに念頭に置いているひとつの事例は、数学における未証明の命題だからである。たとえば現在未証明の命題としてゴールドバッハの予想（すべての偶数は二つの素数の和として表せる）が有名であるが、その肯定も否定も証明されていないということは、いまの手持ちの論理空間にはその命題が収まらないということを意味している。つまり、肯定か否定が証明されるまで、数学の命題というのは実は命題ではなく、たんなるナンセンスなのである。だが、それは強烈な誘惑力をもったナンセンスである。「私に意味を与えてみよ」、ゴールドバッハの予想はそうわれわれに挑戦し、数学者たちはその命題を位置づけるべく論理空間そのものを模索する。これはまさに、意味の他者が私の前に立ちはだかるときの典型的な形にほかならない。

この方向で考察すべき話題はまだ数多く残されている。たとえば、いま私にぼんやりと見えているひとつの主題は「比喩」である。「山が笑う」のように言ったとき、この比喩表現を知らない人にとってはこれはただのナンセンスでしかない。「山」も「笑う」も知っている。しかし、その組み合せを許すような論理形式はまだ知らない。そこでたとえばある人と浅い春の日を歩いているとき、その人が「山笑うって感じだなあ」などと口走ったとしよう。そのときそこに、何か未知の意味があると思うだろう。そしてそれが向こうに見えている山の、まだ白っぽい緑のうぶな情景を表すのだと知るとき、「笑う」としか形容しようがない山の表情が論理空間の中に新たに組み込まれることになる。この比喩は歳時記にも載っている定型表現であり、いわゆる「死んだ比喩」であるが、ひとはときにまったく新しい比喩を使う。それは数学の問題がそうであるように、「私に意味を与えてみよ」という挑戦として、聞き手の前に現れる。そうして新たな比喩は、論理空間の外にいる意味の他者の声となるのである。

ウィトゲンシュタインが『論考』のときに見てとっていなかった論理空間の変化ということで、もうひとつ述べておくべきことがある。『論考』は命題間の内的関係をすべて真理操作に基づくものとして捉えた。すなわち、すべての命題は要素命題に真理操作を施した結果であり、そのことが命題間の論理的関係を説明すると考えていた。操作は基底によらず、その同一性を保ちつつ、反復適用される。このことが、論理の強いア・プリオリ性を説明し、また無限を開く唯一のルートを開いたのである。『論考』が論理空間の唯一性の内に自閉しようとするとき、対象領域を固定してしまうことと同時に、操作が同一性を保ちつつ際限なく反復可能であることもまた、必要不可欠の条件であった。しかし、これもまた、『論考』のドグマにほかならなかったのである。

このドグマを破っていったのは、ウィトゲンシュタインその人であった。おそらく、その地点が、後期ウィトゲンシュタインを特徴づける最大の点であるだろう。ここで、いわゆる「規則のパラドクス」と呼ばれるその議論を詳しく紹介することは控えよう。ポイントは、操作（ないし規則）を、その同一性を保ちつつ際限なく反復適用するということが幻想にすぎないということにある。たとえば、「裏返す」という操作を考えてみよう。一枚の紙を裏返す。また裏返す。何度でも同じことを繰り返せる。そう思われる。しかし、たとえば立っている一人の人物を指差して「彼を裏返せ」と言われたならば、あなたはきっと戸惑うだろう。あるいはサッカーボールをパスされて、足元に受け取ったときに「裏返すんだ」と命じられても、やはり戸惑うだろう。「裏返す」という操作でさえ、何を裏返すかに依存してその内実が定まっているのである。操作は基底と独立に定まっている、『論考』はそう考える。しかし、本当にそうなのだろうか。そこには、操作に対するなおプラトニスティックな捉え方が残されていたのではないか。

後にウィトゲンシュタインはその問題を徹底的に、異様なほどラディカルに、考えぬくことになる。0からはじめて1を足す、それを際限なく続けていけば自然数が開ける。ここにおいて、「1を足す」という操作は同一性を保ちつつ反復適用されると考えられていた。しかし、何をもって「同一」と言うのか。どうすることが「反復」することなのか。それはけっして明らかなことではない。構成主義が崩れさる地点まで、構成主義を徹底しなければならない。すべての命題を操作の反復適用によって構成していくだけではなく、「同一の操作」ということ、その「反復」ということさえも、構成されねばならないのである。かくして『論考』における次の楽観は無効化されることになる。

五・五五六　われわれ自身が構成するもののみをわれわれは予見しうるのである。

構成主義的な精神を貫いたとしても、いや、構成主義的精神を貫くからこそ、論理空間はもはや予見しえないものとなる。飼い馴らされていたはずの無限が、その反復の一歩毎に野性の無限を閃かせる。論理空間のあちこちから、驚きが、恐れが、そして希望が、姿を現す。まさに操作の反復という『論考』におけるもっとも堅かったはずの地盤から、意味の他者が滲み出てくるのである。

いま私が舌足らずに語ったこれらすべてのことは、本書の守備範囲を越えたこれからのことである。意味の他者が予感でしかありえないように、これらの話題もまた、私にとってまだ予感にすぎない。

さて、最後に問おう。

われわれは『論考』の結論に従わねばならないのだろうか。

七　語りえぬものについては、沈黙せねばならない。

いや、沈黙は何も示しはしない。私は語るだろう。ひとつの論理空間のもとで語り、他者に促され、新たな論理空間のもとでまた新たに語るだろう。そしてこの語りの変化こそが、他者の姿を示すに違いない。

論理空間の変化を語ることはできない。そしてまた論理空間の変化を示すような語りもありえない。ただ私はある論理空間のもとで語り、その語りにおいてその論理空間のあり方を示し、また新たな論理空間のもとで語り、そこにおいて新たな論理空間のあり方を示す。その語りと示しの運動において、論理空間の変化は示される。それは『論考』が捉えていなかった新たな示しの可能性である。

『論考』は語りの時間性を確信犯的に無視しようとしていた。しかし、語るとは時間的な営みなのである。論理空間の変化はただ時の流れの中においてのみ、示される。それゆえ私はこう言おう。

語りきれぬものは、語り続けねばならない。

文献

本書で引用・言及したウィトゲンシュタインのテクストを以下に挙げる。なお、［ ］内にはその原稿成立の時期を示す。

『草稿』――*Notebooks 1914-1916* [1914-1917], Basil Blackwell, 1979.（奥雅博訳、『ウィトゲンシュタイン全集1』所収、大修館、一九七五）

『論理哲学論考』――*Tractatus Logico-Philosophicus* [1918], Routledge & Kegan Paul, 1971.（野矢茂樹訳、『論理哲学論考』、岩波文庫、二〇〇三、坂井秀寿訳、『論理哲学論考』所収、法政大学出版局、一九六八、奥雅博訳、『ウィトゲンシュタイン全集1』所収、大修館、一九七五、山元一郎訳『ウィトゲンシュタイン　論理哲学論』、中公クラシックス、二〇〇一、黒崎宏訳、『『論考』『青色本』読解』所収、産業図書、二〇〇一、中平浩司訳、『論理哲学論考』、ちくま学芸文庫、二〇〇五）

「論理形式について」――"Some Remarks on Logical Form" [1929], *Aristoterian Society Supplementary* 9, 1929 および *Essay on Wittgenstein's Tractatus*, Copi, I.M. & Beard, R.W. eds., Routledge & Kegan Paul, 1966. あるいは *Ludwig Wittgenstein-Philosophical Occasions 1912-1951*, Klagge, J.C. & Nordmann, A. eds., Hackett Publishing Company, 1993.（奥雅博訳、『ウィトゲンシュタイン全集1』所収、大修館、一九七五）

『哲学的考察』——*Philosophische Bemerkungen* [1929-30], Basil Blackwell, 1964.（奥雅博訳、『ウィトゲンシュタイン全集2』、大修館、一九七八）

『ウィトゲンシュタインとウィーン学団』——*Wittgenstein und Wiener Kreis* [1929-32], Suhrkamp, 1967.（黒崎宏訳、『ウィトゲンシュタイン全集5』所収、大修館、一九七六）

『哲学的文法』——*Philosophische Grammatik* [1932-34], Basil Blackwell, 1969.（山本信訳、『ウィトゲンシュタイン全集3』、大修館、一九七五、坂井秀寿訳、『ウィトゲンシュタイン全集4』、大修館、一九七六）

『反哲学的断章』——*Vermischte Bemerkungen* [主に 1929-1951]（独英対訳版は *Culture and Value*, translated by Peter Winch, Basil Blackwell, 1980）（丘澤静也訳、青土社、一九八一）

注

†1――『論考』本文の体裁について述べておこう。そこには番号を付した断章が並べられている。番号はたんに一、二、三ではなく、「一」の次は「一・一」であり、その次は「一・一一」「一・一二」と続いている。一応たてまえとしては、「一・一一」や「一・一二」は「一」に対するコメントであり、「一・一一」や「一・一二」は「一・一」に対するコメントになっているようではある。私の感じでは、こうした番号は『論考』を読むにあたってある程度の目安にはなるが、必ずしも厳密ではない。

†2――ウィトゲンシュタインは、現実に成立していることに対しては'Tatsache'、成立可能なことに対しては'Sachverhalt'という語をあてる。それぞれ定訳があり、前者は「事実」と訳され、後者は「事態」と訳される。しかし、両者には現実的／可能的という区別以外に、複合的／要素的という区別に関わるニュアンスもあり、しかもその用語法に多少の揺らぎがあるようにも思われる。そこで、とくに可能性と現実性の区別が重要になるところでは、『論考』における規定からすれば冗長な言い方になるが、「現実の事実」「可能な事態」という言い方をすることにしたい。

†3――『ウィトゲンシュタイン全集1』、三七四頁、訳注(6)

†4――それゆえ思考とは、必ずしも「心の中」「頭の中」で行なわれるものではない。それは紙の上や模型とともに為されもする。

†5――末木剛博『ウィトゲンシュタイン論理哲学論考の研究』(一九七六年、公論社)は「認める」と訳している。

†6――むしろ私は「命題」よりも「文」という言い方の方を好む。というのも、「命題」という語で「文の意味内容」といったことが意味されることがあり、しかも、そこにおいて「意味」とは何か抽象的な存在者であると考えられてしまうことさえあるからである。他方ウィトゲンシュタインがここで考えている命題とは、模型や箱庭にイメージされるような、それ自身世界の中のひとつの事実であるようなものにほかならない。

†7――石黒ひで「『論考』はいまどう読まれるべきか」(『ウィトゲンシュタイン読本』、飯田隆編、法政大学出版局、所収)

†8――奥雅博が性質と関係を対象から排除する解釈の理由としてあげている『オグデンへの手紙』(*Letters to C. K. Ogden with Comments on the English Translation of the Tractatus Logico-Philosophicus*, G. H. von Wright ed., Basil Blackwell and Routledge Kegan Paul, 1973)二三ページの議論もまた、私がここで述べたことを論じるものにほかならないと思われる。それゆえ、それは奥の解釈を正当化するものではない。

†9――『論考』が名の論理形式の内に品詞カテゴリーを含めているのははっきりしているが、意味カテゴリーを含めているかどうかはそれほどはっきりしない。こうした議論においてウィ

トゲンシュタインは具体例をまったく示していないのである。

†10――ここで「解明（Erläuterung）」という用語を用いていることがフレーゲに由来するというのは、おおいにありそうなことである。ただしフレーゲの「解明」は完全な言語への「予備学」であるが、ウィトゲンシュタインの「解明」は予備学ではなく、それ自体完全な言語である日常言語の実質を明らかにするものにほかならない。

†11――個体から真偽への関数という規定はフレーゲによるものであるが、他方、「命題関数」という用語はラッセルに由来し、ラッセルの命題関数の規定は個体から命題への関数というものである。しかし、そこらへんの違いは本書の議論には影響しないのであまり気にしなくともよいだろう。むしろここで「命題関数」というのは現代論理学の用語であり、その意味するところはフレーゲと同じと考えてよい。

†12――ウィトゲンシュタインはすべての自己言及が許されないと考えているようにも思われる。しかし、そう考える必要はないし、また、ウィトゲンシュタインの議論からそこまで強いことは出てこないと思われる。

ただし、嘘つきパラドクスのような自己言及は、たとえ矛盾を引き起こさない場合であっても、『論考』の認められるものではないと考えられる。本論から離れるが、少しその点についても述べておこう。たとえば「この文は真である」という自己言及文は矛盾を引き起こすものではないが、二つの点でナンセンスである。第一に、「真である」という述語は『論考』にとっては名ではない。第二に、こちらの方がより重要であると思われるが、「この文」という表現を名「a」で表すとすると、名aの表現する対象はまさに「aは真である」という文となる。

ということは、名を導入してはじめてその名の対象が存在するわけであり、それゆえ、名の導入は対象がまだ存在しないところで為されなければならない。しかし、それはナンセンスである。それゆえ、「この文は真である／偽である」のような自己言及文は『論考』では認められないものである。

†13――石黒ひでは、『論考』の議論を、F(F)において内側のFと外側のFはその論理形式が異なるため同一の命題関数ではありえないという論点に基づくものと解釈している。私の解釈は、細部においては石黒と異なるものをもち、また切り口も多少異なっているが、方向としては同じものと言える。Ishiguro, H., 'Wittgenstein and the theory of Types', in Block, I. ed., *Perspectives on the Philosophy of Wittgenstein*, Basil Blackwell, 1981.

†14――見やすいように、記述「a－点灯している」と区別して、その記述が表現する事態を〈a－点灯している〉と表した。

†15――「w_1などという世界が実現しうるのか？」と質問される方もいるかもしれない。その問題は第8章で論じる。

†16――次の箇所はそのことを支持するものと解釈できよう。「像は、論理空間において、状況を、すなわち諸事態の成立・不成立を表す。」（二・一一）

†17――ウィトゲンシュタイン自身は、ラッセルに倣って「論理定項」と呼ぶ。しかしここではもっと何気ない言葉として「論理語」を使わせてもらう。

†18――命題の真理条件、たとえば「ポチは白い」の真理条件は、具体的にどのようなものになるのだろうか。真理条件とは真理領域を画定する条件である。また、「ポチは白い」という

命題の真理領域とは、「ポチは白い」を真にするような状況の集合であった。そして「ポチは白い」を真にするような状況とは、ポチは白いという事態をその内に含むような状況にほかならない。つまり、ポチが白くあるような状況が現実のものであるとき、「ポチは白い」が真となるのである。これはけっきょく、「『ポチは白い』が真であるのは、すなわち、ポチが白いときだ」と言っているに等しい。どうにもありがたみがないことおびただしいが、これは、「『ポチは白い』ってどういう意味だ」と聞かれたときに、「どうって、ポチが白いって意味さ」とオウム返しに答えるしかないのにも似ている。

†19——このことは、ラッセルのパラドクスに対してウィトゲンシュタインが冷淡でありうることと関係がある。本文中で述べたように、「矛盾からは任意の命題が帰結する」ということを認める標準的な体系においては、矛盾の発見はまさしくその体系を崩壊させるものとなる。しかし、ウィトゲンシュタインにとっては必ずしもそうではない。矛盾に対するウィトゲンシュタインのこうしたさばけた態度は『論考』の後も続くものである。「ある体系の公理の中に矛盾があったとして、それはそれほどひどい厄災ではないだろう。傍らにどけておく。これ以上簡単なことはない。」(『哲学的文法2』第十四節)

†20——ここで補論として少し長めの注をつけさせていただきたい。

『論考』の構図に即して言うならば、実のところ、「分割の仕方」のようなものを持ち出す必要はないと考えられる。というのも、同じ真理領域を切り出すような分割はすべて同じ分割の仕方とされるからである。同じ真理領域を異なる仕方で分割するというようなことに意味が与えられるならば、分割の結果と分割の仕方を区別することにもポイントがある。しかし、『論考』はそのような区別を必要としていない。それゆえ、命題の意味とはその命題の真理領域(ただしそれが論理空間を真理領域と虚偽領域に分割するかぎりにおいて)であるとして何の問題もない。ウィトゲンシュタインは命題の意味を基本的に真理条件と同一視し、しかも、真理条件を内包的なものとして捉えているが、『論考』においては真理領域という外延的なものだけで済むのであり、内包的な真理条件などを持ち出す必要はなかったはずなのである。

この点に関して、ウィトゲンシュタインにはフレーゲに対する敬意があったとも考えられる。ここで「意味」と訳したのはドイツ語では'Sinn'であり、フレーゲの言語哲学における中心概念にほかならない。まずフレーゲの議論について簡単に説明しておこう。フレーゲは「意味」と呼ばれることがらに二つの側面(外延的側面と内包的側面)を区別する。外延的側面は指示対象であり、この側面の「意味」は'Bedeutung'と呼ばれる。そして内包的側面は、多少ラフに言うならば、その指示対象を規定する仕方であり、それが'Sinn'と呼ばれる。フレーゲは語や句のレベルでも、命題のレベルでも、意味をこの二つの側面に二重化して捉える。たとえば「明けの明星」という句も「宵の明星」という句も、その指示対象としての意味は等しい。しかし、それを規定する仕方は異なっている。命題の場合には手短かな紹介では済まされないものがあるのだが、結論から言えば、命題の指示対象は真偽であるとされる。そしてSinnは命題が真偽を決定する仕方であり、フレーゲはそれを真理条件と考えていたと解釈することができる。

この観点から『論考』を眺めかえして見ることは、ウィトゲンシュタインがフレーゲから何を受け継ぎ、何を拒否したのかを見る上でたいへん興味深い。ウィトゲンシュタインは、一般に「意味」と何気なく言われることの内にこうした二つの側面があるというフレーゲの洞察を受け入れている。そして、命題の Sinn が真理条件であることも認める。だが、『論考』においては、名は対象の代わりをするものであり、名を配列することによって命題が作られ、命題が真理条件を表現するのである。とすれば、Bedeutung と Sinn という言い方をするならば、名は Bedeutung をもつが、フレーゲの言うような Sinn はもたない。また、命題は真理条件という Sinn をもつが、真偽は対象ではありえないから、真偽という Bedeutung などもちえない。かくして、次のように言われる。

三・三　命題のみが Sinn をもつ。名は、ただ命題という脈絡の中でのみ、Bedeutung をもつ。

これは、フレーゲを強く意識したコメントであったに違いない。

訳語の問題も述べておこう。フレーゲの言語哲学を論じる脈絡では、'Sinn' はふつう「意義」と訳され、'Bedeutung' は「意味」と訳される。そこで『論考』の奥訳などでも、その訳語が踏襲されている。しかし、『論考』においては意味を二つの側面に二重化することはしない。それゆえ、すべて一律に何気なく「意味」と訳しておいてほとんどの場合、無害である。「名の意味」と言えばその指示対象であり、「命題の意味」と言えばその真理条件にほかならない。それで何の紛れもない。ただし、これだと三・三のようなフレーゲを意識した箇所を訳すのに困るが、三・三に対しては、「命題のみが意味内容をもつ。名は、ただ命題という脈絡の中でのみ、指示対象をもつ」のように訳してやればよいと私は考えている。

長い注になって恐縮だが、もう一点、ラッセルとの関係についても一言述べさせていただきたい。名は 'Bedeutung' のみをもち、'Sinn' をもたないとしても、けっして名はたんにラッセルの場合のように対象を指示するだけではない。名と対象との指示関係をかりに「垂直的関係」と呼ぶならば、その名が他のどのような名と結合可能かという「水平的関係」もまた考慮されねばならない。すなわち、構文論であり、名の論理形式である。こうしてフレーゲの文脈原理に対する十分な敬意（それはラッセルには決定的に欠けていた）のもと、名は言語において受けもたされるその論理形式を対象へと移すのである。かくして、指示関係の成立は同時に名と対象との論理形式の共有を生む。ここに、『論考』が 'Sinn' を必要としなかった仕掛けがある。あるいは、許されるならば私としてはむしろこう言いたいのだが、論理形式とはウィトゲンシュタインによって明確化された名の 'Sinn' の正体にほかならない。

†21 —— Ramsey, F. P., 'Critical Notice of the *Tractatus*', *Mind*, 32, 1923, p465.

†22 —— 一般に、ここでウィトゲンシュタインはラッセルの記述理論を念頭においていると言われる。念頭においているのはたしかであろうが、ここにおけるウィトゲンシュタインの議論そのものは、記述理論とは無関係である。記述理論に従えば、たとえば「現代のフランス国王は禿である」という命題は「あるxが存在し、xは現代のフランス国王であり、xは禿であり、……」のように分析される。しかしここで変項xに入りうるのはあくまでも対象、つまり単純なものである。ラッセルの分析は、「現代のフランス国王」のような記述で単純な対象を指定するときの意味を分析したものにほかならず、複合的な対象を単純な対象の合成として分析するというものとは異なっている。それに対してウィトゲンシュタインは、たとえば「この本が複合的対象であると想定しよう」（『草稿』一九一三年五月一五日）のような地点で考えている。

「現代のフランス国王」のような例を念頭においているわけではない。

†23――「しかしそのとき『ルートヴィヒ・ウィトゲンシュタインは存在しない』という命題は真ではないか」と問われるかもしれない。私はここでこうした問題に関する言語哲学上の議論に踏み込むつもりはない。私はただ、私自身が共感し、かつ『論考』に対しても親和性があると思われる考えの方向を、おおざっぱに述べているにすぎない。とはいえ、それでもある程度背景知識をもっている読者に向けて一言だけ。

まず名は Sinn をもたないという『論考』の立場に私は共感する。そのとき、たとえば同一の個体金星に対して成り立つ「ヘスペラス＝フォスフォラス」という等式がもつ認識価値をどう説明するのかというフレーゲの問題に答えねばならない。それに対しては『論考』の処置を踏襲したい。すなわち、その等式は「「ヘスペラス」という名を用いるところでは「フォスフォラス」という名をそれに代えても命題の真偽は変わらない。逆もまた」という言語使用上の事実を述べたものにほかならない。(もちろんフレーゲはこの見解に満足しないだろうが、私の考えでは、ここで説明されるべき認識価値は論理空間の改変に関わることにほかならない。それゆえ、論理空間が固定されている『論考』の枠内では、この解答が最良のものとなる。)

そして、ペガサスが存在しないならば、「ペガサスは存在しない」は真ではないかという問題(ここで「ペガサス」は種名ではなく固有名として用いられていることに注意)に対しても、それと同様の方策をとりたい。つまり、それは言語使用上の注釈なのである。それゆえたとえば「ペガサスは存在しない」という命題の言わんとするところを正確に述べなおすならば、こうなる。「「ペガサス」という語はいかなる対象も複合的なものも指示しない。それゆえその名を用いて有意味な命題を作ることはできない。」

†24――ここには、対象の同一性に関する難しい問題があるが、それはとりあえずここでの考察には影響しない。

†25――ここで「両立不可能」と訳したのは'Widerspruch'である。私は、この語をトートロジーと対になる概念である「矛盾」(Kontradiktion)と区別して用いることにしたい。それゆえ、以下「矛盾」という訳語を'Widerspruch'にあてることは避ける。

†26――このことは、『論考』が「現象主義」(感覚的な現れを所与として、物体などはそれから構成されたものと考える立場)に関わっていたとする解釈をしりぞけると考えられる。その点について私はアンスコム(Anscombe, G. E. M., *An Introduction to Wittgenstein's Tractatus*, Hutchinson, 1959, p.27)に賛成する。ただし、この結論に賛成するせよ、検討されるべきはヒンティカ夫妻(Hintikka Merril & Jaakko, *Investigating Wittgenstein*, Basil Blackwell, 1986, Ch. 5)の見解である。彼らは『論考』があくまでも現象主義に加担していると主張した。それゆえ、『論考』において「これは赤い」のような命題は要素命題である。そしてその上で、「これは赤い」と「これは緑だ」が両立不可能になる仕方を提案したのである。そう多少長い注になってしまうだろうが、もう少し書いてみよう。関心のない方は飛ばしてしまってかまわない。

赤や緑は対象であり、それらは「色空間」としてひとまとまりの対象領域を形成している。他方、視野の個々の点もまた対象であり、それらは視野空間としてひとまとまりの対象領域を形成している。ここで、視野空間から色空間への関数「c(x)」を考える。そのとき、「これ

(a)は赤い(r)」は、視野空間のaが色空間のrに関数cによって写像されるということ、すなわち「c(a) = r」を意味するものとなる。他方、「これ(a)は緑(g)だ」は「c(a) = g」を意味するものとなる。そうすると、なるほど「c(a) = r」と「c(a) = g」は両立不可能となるが、これはそれらが複合命題だからではなく、関数形式の要素命題であることによる。つまり、一対多対応を許さないというのは、関数の論理形式なのである。

以上がヒンティカたちの議論である。これは、実にユニークで興味深い見解ではあるのだが、『論考』にはない道具立てを導入してしまっていることにおいて、『論考』解釈としては失敗しているというのが、私の意見である。『論考』が「論理」として認めるものは二つである。ひとつは名の論理形式。これは、名の配列に関するものであり、「白いは重い」や「ウィトゲンシュタインは2で割り切れる」といった命題をナンセンスとして切り捨てる。もうひとつは、真理領域の包含関係による帰結関係である。ところが、いまヒンティカたちが提案した関数の「論理形式」による両立不可能性はそのいずれでもない。「c(a) = r」も「c(a) = g」も命題としては適格なのである。ただそれを「かつ」でつないだものが許されない。だが、「(c(a) = r) かつ (c(a) = g)」は真理領域がゼロになる矛盾ではない。これはもはや関数の「文法」と言うべきものであり、ヒンティカたちはそれゆえここにおいて『論考』に中期のウィトゲンシュタインの道具立てを持ち込むという過ちを犯してしまっているのである。

†27——これも、ラムジー(前掲論文)によって早々と指摘されていた点であった。

†28——私がここで展開したような議論をそのままウィトゲンシュタインが書いているわけではない。私のこうした解釈の材料は、「論理形式について」(*Wittgenstein-Philosophical*

Ocasions 1912–1951, pp.32–33. 邦訳三六七ページ）および『哲学的考察』第七六節である。

†29――Hacker, P. M. S., *Insight and Illusion*, first ed., Oxford U. P., 1972, p.86.（邦訳『洞察と幻想』米澤克夫訳、八千代出版、八一ページ）

†30――このことはまた、アンソニー・ケニーの指摘するところでもある。ケニーは、要素命題の相互独立性を否定することによって論理的原子論は放棄されたが、像理論は保持されたと指摘する。Kenny, Anthoney, *Wittgenstein*, Penguin Books, 1973, Ch. 6.（邦訳『ウィトゲンシュタイン』野本和幸訳、法政大学出版局）

†31――永井均は「『論考』のウィトゲンシュタインは……一般に「無限」という問題を、本質的なこととは考えなかった」（『ウィトゲンシュタイン入門』、ちくま新書、一九九五年）と述べているが、これは『論考』に対する決定的な誤解である。

†32――「集合論」と訳したのは'die Theorie der Klassen'であり、それがカントールの無限集合論を指すのかどうか、完全に明確とは言い難い。

†33――引用はレイ・モンク『ウィトゲンシュタイン』岡田雅勝訳、みすず書房、二六六ページ（Monk, Ray, *Ludwig Wittgenstein*, Jonathan Cape, 1990）による。モンクの典拠は、Nedo, Michael and Ranchetti, Michele, *Wittgenstein*, Suhrkamp, 1983, p.223.

†34――Fogelin, R. J., *Wittgenstein*, Routledge & Kegan Paul, 1976, pp.73–74.

†35――飯田隆『言語哲学大全II』勁草書房、一九八九年、七二―七三ページ

†36――『草稿』付録III「ノルウェー一九一三年」の手紙

†37――フォグリンはこのことが『論考』の対象領域の無限性を強く示唆していると主張する。

Fogelin, op. cit., 72.

†38――黒崎宏『『論考』『青色本』読解』(産業図書、二〇〇一年)は、「限界を設けない」と訳している。私もこの訳に賛成する。

†39――対象領域を無限に拡張し、真理操作の無限回の反復を認める『新・論考』において、そこで可能になる論理体系は述語論理とどう異なるのかという問題はなお検討されねばならない。私はこの問題に対して専門的な関心をもたないが、気楽な予想を言わせてもらうならば、おそらくそれは述語論理の決定可能な範囲を、そして決定可能な範囲のみをカバーするものになるのではないだろうか。

†40――本章は次の論文を部分的に利用している。野矢茂樹「『論理哲学論考』の独我論」(『哲学・科学史論叢』第三号、東京大学教養学部哲学・科学史部会、二〇〇一年、所収)

†41――しかし、『哲学的考察』などで見るかぎり、ウィトゲンシュタインが現象言語に関わっていたことは確かであると思われる。ではそれはいつのことだったのか。ひとつの考え方は、『論考』執筆時においてすでに現象主義に関与していたのだが、『論考』という著作の性格上、『論考』の叙述にはそうしたことをいっさい反映させなかったというものだろう。そしておそらくそれはその通りなのだろうと思う。だが、とくに現象言語あるいは「一次言語」などというものを「目標にした」という時期は『論考』執筆時あるいはそれ以前ではありえないと私には思われる。それは『論考』執筆後、ウィトゲンシュタインが哲学に復帰した後のことであり、しかもそれには要素命題の相互独立性の要請に対する批判が関わっているのではないか。要素命題の相互独立性が批判されると、命題相互の論理的関係は真理関数論の枠を大きくはみ出て

いくことになる。そしてたとえば「赤い」と「青い」の両立不可能性のような形で、名と要素命題ごとにその論理を研究しなければならない。ここでウィトゲンシュタインの移行期の、それも『哲学的考察』よりも前の、移行期の本当に最初の時期に独特の考え方が出てくる。後のウィトゲンシュタインであれば、それは言語使用に関する文法的研究に属することであり、むしろ文法は恣意的なものとみなされる。だが、『論考』の思考圏にあった頃、名と要素命題のそれぞれに固有の秩序は何かという問いは、『論考』が排除した経験的問いの一種にほかならなかった。「赤い」と「青い」が同じものについて同時には両立不可能だということは、色という現象に備わった秩序であり、われわれはそれを経験を通してしか把握しえない。おそらく過渡的にウィトゲンシュタインはそう考えたのである。それをうかがわせるテクスト上の証拠は、私の見るところ、次の一箇所である。(あるいは、こうした調査は私がまったく踏み込んでいないウィトゲンシュタインの遺稿研究によって明らかにされるかもしれない。)

日常言語が論理構造を覆い隠し、疑似命題を許し、ひとつの語を無数の異なる意味で用いてしまっているようなところでは、われわれは日常言語を論理構造の明晰な像を与える記号法によって置き換え、疑似命題を排除し、その語彙を多義的でないように使用せねばならない。そして、不正確な記号法を明晰な記号法によって置き換えることは、ただ、記述しようとする現象を調べ、それによって当の現象の論理的多様性を理解しようと努めることによってのみ、可能となる。すなわち、正しい分析への到達は、言うなれば、現象それ自身の論理的探求によってのみ、可能となる。つまりそれは、ア・プリオリな可能性を推測することではなく、ある意味でア・ポステリオリな探求なのである。(「論理形式について」、*Wittgenstein-Philosophical Ocasions 1912-1951*. p.30. 邦訳三六三ページ)
「論理形式について」はウィトゲンシュタインが没にした原稿として知られているが、それはたんに精彩のないできであったからという以上に、ここに含まれる「ア・ポステリオリな論理的探求」といったアイデアに耐えがたい緊張を感じたからではないか。そしてウィトゲンシュタインはかなりすみやかにその考えの批判へと移行する。『哲学的考察』において批判されているのは、まさにこの過渡的な、『論考』でも中期でもない、「論理形式について」で示唆されたような思考だったと私は考えたい。

†42——飯田隆『ウィトゲンシュタイン』、講談社、一九九七年、一〇六ページ

†43——このことはブラックによって指摘されている。Black, M., *A Companion to Wittgenstein's Tractatus*, Cambridge U. P., 1964, p.307.

†44——この 'Sprache' にかかる関係節 'die allein ich verstehe' は、「私だけが理解する」とも読める。たとえば黒崎宏は前掲書において、「私のみが理解する」と訳している。しかし、同様の 'allein' の使用として、『草稿』一九一五年五月二三日に次のような文が見られ、こちらはかなりはっきりと関係詞にかかるものと読める。このことをひとつの傍証として、私は「私が理解する唯一の」と訳すことにしたい。

Es gibt wirklich nur eine Weltseele, welche ich vorzüglich *meine* Seele nenne, und als welche allein ich das erfasse, was ich die Seelen anderer nenne.（世界霊魂がただひとつ現実に存在する。これを私はとりわけ私の魂と称する。そして私が他人の魂と称するものも、私はただこの私の魂である世界霊魂としてのみ、把握する。）

†45——永井均は「『論考』の独我論は一般的自我（誰もが主体としてのあり方においてはそれであるような自我）の独我論にすぎない。少なくとも、そう読まれざるをえない」（『ウィトゲンシュタイン入門』、ちくま新書、一九九五年、八三ページ）と主張する。（ただし、永井がその論拠として述べる議論は残念ながら私には必ずしも明確ではなかった。）たしかに、五・六番台の後半は一般的自我についての議論である。しかし、ここは独我論とは切り離して読むことができる。そして、主体否定テーゼという一般的自我についての議論を独我論についての議論から切り離すならば、永井の主張に反して、私にはウィトゲンシュタインの独我論は「私にとってはこうなのだが、これは誰にとってもその人にとっては同様にあてはまることだ」などという物言いを許さないものになっていると思われる。

†46——ここで「もとをたどれば」と訳したのは 'von' があるからである。

†47——この方向での考察は、なお詰めるべき細部をもっている。いまの考察だけでは、「考える」「信じる」「望む」といった命題的態度の違いが出てこない。すべては、ともあれ動作主体と像関係で分析される。では、「考える」と「信じる」あるいは「望む」の違いはどこにあるのか。おそらくここで要求される分析は、「私はpと考える」と発言した人が、その発言によってどのような責任を引き受けることになるのか、といったものであるだろう。そうして発言後に引き受ける責任の違いに応じて、さまざまな命題的態度が区別される。しかし、そうした分析はもはや『論考』の範囲を越えたものとなる。

†48——これは注45で言及した永井の「一般的自我に妥当する独我論」を意味するものではない。一般的自我に妥当する独我論とは、独我論的構造を普遍化し、それがどの独我論的主体に

とっても成立するものである(ひとは誰もみんな独我論者なのだ)ということを認めるものであるが、『論考』の独我論はそのようなものではない。たとえ独我論的主体が「私」ではなく「われわれ」であるとしても、論理空間の唯一性から、その「われわれ」は複数ある独我論的主体のひとつにすぎないものではない。

†49——飯田隆『言語哲学大全II』、勁草書房、一九八九年、四八ページ。なお、同書は本節の内容の内、論理実証主義に関するより詳しい論述を含んでいる。

†50——Ayer, A. J., *Language, Truth and Logic*. 1936, Victor Gollancz., p.79(邦訳、『言語・真理・論理』吉田夏彦訳、岩波書店、一九五五年、八三ページ)

†51——*Ibid.*, p.85.(邦訳、九二ページ)

†52——素朴な規約主義の破綻を先駆的に、かつ決定的に示した論文は次である。Quine, W. V. O., "Truth by Convention", 1936,(*The Ways of Paradox and Other Essays*, Harvard U. P. 1966. に収録)

†53——マイケル・ダメットはウィトゲンシュタインの数学論を論じたさいに、ウィトゲンシュタインの立場をこうした素朴な規約主義とはまったく異なる規約主義として、「根元的規約主義」と呼んだ。Dummett, M., "Wittgenstein's Philosophy of Mathematics", 1959,(*Truth and Other Enigmas*, Duckworth, 1978. に収録。邦訳『真理という謎』藤田晋吾訳、勁草書房、一九八六年)。ダメットは根元的規約主義をあくまでも否定的に論じたが、ダメットに抗して根元的規約主義を肯定的に論じたものとして次を参照されたい。野矢茂樹『哲学・航海日誌』、春秋社、一九九九年、第12—16章。

†54――考えようによっては、論理学はトートロジーに関わらなくてもよいとさえ言えるだろう。論理学の役目は論理語の内実を明らかにすることであるから、それはふつうの経験命題において見てとられてもかまわない。たとえば、「pかつq」という複合命題がpとqの真理領域の共通部分をその真理領域としてもつこと、これは「かつ」という論理語の操作としてのあり方を明示しているだろう。だが、それはあくまでも個々の命題pとqに即して言われるべきものでしかない。それゆえ、個々の命題の意味に関わることなく、強い意味でア・プリオリに論理語の分析を進めるためには、その真理領域が構成要素の命題の意味によらず論理空間全体になるトートロジー（さもなくば矛盾）でなければならないのである。

†55――『論考』の数とは、それゆえ基本的に自然数であるが、分数や無理数にまで拡張することは可能である。まず、加法「n＋m」はn回の操作に続けて同じ操作をm回継続適用した結果の全体としての操作の反復回数として定義される。負数「－n」は、ある操作に続けて適用することにより、「0」すなわち何も操作を加えなかった状態に戻せるような操作（逆操作）をn回適用することを意味する。乗法「n×m」は、n回の操作の適用をひとまとまりとして、そのまとまりをm回適用した結果の全体としての操作の反復回数として定義される。除法「n÷m」は、m×x＝nであるようなxとして定義される。こうして自然数と加減乗除が定義されれば、代数方程式が作れる。それゆえ、代数方程式の解ぐらいまでは、『論考』のやり方で行ける。つまり、構成主義にふさわしく、『論考』の数は構成可能なものでなければならないのである。

†56――『論考』がどうして論理実証主義者たちを魅了し、そして論理実証主義は『論考』を

どう誤解したのかに関しては、次が明快で要領のよい整理を与えている。Shanker, S. G., Introduction: The Philosophical Significance of the Tractatus, in *Ludwig Wittgenstein-Critical Assessments*, Volume 1, ed., Shanker, S. G., Croom Helm, 1986.

†57——ウィトゲンシュタインは死に直面した最後の草稿である『確実性の問題』において、「私は、「けっきょくのところ論理は記述されえない」という主張にますます近づいているのではないか。言語実践を見よ。そこに論理が見てとられる」(第五〇一節)と述べている。これは、「論理は語りえない」という立場をウィトゲンシュタインが終生もち続けたことの傍証になるのではないだろうか。

†58——飯田隆、前掲書、一〇三ページ

†59——永井均『ウィトゲンシュタイン入門』、ちくま新書、一九九五年、二六―二八ページおよび第二章

†60——同右、七七ページ

†61——原文は‘(Ethik und Aesthetik sind Eins.)’であり、「倫理学」と「美学」と訳すべきところなのかもしれない。ちなみに黒崎訳は「(倫理[的]感覚と美的感覚は一つである)」と訳している(黒崎宏、前掲書、一三〇ページ)。

†62——*Culture and Value*, p.5.(邦訳、丘澤静也訳、青土社、一九八一年、二〇ページ)

†63——六・四三一一を「生きているかぎり死ぬことはない」というあたりまえの主張として読むのはあまりにも表面的だろう。それゆえ、私はこれを「死は世界のできごとではない」という主張として読む。これは六・四三一一と五・六二一「世界と生とはひとつである」からの

直接の帰結である。

†64――ここで、「あなたの論理空間」のような言い方に対してウィトゲンシュタインは聞く耳をもたない、と言う人がいるのであれば、想定を変えよう。私はウィトゲンシュタインに「私の論理空間に、私自身の死は含まれているのか」と自問するよう誘導し、その答えを傍らで聞いてみたい。

†65――以下の論述において私は旧稿「他者を語る言葉」(『哲学』第51号、日本哲学会、二〇〇〇年、七五―八六ページ)を部分的に利用している。

†66――未知の固有名を含む他者の発話は、その対象に私が出会うまで私にとってまったくナンセンスなものなのだろうか。それとも私は伝聞においてなんらかの意味でその対象に出会っていると言うべきなのだろうか。私は、そのような発話はまったくナンセンスというわけではないし、伝聞において対象に出会うというわけでもないと考えている。ここには、『論考』が扱うことのできない興味深い問題がある。

あとがき

私は哲学青年ではなかったから、十代から二十代半ばまで、ほとんど哲学の本というものを読んだことがなかった。哲学に足を踏み入れたのが二十代の半ばで、それもただ他に何をしてよいか分からなくなり、ほとんど世捨ての気分で始めたにすぎない。こういうのを「ぐれた」と称してはちゃんとぐれた人に申し訳ないが、気持ちはそんなものだった。そして、哲学をしようと決めてから最初に読んだ本が、『論理哲学論考』だった。分からなかった。分からないのだけれど、どうにもかっこいいと思ってしまった。とはいえ、だからといって『論考』を研究しようとは思わなかった。『論考』に漂う傲慢さをかっこいいと思ってしまうほど私は若かったのだが、同時に、こんなものが正しいはずがないと思ってしまうほどには、ひねてしまっていたのである。

それ以来、私はウィトゲンシュタイン研究を自分の思索のベースに置きながらも、そのウィトゲンシュタインは『論考』ではなく、後期の『哲学探究』のウィトゲンシュタインだった。私にとって長い間、『論考』とは博物館の展示品のような、歴史的価値しかないものだったのである。眺めては、いいなあこれ、と感じ入りつつも、それを実際に手にとって使ってみようとは思わなかった。

その気分が変わったのは、五年ほど前だろうか。構成主義と呼ばれる立場に対する共感を強め、その観点から無限の問題などを少し考えてみた後で、そういう目で『論考』を眺めてみると、どうもいままでとは違った相貌で見えてきたのである。

『論考』はけっして『哲学探究』の前史ではない。少なくともいま、私の目には、『哲学探究』よりも『論理哲学論考』の方が魅力的な著作として映っている。そしてそれを、私のような中途半端にぐれちゃっている人たちに、「分からないけどかっこいい」ではなく、きっちり分かり、なるほどそうかと膝を打ってもらい、なおかつその上で「かっこいい」と感じてもらいたい。そう願って私はこの本を書いた。いや、なによりも私自身がそうなりたいと思って書いたのである。

いま目の前にある『論考』は博物館入りのクラシック・カーではない。ピカピカの新車である。鍵を渡そう。走り出してほしい。

二〇〇二年 一月

野矢茂樹

文庫版あとがきにかえて――『哲学探究』から見た『論理哲学論考』

野矢茂樹

　四年前に本書を著してから、私は後期ウィトゲンシュタインの著作である『哲学探究』(以下『探究』と略す)の読み直しに取りかかった。予想通りというか、驚いたことにというか、予想通りに驚いたというか、本書のような『論考』体験を経たまなざしで『探究』を読むと、それまでとは違った姿で『探究』が見えてきた。

　実際、ウィトゲンシュタイン自身、『探究』は『論考』と合わせて一冊にして出版されるべきだと考えていたという。『探究』は『論考』を乗り越えようとして書かれた著作であり、『論考』との対比によってはじめて正しく理解されるものにほかならない。他方、そうして『探究』を読み直すことによって、これもまた当然と言うべきだろうが、私の中で『論考』の理解もその分たしかに高まったのである。『論考』が根本的にまちがえていたのはどこだったのか。『論考』に決定的に欠けていたのは何だったのか。『探究』はそこを立て直すところから出発する。本書を執筆したとき私は、その点をまだきちんと捉えきれていなかった。そこで、今回の文庫版へのあとがきにかえて、『探究』から見た『論考』の姿を描いてみることにしたい。

いきなり述べてもなんのことやらという感じだろうし、誤解も招いてしまうとは思うが、あらかじめゴールを伝えておこう。『論考』が根本的にまちがえていたのはどこだったのか。世界には「ア・プリオリな秩序」があると考えていた点である。『論考』に決定的に欠けていたのは何だったのか。「身体」であり「自然」である。では、『探究』において『論考』は葬り去られるのか。そうではない。イメージだけ述べておくならば、むしろ『探究』において『論考』はようやく足をおろせる足場を見出したのだと言いたい。あるいは、同じことであるが、『論考』は『探究』においてはじめて身体を与えられたのである。

1　ツルツルした氷の上

一九三七年二月八日、ウィトゲンシュタインは日記にこう書いている。

「崇高な把握」は具体的な事例から立ち去るよう私に強いる。というのも私の言っていることは具体的事例には当てはまらないからだ。そして私は霊妙な領域へと赴き、本来の記号について、存在するはずの規則について（どこに、どのように存在するのかは言えないにもかかわらず）語るのだ。――そして「ツルツルすべる氷の上へと」入り込むのである。（『ウィトゲンシュタイン哲学宗教日記』、イルゼ・ゾマヴィラ編、鬼界彰夫訳、講談社）

ここに述べられているのは、まさしく『論考』における自分自身の姿にほかならない。これに呼応するように、『探究』に次のような箇所がある。

実際の言語を詳しく見れば見るほど、この言語とわれわれの要求するものとの衝突は激しくなる。（論理に結晶のような純粋さを見るのは、調べて分かったことではなく、要求だったのだ。）この衝突は耐え難くなり、われわれの要求はもはや空虚なものになろうとしている。――われわれはツルツルした氷の上に入り込み、摩擦がなく、それゆえある意味で条件は理想的なのだが、まさにそのために歩くことができない。われわれは歩きたいのである。だから摩擦が必要なのだ。ザラザラした大地へ戻れ！（『探究』第一〇七節）

一九三七年二月八日というのは、ウィトゲンシュタインがノルウェーのショルデンという土地に滞在していた時期である。そしてそのことを考えると私はなんだか思わず笑ってしまうのである。私自身は行ったことはないが、そこはフィヨルドの奥に立てた山小屋で、二月というのは寒いだろう。そして、おそらく道もツルツルに凍っていたに違いない。そんな中で、「歩きたいのだ」とか投げ捨てるようにつぶやいてときに滑ってころんだりしているウィトゲンシュタインの姿を、かってに思い描いてしまうというわけだ。

「ザラザラした大地」、これは『探究』を論じるときに象徴的なフレーズとなる。「ツルツルした氷の上」、これは『探究』から振り返り見た『論考』を象徴的に捉える言葉となる。『探究』には、ツルツルした氷の上ではどうなってしまうのかという描写(「ツルツル発言」と呼びたい)と、そこを抜け出し、ザラザラした大地の上に降り立ったならばどうなるのかという描写(「ザラザラ発言」)とが混在している。そこで、『探究』を読むさいには、ツルツル発言とザラザラ発言をはっきりと区別することがきわめてだいじなこととなる。ここでは、『論考』と比較するという観点からも、まず『探究』におけるツルツル発言に注目することからはじめよう。かつて、『論考』において迷い込んだ、そのツルツルした氷の上では、われわれがふだん何気なく歩いている地面からいっさいの摩擦が奪い取られる。その「摩擦」が何であるのか、まだわれわれは自覚していない。しかし、確かに何かが奪い取られ、そしてもののみごとに歩けなくなるのである。

（1）直示的定義の不確定性

ある対象を指差してそれに名前を与えるとき、それは「直示的定義」とか「直示的説明」と呼ばれる。そしてウィトゲンシュタインは、そうした直示的定義によっては確定した意味が与えられないと論じる。

私がこのひとまとまりの木の実に名前をつけようとしても、彼はそれを数の名だと誤解することもありえよう。そして同様に、ある人物を指差してその人の名前を説明しても、それを色の名、人種を表したもの、あるいは方位の名とさえ解するかもしれない。つまり、直示的定義は、どんな場合であれ、さまざまに解釈されうるのである。（『探究』第二八節）

たとえば一台の自動車を指差して「これを「ルートヴィヒ」と名づけよう」と言う。さて、何が「ルートヴィヒ」なのか。その車だろうか。いや、そのフロントガラスかもしれない。ワイパーかもしれない。その車の型かもしれない。色かもしれない。あるいは、その重さが、「ルートヴィヒ」なのかもしれない。解釈は無数に発散しうる。

だが、これでくじけてしまうようでは、『論考』の読者とは言えない（あるいは『論考を読む』の読者とは言えない）。われわれはこう反論するだろう。「これ」と指差して名前を与えるだけでは、対象と名の結合は成立しないのだ。そこには名と対象の論理形式についての了解がなければならない。たとえば「ルートヴィヒは速い」が有意味であれば、「ルートヴィヒ」は色や重さや数でないことが明らかになるだろう。そこでわれわれは名と対象の論理形式を明らかにするために、「この車を「ルートヴィヒ」と名づける」とか「この猫が「タマ」だ」のように名指しを行うのである。ところが、『探究』の攻撃はまさにそこへと踏み込んでいく。

われわれは「この色を……と呼ぶ」とか「この長さを……と呼ぶ」のように言うことによって誤解を防ぐことができる。実際、誤解はしばしばそのようにして避けられる。だが、それならば、「色」や「長さ」という語には他の解釈の余地はないのか。(『探究』第二九節)

『論考』のウィトゲンシュタインであれば、「色」や「長さ」といった語の意味はわれわれが使用している言語を分析することによって唯一に定まる、と答えただろう。対象と論理形式によって論理空間が作られる。そして、論理空間は私がいま引き受けているこの論理空間だけでしかない。それゆえ、論理形式もまた唯一に定まっているのでなければならない。それゆえ、「色」とか「長さ」といった論理形式を示す語の意味もまた、唯一に定まっているのでなければならないのである。しかし、『探究』のウィトゲンシュタインはいまやそこを覆そうとしている。『論考』を支配していた分析の理念を投げ捨てようとしているのである。

(2) 道しるべの指す方向

さらに他のツルツル発言を見てみよう。

ある規則がそこにある。たとえば、一本の道しるべが立っている。それは私が進むべき道についてなんら疑いを残さないものだろうか。私が道しるべの横を通るときに、どの方向に行くべきなのか、通りに沿って行くべきか、野の小道を行くべきか、それとも野原を横切って行くべきなのか、道しるべは示してくれているのだろうか。しかし、いずれの解釈によってその道しるべに従うべきなのか――道しるべの指差す方向に進むのか、あるいは（たとえば）指差すのとは逆方向に進むのか――、どこに書いてあるというのか。（『探究』第八五節）

矢印の形をした道しるべが分かれ道に立っている。矢印の尖っている方が右の道の方向を指している。これをどう解釈すればよいのか。実に、解釈の仕方は無数にあるのではないか。尖っている方向に行け。尖っている方向には行くな。尖っている方向とは逆方向に行け。いま来た道を引き返せ。あるいはそもそもこれは方向を示したものではないかもしれない。こうした、「論理的」には無数に可能であるように思われる解釈の可能性のうち、どれに従うべきなのか。もちろんわれわれはふだん何ということもなく道しるべに従う（ときに山道などで意図不明瞭な道しるべに出会って不安になることはあるけれども）。しかし、明確に押えておかねばならないのは、「この道しるべはこう解釈すべきだ」ということはその道しるべ自身のうちには何ひとつ書かれていないし、また、それを示すような補助的な道しるべを立てたところで、その補助的な道しるべの解釈がまた無数に開けるだけのことで、何の役にも立ちはしないということである。

（3） 規則のパラドクス

『探究』におけるこうした議論の中で、もっとも有名なものは、いわゆる「規則のパラドクス」だろう。たとえば、教師が生徒に「＋2」という命令を与える。生徒は、0から始めて順に2ずつ足していかねばならない。そこで生徒は「0, 2, 4, 6, ……」と書き出していく。順調に書いていたのだが、しかし、一〇〇〇を越えたところから、その生徒は突然「1000, 1004, 1008, 1012」と書き出すのである。

われわれは彼に言う。「何をしてるんだ。よく見てごらん！」――彼は何を注意されたのか理解できない。われわれは言う。「いいかい、2を足さなくちゃいけないんだ。最初の方のやり方を見てごらん！」――彼は答える。「えっ、違ってるんですか？ ぼくは、こうしなければいけないと思ったんです。」――あるいは彼がその数列を示しながらこう言ったとしたらどうか。「でも、ぼくはずっと同じやり方でやってるのに！」――ここでさらに「だけど君は……が見てとれないのか」と言い――そして以前の説明や事例を繰り返しても――、何の役にも立ちはしない。このような場合、われわれはたとえばこんなふうに言うことができるかもしれない。この人がわれわれの説明に従ってこの命令を自然に理解すると、ちょうどわれわれが「一〇〇〇まではつねに2を、二〇〇〇までは4を、三〇〇〇までは6を、というようにして足していけ」と理解するような仕方で、それを理解してしまうのだ、と。（『探究』第一八五節）

ここにはもちろん道しるべの場合と同じ教訓が含まれている。規則を提示しても、それに対する解釈は「論理的」には無数に可能となる。そこで、われわれがふつうに為す解釈と異なる解釈をごく自然に行ってしまう子どもがいたとしたらどうか。われわれは彼のまちがいをどう訂正すればよいのか。

だが、とりわけ『論考』を念頭においたときにひときわ興味深くなる事情が、このエピソードの場合にはある。『論考』では無限に対する唯一のアプローチを操作の反復に求めた。操作の反復が、数のもつ必然的な秩序（「3は2より大きい」「2＋3＝5」等々）を生み、真理操作の反復が、論理的な秩序（二重否定は肯定に等しい、等々）を生み出す。全体に、なんらかの必然的な関係が成立するのはすべて操作の反復に由来するものとされる。そして、同じ操作が繰り返されるさいの「以下同様」ということこそが、われわれが無限を捉える唯一の道なのである。ところが、規則のパラドクスが示していることは、たとえば「＋2」を反復せよという命令には、無数の異なる解釈が開かれているということにほかならない。注意しなければいけない。ここで問題になっている、先の引用にあったような生徒は、一〇〇〇を過ぎたら「＋2」の適用の仕方を変えなければいけないと思ったのではない。彼はあくまでも同じ仕方で「＋2」を適用し続けたのである。（でも、ぼくはずっと同じやり方でやってるのに！）それゆえ、彼からすれば一〇〇〇の後に「1002, 1004, 1006」と続けていくわれわれの方が、やり方を変えていることになるだろう。この「ツルツルした氷の上」では、「以下同様」という言葉がその効力をまったく失っているのである。いくつかの事例で説明を与え、教師は言う、「以下同様！」しかし、ある生徒はあっちに行き、ある生徒はそっちに行き、またある生徒は分からなくてうろうろしている。教師は頭をかかえる。しかし、頭をかかえるしかないのだろうか。われわれは歩きたいのだ。だとすれば、摩擦を取り戻すしかない。

2　ザラザラした大地

『論考』は何を見落としていたのか。そして、『探究』は何を見出したのだろうか。

規則のパラドクスを考えてみよう。われわれはこう言いたくなるかもしれない。「＋2」という命令は、「論理的」にはなお無数の解釈の可能性に開かれている、と。しかし、ここは立ち止まって考えてみなければいけない。われわれはここで「論理的」という語を用いることができるのだろうか。というのも、もし「＋2」が無数の解釈の可能性に開かれてしまうのであれば、そのようなところではもはや「論理」も成り立ちえないだろうからである。ツルツルした氷の上というのは、すべての「論理的」に可能な解釈を均等に考慮し、どちらに進めばよいのか分からなくなってしまった場面にほかならない。しかし、論理もまたわれわれを「歩かせる」ためにあるのであれば、こんな氷の上では論理も生きていくことはできないだろう。つまり、この氷を張ったのが論理であるとすれば、それは論理にとってたんに自滅的でしかなかったのである。論理もまた、ザラザラした大地へと戻らねばならない。

『論考』において、ウィトゲンシュタインは哲学をア・プリオリな探究であると考えていた。すなわち、この世界がどのようであろうとも、人間がどのような生物であろうとも、そしてわれわれの経験がどのようなものであろうとも、必ずそこにあらねばならない秩序がある。そうした秩序の代表が論理である。たとえば論理法則「p、または、pではない」（排中律）は世界のあり方にはまったく依存していない。「明日は晴れか晴れじゃないかどちらかだ」は明日の天気について何ひとつ語ってはいない。どんな論理空間が設定されようと、そこにおいて排中律は成立しなければならない。私は本書でそれを「強いア・プリオリ」と呼んだ。ウィトゲンシュタインは『論考』に関わる草稿において次のように述べている。

私が書くもののすべてがそれを巡っている、ひとつの大問題——世界にア・プリオリな秩序は存在するか。存在するのならば、それは何か。（『草稿』一九一五年六月一日）

『論考』における答えは、もちろん、「世界にア・プリオリな秩序は存在する」というものであった。では、『探究』の答えはどうか。答えは微妙にならざるをえないが、少なくとも『論考』のような意味において、すなわち私が「強いア・プリオリ」と呼んだ意味において、論理がア・プリオリな秩序として成立していることは否定される。論理は、世界のあり方に、人間という生物のあり方に、われわれの経験のあり方に、依存したものでなければならない。少しフライング気味に言わせてもらおう。『論考』においては論理が世界と人間の可能性を限定した。だが、『探究』においてはまったく逆に、世界と人間の限界こそが論理を限定するのである。

直示的定義の不確定性という問題をもう一度考えてみよう。たとえば、われわれはある猫を指差して「この猫がタマだ」と言う。これは直示的定義あるいは直示的説明である。ここで、「これはタマだ」というだけでは、「タマ」がその猫の名なのか猫の種類の名なのかあるいは色の名なのか、あるいはさらに別の何かなのか、分からない。そこで、「この猫」における「猫」という語が「タマ」の論理形式を明らかにしてくれることを期待して、われわれは「この猫がタマだ」と言うのである。だが、この期待の根拠は何か。氷上に迷い込んでみよう。「猫」という語を正しく使用していると思われる子どもに対して「この猫がタマだ」と教えたとする。その子どもはいままでずっと猫を正しく識別してきたし、さまざまな猫について有意味な日本語を使ってきた。ところが、いま目の前で寝ているその猫に関しては、なぜか「この猫は3の倍数だ」と主張するとしたらどうか。もちろんわれわれは、どうしてこの猫の場合にだけそんな変なことを言うのかと問いただす。どうしてこの猫も他の猫と同じように扱わないのか。しかし、その子どもは答えるだろう。「でも、ぼくはずっと同じやり方でやってるのに!」

『探究』の言葉を引用しよう。ウィトゲンシュタインは「ザラザラした大地」に降り立とうとしている。

2の直示的定義に「数」という語が必要かどうかは、この語がないと相手が私の期待するのとは違う仕方で理解してしまうかどうかによる。そして相手がそのように理解してくれるかどうかは、もちろん、その定義が与えられる状況や、相手の人間に依存するだろう。(『探究』第二九節)

ここにおいて、「2の直示的定義に「数」という語が必要かどうかは、……その定義が与えられる状況や、相手の人間に依存する」と述べられていることは、決定的に重要である。あるいは、道しるべの指し示す方向の不確定性を論じたあとでウィトゲンシュタインはこう述べる。

どんな説明も——われわれが誤解を避けるために必要としないかぎり——さらに他の説明など必要としてはいない。説明とは、誤解を取り除いたり防いだりするために用いられる。そう言ってもよいだろう。——逆に言えば、ここで防がれるべき誤解とは、説明がなければ入り込んできてしまう誤解であり、想像しうるかぎりのあらゆる誤解などではない。

ひとは容易にこう考えてしまいがちになる。あらゆる懐疑によって、ただ土台に見出される裂け目だけが示されている。だから、まず疑いうるすべてを疑い、そうしてそれらすべての疑いを除去してはじめて、確かな理解というものは可能になるのだ、と。

道しるべが正しく機能するのは――それがふつうの状況のもとでその目的を果たすときである。（『探究』第八七節）

　もし人間があらゆる可能性を均等に考慮に入れてしまうような存在（神？）であったとしたならば、道しるべはもはや何も示してはくれなくなるに違いない。だが人間はそうではない。分かれ道で右側が尖った矢印を見れば、自然に足が右方向へと促される。それはまず何ごとかを解釈して、その解釈に従って動くのではない。むしろ、その矢印に対する自然な「身体反応」と言うべきだろう。われわれの身体はそのようにできている。そしてわれわれの思考は、この身体によって限界づけられているのであり、そのように限界づけられているからこそ、道しるべ等々の諸規則も機能しうるのである。こうした自然な身体反応のレベルは、『論考』ではまったく見落とされていたものにほかならない。『論考』の独我論的な私にとって、身体も自然も、添え物程度の意味しかもっていなかったのである。

　ただちには納得しがたいことかもしれないが、「＋2」という命令に従うことにおいても、この身体反応のレベルは決定的な役割を担っている。「＋2」という命令に従い、われわれはふつう一〇〇〇の次に一〇〇二と書く。これは自然に手がそう動くのである。それは生まれつきのものだけではなく、数を数えることを学んださいに大人から行われたさまざまな訓練のたまものでもあるだろうから、単純に「本能」と呼ぶことはできないだろうが、その点に留意しつつも言い切ってしまうならば、「＋2」という命令のもとで一〇〇〇の次に私は本能的に一〇〇二と書くのである。一〇〇〇に2を足すと一〇〇四になるという可能性に対しては、なるほどそのような解釈もありうるのかもしれないが、しかし、私の全身がそれを拒んでいる。

もちろん、「＋2」という命令は、一〇〇〇の次が一〇〇二だということを論理的に意味している。だが、この「論理」はいま述べたような私の身体反応に先立ったものではありえない。ここにおいて私から一〇〇〇の次に一〇〇二と書く本能が奪われたならば、私は氷上に迷い込み、論理の姿を見失うだろう。だから、「＋2」という命令に対して「一〇〇〇の次に一〇〇四と続ける解釈も論理的には可能である」などという言い方はまったくナンセンスなものでしかない。「＋2」という命令のもとでは、一〇〇〇の次は論理的に一〇〇二となるのであり、それが、そしてそれだけが、われわれの論理なのである。

それゆえ、「道しるべが正しく機能するのは——それがふつうの状況のもとでその目的を果たすときである」というウィトゲンシュタインの発言は、けっして「実際上問題がなければいいじゃないか」というような平板な主張ではありえない。ここにおいてウィトゲンシュタインは、論理の基礎に、われわれの本能、人間の自然な身体反応の傾向性を見出したのである。そして、これこそが、「ザラザラした大地」と呼ばれるべきものにほかならない。

　こうして、『探究』のウィトゲンシュタインは、『論考』と根本的に異なった出発点に立つことになる。いまやウィトゲンシュタインはザラザラした大地に降り立ち、歩きはじめるのである。だが、本来あとがきであるべきこの小論において、ウィトゲンシュタインの新たな歩みの全体を追うことはできない。ただ、その一本の道筋を示唆するものとして、ウィトゲンシュタイン自身の言葉を引いておこう。規則のパラドクスに関連して述べられたリマークである。


「だとすると、私が何を為そうと、それは与えられた規則に一致したものとされうるのか。」——私はむしろこう尋ねたい。規則を表したもの——たとえば道しるべ——は私の行動とどう関係しているのか。そこにはどのような結びつきがあるのか。——そして答えはたとえばこうだ。私はこの記号に対して特定の仕方で反応するよう訓練された。そしていま私はそのように反応する。

　しかし、それではただ君は因果的な連関を言い立てただけであり、われわれがどのようにしていま道しるべの方向に進むようになったのかを説明しているにすぎず、その記号に従うということがそもそも何であるのかをまったく説明していないではないか。いや、私はさらに、ひとが道しるべに従って進むのは、ただ道しるべに関する安定した使用、慣習があるときだけだ、ということをも暗示していたのである。(『探究』第一九八節)

この後半は『探究』の核心をなすことがらである。そしてそれはたんに「本能」とか「自然な反応傾向」といったことを強調するだけでは論じきることのできないものだろう。われわれは、たとえば規則のパラドクスを十分に論じるためにも、本能や自然な反応傾向という因果的連関のレベルと、ここで「安定した使用、慣習」と呼ばれているものの両方を確かに押えておかねばならない。

しかし、いまは話題を『論考』との関係に限ろう。私の読み方が正しければ、『論考』は『探究』において葬り去られるのではなく、再構築される。新たに見出されたザラザラした大地の上で、いかにして『論考』を再び立ち上がらせることができるのか、それをさらに見ていくことにしたい。

3　『論考』の再構築

3-1　直示的説明はどのようにして為されるか

『論考』において、言葉は何ものかを表現するものであった。言葉とは、あるパターンの模様や音声が何ごとかを「意味する」という現象にほかならない。そのとき、言葉の意味は、言葉と世界の関係として捉えられる。「タマ」という名はあの猫を名指すものであり、「タマが寝ている」という言葉は〈タマが寝ている〉という世界のあり方を表現している、というわけである。

他方、『探究』はなによりもまずわれわれの自然な身体反応のレベルに立つ。そのとき言葉は、むしろ相手の反応を促すものとして捉えられる。「右に行け」という言葉は、それを聞く者の自然な身体反応を呼び起こす。そして私はそれを利用して、相手からしかるべき行動を引き起こそうとするのである。こうした言語観に対して、それを「記号的言語観の否定」と特徴づけることは可能だろう。あるいは、いささか挑発的に、「言葉は何ごとかを意味するものではない」と言ってもよいかもしれない。

しかし、『論考』を記号的言語観のもとに位置づけることはよいとしても、『探究』をたんにその否定とみなすのは単純すぎる。『探究』においてウィトゲンシュタインは、いったんは記号的言語観を否定するような地点に降り立ち、そこから、いかにして言語が何ものかの記号であるとみなされるようになるのか、その仕掛けを露わにしようとする。そして、「言語は何ものかの記号である」ということの内実を明らかにしようとするのである。

実際、ウィトゲンシュタインはある対象を指差して語の意味を説明すること、すなわち語の意味の直示的説明の有効性を疑ってはいない。直示的定義の不確定性の議論をもう一度見よう。われわれはこの「ツルツル発言」の読み方に注意しなければならない。あたかも直示的定義ないし直示的説明の不可能性がそこで言い立てられているかのようにも見えるかもしれない。しかし、これはあくまでも氷上に迷い込んだ姿にほかならない。なるほどウィトゲンシュタインは、直示的説明は「どんな場合であれ、さまざまに解釈されうる」と指摘する。しかし、これは本能のタガをはずした「解釈」に頼ろうとするかぎりにおいてでしかない。そしてウィトゲンシュタインは、直示的定義ないし直示的説明の不確定性の議論が一段落するあたりで次のように述べる。このさりげないひとことは、いまのわれわれにとって決定的に重要である。

そして、ひとはしばしば名の意味を、その名の担い手を指示することによって、説明する。(『探究』第四三節)

さらに、直示的定義の不確定性の議論の最初に立ち戻って確認しておくこともできる。ウィトゲンシュタインはこのように問題を提起している。

さて、ひとは人名、色名、物質名、数詞、方位名、等々を直示的に定義できる。二つの木の実を指差し、「これが「2」だ」と言って数2を定義する。この定義は完全に正確なものである。――しかし、ひとはどのようにして2をそのように定義できるのか。(『探究』第二八節)

「どのようにしてそのように定義できるのか」という問いに対する部分的な答えは(あくまでも部分的だけれども)、われわれはすでに手にしている。すなわち、生まれつきの本性と訓練によって身につけられた自然な身体反応の傾向性を利用することによる、というものである。この、いわば本能のレベルを無視するとき、直示的定義はどうしようもない不確定性の淵へと沈んでいく。逆に、ひとたびザラザラした大地を見出し、そこに降り立ったならば、直示的定義や直示的説明も、われわれは取り戻すことができるのである。いや、たんに取り戻すだけではない。いまや直示的定義の大盤ぶるまいとでも呼ぶべきことになっている。直示的に定義されうるのは「ルートヴィヒ」や「タマ」や「富士山」といったものだけではない。「水」のような物質名、「2」のような数詞、「北」のような方位名、こうしたものまでもが、直示的に定義可能とされる。数詞「2」を直示的に定義するなど、『論考』のウィトゲンシュタインには考えられなかったことである。

『論考』では、世界のものごとや人間の間にどのような因果的連関があるかは経験的なことがらであり、哲学が関わる問題ではないと考えられていた。それに対して『探究』は、自然な身体反応という、われわれと世界との間の因果的連関を、言語実践を支える基盤に見出したのである。——ただし、この点に関しては少し慎重な語り方をしておいた方がよいかもしれない。私はここで、『探究』のウィトゲンシュタインを、現代哲学においてひとつの主流をなす立場である「自然主義」の一種として描きたいと思っているわけではない。自然主義であれば、われわれの言語実践をある種の自然現象として、そのすべてを因果的に語り出すことに満足するだろう。他方、ウィトゲンシュタインが見ているものは、言語実践を支える自然である。それは言語が成立する基盤として要請される自然の秩序であるから、あえて名前をつけるならば「超越論的自然」と呼ぶこともできようし、あるいは、言語によって語り出される自然に対比して言うならば、まさにその言語を成立させるために要請される自然であるから、「語られぬ自然」と呼んでもよいだろう。「語られぬ自然」が言語を支え、その言語をもってわれわれは自然を語り出すのである。ウィトゲンシュタインは言語実践を支えるこうした自然の秩序を「自然誌」と呼ぶ。それゆえ、自然誌とは——私の考えでは——記述された自然の秩序ではありえない。私の好みで、きっとウィトゲンシュタインが嫌がるだろうカントめかした言い方をさせてもらうならば、それは、自然現象の記述が可能であるために要請される自然それ自体（Natur an sich）なのである。

直示的説明の可能性は、こうした因果的連関をわれわれがうまく利用できるかどうかにかかっている。そして実際われわれは、たとえば一匹の猫を指して「これがタマだ」と言われれば、ほとんどの場合、その説明だけで「タマ」という語を一定の仕方で使えるようになるのである。繰り返すが、その説明を「解釈」しようとしたらあらゆる不確定性がそこに発生する。それゆえそこで起こっていることは、さしあたり、「これがタマだ」という発言が相手を因果的に特定の反応傾向へと導くということでしかない。逆に言えば、われわれの自然を利用して言語使用を固定できるならば、何であれ「意味の説明」たりうる。それゆえ、水を指して「水」ということも、二個の木の実を指して「2」と言うことも、あるいは北の方角を指差して「北」と言うことも、すべて直示的説明となりうるのである。ここで行われていることは、人が、人間と世界のあり方を利用して、その世界の中で人を特定の仕方で動かすことにほかならない。

3－2 名と対象の関係

では、名と対象の関係はどのようなものなのだろうか。私はこれまでの説明において直示的説明における因果的連関の必要性を強調してきた。だとすると、名と対象の関係とは、たとえば、「ある特定の猫を見ると、それが原因で「タマ」という名を思い浮かべる」のような因果的連関ということになるのだろうか。(実際、ウィトゲンシュタインは言語習得の初期を「語とものの間に連想関係を作り出す」ことであると述べてもいる。(『探究』

第六節）たしかに、こうした因果的連関を断ち切ってしまうならば、われわれはただ氷上へと迷い込むだけでしかない。だが、それをたとえば通常の因果法則（たとえば「花粉が原因で鼻水が出る」のような）と考えることはできないだろう。というのも、ここで要求される名と対象の間の因果的連関は、われわれが言語を獲得するために要求されるものであり、それゆえ「語られぬ自然」だからである。それは、経験される因果的連関ではなく、経験を成立させるために要請される因果的連関にほかならない。

　われわれは、名と対象の関係を「内的」なものと考えなければならない。どういうことか。ここで、『論考』を思い出していただきたい。名の論理形式が対象の論理形式に重ねられる。そうして、名が文から切り出されるのと、対象が事実から切り出されるのは、同時に為されることになる。これが『論考』の構図であった。そして私は、『探究』でもまた、名と対象は同時に分節化されると言いたいのである。『論考』のようにして？　もちろんまるまる同じではありえない。しかし、それでも、「そう、『論考』のようにして」と言いたい。

　たとえば、「浅葱《あさぎ》色」という色名を直示的に説明することを考えてみよう。ある色をした紙片を指して「これが浅葱色だ」と言う。そのとき、その紙片は浅葱色の色見本となる。「これが浅葱色だ」というのは、もちろん、その紙片だけが「浅葱色」というわけではない。このような色をすべて「浅葱色」と呼ぶわけである。それゆえ、場合によっては、しばらくはその紙片を持ち歩いて、たとえば「浅葱色の布をもってきて」と頼まれたときに、その紙片を取り出して見比べるということも考えられる。「論理形式」という用語が『論考』と同じ意味でここでも用いられるとは考えられないが、しかし、「浅葱色」という語が言語ゲームの中で用いられるその用いられ方と、浅葱色の色見本としてのその紙片が言語ゲームの中で用いられる用いられ方には、たしかに同型性がある。たとえば、「浅葱色の布をもってきて」と頼むかわりに、その紙片を示して「この色の布をもってきて」と頼むこともできるだろう。あるいは「彼女は浅葱色の服を着ていた」と言うかわりに、「彼女はこの色の服を着ていた」と言うこともできるのである。それゆえ、なんらかの拡張された意味において、私としてはここでもまた「論理形式」という用語を用いたくなる。すなわち、その紙片は、「浅葱色」の見本であることにおいて、「浅葱色」という語とその論理形式を共有している、と。

もちろんウィトゲンシュタインは『探究』において「論理形式」などというかつての用語を用いはしない。少しウィトゲンシュタイン自身の言葉を見ておこう。こんなふうに述べられる。

名に対応するもの、そしてそれなしでは名が意味を失ってしまうもの、それはたとえば、言語ゲームにおいて名と結びついて用いられる、ひとつの範例（Paradigma）なので

ある。(『探究』第五五節)

ここで〝Paradigma〟と言われているものは、次の第五六節では「見本(Muster)」と呼ばれている。両者は同じものと考えてよいだろう。「論理形式」という言葉を使うかどうかはともかく、本質的なことは、見本とはすでにして言語的な道具立てであるという点にある。浅葱色の紙片を見本として提示するということは、たんに一枚の紙が浅葱色をしているという事実を示すことではなく、他のすべての「浅葱色」を、たとえ厳密には同一の色でなくとも、ともかく「このような色」をわれわれはまとめて扱う、ということにほかならない。つまり、色見本は色名と同様、色を分節化する働きをもっているのである。色だけでなく、「このような動物を「猫」と呼ぶ」のような場合も、そこで指示された猫は「猫」の見本となるだろう。(「タマ」のような固有名の場合はどうか。「これがタマだ」と説明するとき、われわれはできるだけタマを的確に識別できる特徴がよく現れた場面でのタマを指示しなければならない。暗闇で目を光らせているタマとか、全身の毛を立たせて唸っているタマではなく、たとえばソファに寝てこちらを見上げているタマなどを指示するだろう。これを「タマの見本」と呼ぶことは不可能ではないが、むしろ「範型(パラダイム)」のような語を用いた方がよいかもしれない。しかし、いずれにせよ、固有名の場合にも、「浅葱色」や「猫」の場合と同じ構造が見られる。)指示されているのはさしあたり特定の場面のタマであり、特定の紙片の色なのだが、語の直示的説明において指示されることによって、それらはさまざまな場面でのタマ、さまざまなものにおける浅葱色の代表例となる。かくして、「タマ」という語に結びつけられるのは、たんにその場面のタマだけでなく、あらゆる場面でのタマ、すなわちタマという個体となり、また、「浅葱色」という語に結びつけられるのは、その紙片のその色だけでなく、ある種の色全体、すなわち浅葱色という性質となるのである。

以上が、『探究』において捉え返された名と対象の関係にほかならない。さて、そうだとすると、『探究』においてもわれわれは、「名は対象を指示する」と言ってよいのだろうか。「よい」というのが、ここまで論じてきた私の読みである。ただし、『論考』に対して二点を修正・追加しなければならない。第一に、指示ということの基礎には自然な身体反応のレベルがあるということ。第二に、名の指示対象は見本として、それ自身言語的な身分をすでに有しているということ。前者は『論考』を根本的に見直させる観点であり、後者は対象の身分に関して『論考』よりも進んだ洞察を示すものであるが、しかし、いずれも、「名は対象を指示する」という言い方を否定するようなものではない。むしろ、「名は対象を指示する」という言い方を正当に確保するための論点、名と対象の間の指示関係をザラザラした大地に着地させるための議論であると言うべきだろう。

『論考』の基本的構図は、「名は対象を指示する」ということと、そこから要素命題や事態を作り、さらに複合命題を作り、論理空間を作るというところにあった。きわめておおざっぱに言えば、論考の基本的道具立ては指示関係と論理、この二つである。そして私の議論が正しいならば、『探究』はそのどちらも否定するわけではない。指示関係についてはいま見たとおりである。そして論理については、すでに論じておいたように、『探究』が否定したのはあくまでも「ア・プリオリな秩序としての論理」という理念であり、論理の成立そのものではない。だとすれば、われわれはザラザラした大地の上に『論考』を立て直すことができる。たとえば、「可能性は言語によって開かれる」という、私が『論考』から読み取り、それ自体重要なテーゼであると考えている主張なども、けっして『探究』によって否定されるようなものではない。

『論考』を考えていた頃のウィトゲンシュタインは、「ア・プリオリな秩序」という思考の磁場に貫かれていた。これが、『論考』の根本的まちがいであった。しかし、だからといって『論考』がその価値を失うわけではない。いったい、根本的にまちがえている考察が、それでもなお重要な価値を有しているというのは、奇妙に思われるだろうか。ならば、こんなふうに言ってみたい。『論考』のウィトゲンシュタインは「ア・プリオリな秩序」という展望台に立ち、その土地を眺めていた。われわれはもはやその展望台に立とうとは思わない。しかし、ウィトゲンシュタインがそこから見てとった眺めとその報告は、その土地の地形についてのきわめて重要な知見と洞察を含んでいるのである。だから、やはり私はこう言いたい。『探究』を経た上でもなお、『論考』は独自の輝きと意義をもっている。ウィトゲンシュタインが『探究』と『論考』を合わせて出版すべきだと考えていたことは、彼自身がそう考えていたことを示してはいないだろうか。たんに捨て去るためだけに『論考』を『探究』と合わせて出版しようとするとは考えられない。『探究』は『論考』との対比によってのみ理解されうるのだが、逆に、『論考』もまた『探究』を経ることによってはじめて正しく捉えなおされる、ウィトゲンシュタインはそう考えていたに違いない。

——謝辞——

本書は二〇〇二年に哲学書房より出版された。哲学書房には文庫化を快諾していただけたことについて深く御礼申し上げたい。また、本書の産婆役であった哲学書房の中野幹隆さんにはあらためて感謝の言葉を伝えたい。

索引

用語を理解するのに有効と思われるページ数を記す。

本書は二〇〇二年四月一〇日に哲学書房より刊行された。

ちくま学芸文庫

ウィトゲンシュタイン『論理《ろんり》哲学《てつがく》論考《ろんこう》』を読《よ》む

二〇〇六年四月十日　第一刷発行
二〇二五年三月二十日　第十八刷発行

著　者　野矢茂樹（のや・しげき）
発行者　増田健史
発行所　株式会社　筑摩書房
東京都台東区蔵前二―五―三　〒一一一―八七五五
電話番号　〇三―五六八七―二六〇一（代表）
装幀者　安野光雅
印刷所　三松堂印刷株式会社
製本所　三松堂印刷株式会社

ISBN978-4-480-08981-6　C0110